# 中国瓷器谈

陈万里　著

九州出版社

**图书在版编目（CIP）数据**

中国瓷器谈 / 陈万里著. -- 北京：九州出版社，
2023.6
　　ISBN 978-7-5225-2163-3

　　Ⅰ．①中… Ⅱ．①陈… Ⅲ．①瓷器(考古)－中国－文
集 Ⅳ．①K870.4-53

中国国家版本馆CIP数据核字(2023)第174984号

**中国瓷器谈**

| | |
|---|---|
| 作　　者 | 陈万里 |
| 策划统筹 | 李黎明 |
| 责任编辑 | 张艳玲 |
| 封面设计 | 吕彦秋 |
| 出版发行 | 九州出版社 |
| 地　　址 | 北京市西城区阜外大街甲 35 号 （100037） |
| 发行电话 | （010）68992190/3/5/6 |
| 网　　址 | www.jiuzhoupress.com |
| 印　　刷 | 北京捷迅佳彩印刷有限公司 |
| 开　　本 | 880 毫米 ×1230 毫米　32 开 |
| 印　　张 | 11 |
| 字　　数 | 228 千字 |
| 版　　次 | 2024 年 4 月第 1 版 |
| 印　　次 | 2024 年 4 月第 1 次印刷 |
| 书　　号 | ISBN 978-7-5225-2163-3 |
| 定　　价 | 88.00 元 |

# 出版说明

　　本书为我国现代享誉世界的陶瓷专家、故宫博物院研究员陈万里先生的文集，与《瓷器与浙江》《中国青瓷史略》构成陈万里瓷器研究文章的基本面貌。书中所收各篇，均已在二十世纪五六十年代的报纸期刊中发表过，部分文章系首次结集出版。本书文章按发表时间先后排列。我们订正了文字错讹与纪年之误，并查核了引用文献。因为是名家名作，原著语言风格、人名、地名等均保留原貌。特此说明，请读者注意。

九州出版社

二○二四年四月

陈万里先生

陈万里（右一）与家人

# 陈万里简介

陈万里（1891—1969），又名冥鸿、夷初。江苏省吴县人。1917年毕业于北京国立医学专门学校，曾在北京大学、协和医院当过医生，又在厦门大学、江苏省卫生署、故宫博物院等处任职。兴趣广泛，爱好音乐、昆曲、绘画等，国内早期摄影家，国际著名陶瓷学家，古陶瓷考古之父。出版有摄影集《大风集》《民十三之故宫》《西陲壁画集》等，游记有《西行日记》《闽南游记》《川湘纪行》《浙东景物记》等，瓷器专著有《瓷器与浙江》《越器图录》《陶枕》《宋代北方民间瓷器》《中国青瓷史略》《陶俑》等。

近代瓷学研究史可划分为两个阶段，一为文献考据阶段，一为考古调查发掘阶段。陈先生是我国现代第一位走出书斋，运用考古学的方法对古窑址进行实地考查的学者。他为考察浙江龙泉青瓷，自1928年起曾"八去龙泉，七访绍兴"，搜集了大量瓷片标本，进行排比研究，开辟了一条瓷器考古的新途径，从而使我国陶瓷学进入了一个崭新的阶段，为现代陶瓷学研究奠定了科学的基础。

瓷器是中国古代重大的发明之一，是中国对人类文明史作出的杰出贡献，所以中国在世界上被誉为"瓷国"。然而长期以来，陈万里先生曾因"以数千年陶瓷著称的中华，竟没有一部陶瓷史"而感慨。

研究瓷器发展的历史，文献史料与实物史料是不可缺少的两大方面，实物史料除传世品外，即来源于古瓷窑址的调查与古墓葬发掘两个方面。以这两者相互印证的研究方法，是陈万里先生创导的科学方法，为我国瓷学研究奠定了基础。1946 年，陈先生撰著的《瓷器与浙江》一书堪称是从传统的"书斋考古"走向窑址考古的一座里程碑。

自五十年代开始，故宫博物院对 144 处古窑址的调查研究，都是在陈万里的指导与带领下进行的。陈先生不辞辛苦地走遍了大江南北，实地考察窑址，发表了一批调查报告与重要论文。《中国青瓷史略》是他继《瓷器与浙江》之后，根据考古新发现对越窑与龙泉窑青瓷进行研究的重要成果。六十年代初他又对北方瓷窑最为集中的河南、河北两省进行了调查，发表了系列文章。五十年代以后的文章，几乎都收集在这本《中国瓷器谈》中。

陈万里先生不仅是中国新瓷学研究的开拓者，而且也是培育中国新一代瓷器研究人才的一代宗师，"故宫博物院古陶瓷研究中心"的建立培养了大批陶瓷研究学者。近几十年来，我国在陶瓷考古与科研方面所取得的丰硕成果应该说与陈万里先生是分不开的。

（据网络资料整理）

# 目　录

汝窑的我见 .................................................................001

禹州之行 .....................................................................010

调查平原、河北二省古代窑址报告 .................................015

邢越二窑及定窑 ...........................................................024

景德镇几个古代窑址的调查 ..........................................041

瓷都——景德镇 ...........................................................048

历代陶瓷 .....................................................................051

谈当阳峪窑 ..................................................................054

再谈越器 .....................................................................060

写在看了基建出土文物展览的陶瓷以后 ..........................065

宋代陶枕和它的美术价值 ..............................................073

我对于耀瓷的初步认识 .................................................083

最近调查古代窑址所见 .................................................089

从我国瓷器的发展谈到"全国陶瓷展览会" ......................095

宋代北方民间瓷器的卓越成就 ......................................101

谈山西琉璃 ..................................................................106

我对于辽墓出土几件瓷器的意见 ...................................... 119

从几件瓷造像谈到广东潮州窑 ...................................... 123

调查闽南古代窑址小记 .................................................. 132

鹤壁集印象 ..................................................................... 143

《耀瓷图录》序 .............................................................. 148

《陶俑》前言 .................................................................. 159

三件有永乐年款的青花瓷器 ......................................... 176

谈瓷别记 ........................................................................ 179

磁州窑的过去及未来 ...................................................... 183

谈谈成化窑的彩 ............................................................. 187

我对"青白瓷器"的看法 ............................................. 190

1949—1959 年对于古代窑址的调查 ............................ 197

故宫博物院十年来对古窑址的调查 .............................. 217

谈谈河北省唐山市的陶瓷 ............................................. 261

从釉彩方面看我国瓷器的发展 ..................................... 265

中国瓷器史上存在着的问题 ......................................... 275

宋末—清初中国对外贸易中的瓷器 .............................. 281

中国历代烧制瓷器的成就与特点 .................................. 292

再谈明清两代我国瓷器的输出 ..................................... 329

# 汝窑的我见

汝窑为宋代四大名窑之一，是谁都知道的。可是汝窑所烧造的瓷器，究竟是怎样的呢？

明·曹昭《格古要论》："汝窑器出汝州，宋时烧者淡青色，有蟹爪纹者真，无纹者尤好。土脉滋润，薄亦甚难得。"

明·高濂《遵生八笺》："汝窑余尝见之，其色卵白，汁水莹厚如堆脂然，汁中棕眼，隐若蟹爪，底有芝麻花细小挣钉。"

明·田艺蘅《留青日札》："汝窑，色如哥而微带黄。"

就这些明代文献记载的看起来，对于汝瓷釉色，说得很有差别。淡青跟卵白是不一致的，又说较哥为深而微带黄，这与淡青色更远了。

最近数十年来东西洋谈瓷的人，关于汝瓷的研究，很有些不同的见解，如英国欧慕浮布路司氏，首倡影青即系汝窑之说，霍布孙等，就附和他的观点。1930年日本大谷光瑞，派了西本愿寺驻在汉口的布教师原田玄讷去临汝实地调查结果，以为从来俗称的北方青瓷——就是一般人所指的丽水窑——是汝的主要制品。1937年台维特写了一册《汝窑考》，他的见解是以为跟北方青瓷完全不同而接近宋官窑的一种优秀的青瓷，就是汝窑。

我想要解决这个问题，第一必须先从历史方面去找得一些线索，第二必须经过实地的调查。

在文献上关于汝窑的记载，可以征引的是：

（一）"狻猊出香，亦翡色也；上有蹲兽，下有仰莲以承之，诸器惟此物最精绝。其余则越州古秘色，汝州新窑器，大概相类。"（北宋·徐兢《宣和奉使高丽图经》）

（二）"汝窑宫中禁烧，内有玛瑙末为油（釉），唯供御拣退，方许出卖，近尤难得。"（南宋·周辉《清波杂志》）

（三）"故都时，定窑不入禁中，惟用汝器，以定器有芒也。"（南宋·陆游《老学庵笔记》）

（四）"本朝以定州白磁有芒，不堪用，遂命汝州造青窑器，故河北唐、邓、耀州悉有之，汝窑为魁。"（南宋·叶寘《坦斋笔衡》）

从这些记载里，可以归纳出几点：

1. 徐兢于宣和五年出使高丽，六年归来，进呈了这一部有名的《高丽图经》。他看到高丽最精绝的青瓷，其余大概与越州古秘色、汝州新窑器相类。

2. 从他所说"越州古秘色、汝州新窑器"可以看出当年，越器已经成了过去，而汝州正是新兴起来的烧造青器的场所。

3. 由于定器有芒，宫中不堪用，遂命汝州烧青窑器。

4. 汝窑"宫中禁烧"，供御拣退之件，方许出卖，因之颇难得。

我再从这几点中，可以提出两个问题：

1. 宣和五年（公元 1123 年已是徽宗的最末期）时的徐兢对于汝窑称之为新的烧造青瓷的窑，那么宫中命汝州烧青窑器，虽在乱前，可见不会太早的。《负暄杂录》："宣、政间京师自置窑烧造名曰官窑……"究竟是什么时候命汝州烧造青窑器呢？

2. 宫中命汝州烧青窑器，可见当时汝州，不但已经烧造青器了，而且烧造得已有相当成就，这在发展过程上，是一定的规律。因此烧造已有相当成就的汝州青器，究竟是怎样一种作品呢？

关于第一点，以徐兢所谓新窑器，以及乱后才有北宋官窑的史实看来，宫中命汝州烧造青窑器的时间，可能是一个很短的时期，从徽宗的崇宁五年（1106 年）往上推到哲宗的元祐元年（1086 年），在此二十年间，大概是宫中用汝州所烧青窑器的时代。

关于第二点实在是究研汝窑的根本问题，也就是此次调查最重要的目的。

在临汝县境内，究竟有多少古代窑址，而从多少古代窑址中，需要调查哪一处可以代表早期的汝窑作品，或是哪一处可以就是汝瓷的本来面目，实在是一件极有意义的事。

我于未曾出发之前，检阅过《汝州全志》，在村庄部分，见了许多窑名的地名（可能是有许多煤窑或是窑洞的地名）。而原田玄讷所去过的是古一里（西南乡）归仁里（正南乡）各一处窑址，张业里（东北乡）四处窑址。及至我到了临汝，得到些传闻的瓷料以后，决定先去南乡，还到了属于宝丰及鲁山两处地方，由南乡回来后，再去东北乡，我所去过的地点是：

**临汝南乡**　严和店、陶墓沟、刘庄、冈窑。

**临汝东北乡**　大峪店东沟、叶沟、黄窑。

**宝丰**　大营青龙寺。

**鲁山**　段店。

以往原田玄讷调查的所谓北方青瓷，以正南乡归仁里的为优，大约就是我所调查的严和店。此种印花的青瓷，在严和店北面岭下，有一地区，碎片很多。后来到了宝丰大营镇的青龙寺，也发现不少。同时我在洛阳，听说宜阳城外有一古代窑址，当年亦烧造印花青瓷的。可见此种作品，临汝以外，鲁山宜阳都有，绝非汝窑的主要制品，可以断言，是原田氏之说，我于调查了严和店、青龙寺两处以后，已有极大的怀疑。同时在严和店、青龙寺，均能发现并无印花的青瓷。青的釉色较深一点的，固然有；就是接近淡青的，亦能获得；甚至有时在调查的旅途中，也可以捡到此种碎片。我当时就预感到此种青瓷，在临汝县境内或许可以找到它的烧造窑址。因此我于东北乡的调查，是寄予莫大的希望。后来到了大峪店，先去叶沟，居然见到了此种青瓷碎片，颇不少。最后在东沟田地里，散布着的尽是此种碎片。至此，在以往东西洋文献中所说的此种青瓷碎片，发现绝少，以及对于它的烧造地点，含混说着河南河北山西一带而不敢肯定的一切臆测之词，我在东沟是证实了它的烧造地点，同时此种青瓷碎片，没有纹片的很多，色釉极润泽，色调较龙泉深而带葱绿，这是汝窑的本色，这是汝窑的主要作品，也就是后来宫中命在汝州烧造青窑器的前期产物，而在汝瓷发展到登峰造极的灿烂历史上，占着一个极重要的过程。我是不相信原田氏曾经调查过东沟，更确实地批判原田氏之以印花青瓷谓为汝窑的主要制品，是应该予以修正的。

汝窑的本来面目见到了，随之而来有一问题，就是发展到这般成熟的作品，这经过了怎样一个阶段？并且在北方的唐之邢，以及北宋之定，都是烧造白瓷的，汝窑以何因缘而烧造青器？我颇怀疑到受着南方越州秘色瓷的影响。因为南方之越，在唐是邢、越并称的，何况秘色瓷之在唐，经过了宫廷间的应用，它的声誉，说不定还在邢之上。五代数十年间，钱氏用以贡唐贡晋，史实俱在，尤其是在太平兴国初年，大量生产，以之贡宋。所以越器之在当时，无疑义的，是发展到了最辉煌的时期。北方的白，不得不退居第二席。因此汝窑就在那时候，异军突起，烧造青瓷。为此初期烧造之青瓷，色调葱绿而接近于越之艾色，是有实物可证明的。不过我在此处所说的是汝窑，至于其他地方出土的青釉器物，就是介于陶瓷之间的一种青釉炻器，说是六朝时期的产物，那是另一问题，不在本文讨论之内。

以上所说的汝窑，已经能够烧造如此成熟的青瓷。所以在宫中命烧青窑器的时候，有了技术优良的工人，有了烧造青瓷的累积经验，自然更可以发扬光大，成为现在我人所看到的汝瓷作品。嗣后大观和宣和之间正式烧造官窑瓷器，也就是先为宫中烧造青瓷器的技工所主持。这就是说明为什么汝瓷与北宋官窑是一脉相承的原因。及至南宋偏安，为宫中烧造汝窑青瓷器及北宋有官窑的良工，说不定也到了杭州，去烧造修内司的官窑，于是在北方汝窑所烧造的精美汝瓷，从此失传。因此宋高宗绍兴二十一年到清河郡主张俊府第时，张俊献上了好些汝瓷，这就证明汝瓷之在当时，已经被看作名贵的珍品，同时更说明了汝瓷的烧造，是随着北方混乱的局势，而断绝了的一个事实。在《汝州志》里，还刊载着孙灏的一首诗："青磁上选无雕饰，不是元家始挏埴。名王作贡绍兴年，瓶盏炉球动颜色，官哥配汝非汝俦，声价当时压定州。""皿虫为蛊物之蠹，人巧久绝天难留。金盘玉碗世称宝，翻从泥土求精巧。窑空烟冷其奈何，野煤春生古原草。"中间所谓"官哥配汝非汝俦，声价当时压定州"，确是很深刻的批评，而"窑空烟冷其奈何"之句，正是汝瓷窑场在干戈扰攘以后的一幅凄凉景象。

至于严和店青瓷区所发现的印花青瓷，即原田氏所称之汝窑主要制品的，我以为它的烧造时期，当在北宋以后。而此种印花制作的动机，我又以为一方以定器的印花手法，来应用到青瓷的制作上面去，一方则以汝窑青瓷已有相当成就，想在朴素的青瓷上，造成一个新型的作风，这是不足为奇的。即如龙泉东乡道泰窑，独特地烧造了一种印有人物文字的青瓷碗，是迥乎不同于其他龙泉各处所烧造的物品。严和店之有一地区专造此种印花青瓷，不过是在汝窑青器上，为另具风格的一种作品而已。

汝窑青瓷器的调查所得，已如上述，我需要来谈一谈汝窑的其他作品。

第一是普通称为钧窑的碎片极多，如南乡严和店北面岭下另一地区，陶墓沟、刘庄、冈窑及北乡之叶沟等处。在此我人可以有一个问题，就是在临汝汝窑地区，为什么亦烧钧瓷？

讨论这个问题之前，我们应先知道汝与钧是两种绝对不同的东西，人们在青瓷器上有时见到有几点紫色的斑点，先是在烧造时有此偶然的发现，后来有了人为的安排。在汝窑的青瓷器上一定也会先有此种不经意而偶然的发现了几点斑点，渐渐儿一方面发展下去，一方面是汝窑的烧造，已经失传了，竟以红紫斑的美，来打破青瓷的单纯色调，就形成了所谓钧窑的特异风格。同时此种红紫斑，又为当时人们所欣赏，于是有红紫斑的青瓷，就代汝而起。而烧造此代汝而起的红紫斑青瓷，就在禹县，离神垕镇十里的野猪沟。

此处紧邻临汝东北乡的大峪店，也就是靠近汝窑烧造的主要青瓷器的东沟。东沟的窑已成了过去，密迩在东南的野猪沟，自可追踵步武，代之而起，以一种新的色调，另开一个新的局面，就是一种天青色釉上显著着微妙复杂的美丽红紫斑所谓钧窑作品。

野猪沟代替了汝窑固有的青瓷器而勃兴起来了，于是此种作风，也就风靡一时。汝窑瓷场，完全亦步亦趋的竞起摹仿，这就告诉了我们为什么大峪店的叶沟、黄窑，南乡严和店之另一地区，以及陶墓沟、刘庄、冈窑各地方，烧造钧窑风青瓷的唯一原因。

第二跟临汝县境毗连的宝丰之青龙寺、鲁山之段店两处，就现在散布碎片的面积看来，在当时实在是一个极大的烧瓷山场。而段店比之青龙寺的范围还要大，段店寨墙上，粘满了各种碎片，就是屋墙路面也都是的，可以想见当年烧瓷山场的繁盛。就我所发现的碎片，大致可以分类如次：

**青龙寺：**

1. 印花青瓷碎片。跟严和店的碎片相同，究竟哪一处在先，哪一处是随着烧造的，不能分别出来。不过以青龙寺烧瓷山场范围之大，以及作品之优秀，是不难想象得到青龙寺方面技术的优越，恐非严和店可比，同时严和店烧造的钧瓷的成绩并不卓越，也就可证明严和店方面的技术，自然是较差于青龙寺的了。

2. 三彩碎片。此种宋三彩碎片中以绿釉划波浪纹的枕头，可以作为代表。

3. 白釉碎片。

4. 白釉画彩碎片。

5. 白釉划花碎片。

6. 黑釉碎片。这一种碎片中，有凸线的，有俗称的芝麻酱斑。

7. 芝麻酱釉碎片。

**段店：**

1. 白釉碎片。

2. 白釉画花碎片。此种白釉，厚的地方，显着黄色，光亮润泽，有赭色或绿色的图案花纹，别有趣味。有时画黑花，一般所称之磁州窑风格，亦很流利。

3. 白釉划花碎片。

4. 黑釉碎片。

5. 芝麻酱釉碎片。

此处据说还烧青瓷，可惜由于时间仓促，未曾找到碎片。以上两处烧瓷的性质，就碎片的分类看起来，可说是与汝窑的青瓷，绝不相同的。是否在北宋以后，汝窑的青器，已经废绝，一方面是以禹县的野猪沟为中心，掀起了一种新的作风——钧窑，而别一方面，这两处的杂窑也就跟禹县的扒村（另有专文）遥为呼应着，以另一姿态朝向多方向去发展呢？假使是的话，那么就时代说，该是南宋时期的作品。

总结此次汝瓷调查的结果：

1. 揭露了汝瓷的早期产物，是一种什么东西，因而推测到此种青瓷器的起源，中间发展的情况，及其废绝的时期。

2. 俗称丽水窑的北方印花青瓷，并非汝窑的主要制品。

3. 汝窑地区，烧造钧瓷的原因。

4. 杂窑作品的大概。

（原载《文物参考资料》1951 年第 2 期）

# 禹州之行

一般人所通称的钧窑，它的产地，是现在禹县的西乡神垕镇。《禹州志》上说："州西南六十里，乱山中有镇曰神垕。有土焉，可陶为瓷。"原来禹县在北宋时候，是阳翟县，金称钧州，明万历三年，因避神宗的名讳，改称禹州。所谓钧瓷，在北宋时候，是紧邻汝州阳翟县的一种青瓷器而已，就没有钧窑这一个名称。而南宋的记载里，也没有提及过钧窑。它的兴起，是与汝窑的衰落有着密切的关系。这一点我在《汝窑的我见》一篇文章里，已经说过，就是汝窑在衰落以后，制瓷中心，即由汝州移到阳翟。此种跟汝瓷迥不相同的青瓷器，它的声价就日高一日起来，因此到了明代，汝瓷仅是一个历史上的过去名词，而钧瓷则为一般人所称道。

此次我于调查汝窑之后，决定去神垕调查当年代汝窑而起的制瓷中心地区。可是哪里是古代的窑址呢？据说须挖掘丈余以下，才能发现旧瓷的碎片。而于离神垕十里的野猪沟，在十余年前，曾经大规模的挖掘过，听说发现了许多钧瓷的整器，碎片是多极了。此刻田野里的碎片，还能俯拾即是，也就是当年挖掘遗留下来的，不过经过多少年来，都成为小块的碎片。

而早年野猪沟所见的大块碎片，我在临汝倒见过不少，其中有在釉下刻划菊花的花纹，这在钧瓷为最少见之作品，但是此次在野猪沟，竟未能觅得。天蓝月白等色釉的碎片，还容易找得到好的标本，为临汝任何古代烧瓷遗址所不能胜过的，所以我确定了此种制品，以野猪沟为技术最精良的地区。不过就所发现的碎片以及我们所常见的钧瓷，以日用物品为多，如碗、碟、瓶、罐、香炉、花盆等，纯然为民间窑的作风，这与以细小挣钉的汝器相比，实在是绝对不同的，不必说两种胎骨，更属显然的了。

此种钧窑作风，因为多是制作民间所需用的物品，所以各处都群起仿造，竞争销场。即如现在汝、洛一带所通行的黑釉粗瓷以及白地青花的粗瓷一股。

竞争仿造的地方，就我此次所见到的，除了紧邻的临汝县之东北乡大峪店叶沟、黄窑；南乡严和店、陶墓沟、刘庄、冈窑各处以外，我又在洛阳西新安县发现此种均瓷作风的烧造地区，是在新安县北三五里的云梦山。可见当时有紫红斑的作品，是风行一时的，即远至三百里以外的新安县山中，亦盛烧此种物品。近来还听人说到黄河以北，也有不少地区烧造。不名钧器而统称为元瓷。可是此种各地所盛烧的器物，胎骨都很厚，紫红斑是那么一小块一小块地呆板的散布着，丝毫没有一种晕浑一片如云霞般流动之感。并且色釉多暗淡重浊，失去了所谓玫瑰紫海棠红等美丽的色调。更可见得此种仿造作品，在当时只是在供应方面着想，粗制滥造的结果，自然没有什么艺术上的价值。它的时期，是在金元一段时期以内，而野猪沟的成熟技术，大约不久也就失传了。正如宋代的龙泉青瓷，何等优美，到了明顾仕成所制作的，已不如章生二远甚，何况成化、弘治以后更不能与顾氏相比，钧瓷情形，亦复如此。因此钧瓷之在继汝而起的金代，是一个精制作品的黄金时期。到了元代，所谓粗制滥造时期。及至最后，本身的制作，已经是名存实亡。明代一统，景德镇瓷器，风靡全国。地方烧造的窑被压迫到仅能供应及于邻近几个地区。即如现在新安县烧窑岭所烧造的，只能行销到洛阳新安以至宜阳附近。临汝严和店所烧造的，可能是供给临汝县。梁洼店的，也不过鲁山宝丰一带，纯然是一个小范围区域里的地方粗瓷窑场。所以在宣德年间，《明会典》里，有命钧、磁两州每年进造酒缸瓶坛的记载。由此不难想到，以一个能够烧造炫耀一时的钧瓷窑场，退步到奉命供应烧造酒缸瓶坛，末路凄凉，竟到如此地步。自然那时候的技术，已不再有可以烧造变化无穷的精美钧瓷的能力。查初白《人海记》里说：(《骨董琐记》卷五转载)"大内牡丹盛开，神庙思以磁瓶贮之，偶江阴民有一钧州瓶，高数尺许，欲得十金，或笑之，忽内臣觅进。上喜，问价几何。奏曰：二百金。上谕：先给百金，如未肯，再给五十金。"正可见当时的钧瓷，差不多已经看做是珍贵的东西。也正如宋高宗去张俊府第时，汝瓷已极名贵，是同样的情形。汝瓷盛于北宋之末期，迨南渡后，就绝响。钧瓷开始露头角于汝瓷极盛时代，南宋一段时期中，最为盛行。元代以后渐渐衰落，及至明宣德间，已不复能烧钧瓷了。汝瓷只有宋，而已没有元，钧瓷有宋元而亦没有明，还不是很明显的事实吗？有之，我们所能见到的，是明明有"大明宣德年制"

款式的仿汝瓷，以及明景德镇所烧造的仿钧瓷而已。（清光绪末年神垕有卢某仿烧钧器，其子光彰亦均能烧造。）

此外，我要附带一说的，我曾去过禹县西北乡的扒村。此处离禹县二十五里，往年所出古瓷器极多。村中各处，随地都可掘得碎片。民间传说，在宋的时候，窑场有八里之广，几与现在神垕镇相等。就我所见到的碎片，分类如次：

1. **白釉画黑花碎片** 此种作风，颇似当阳峪，可是没有当阳所出的洒脱。所画的碎片中，有牡丹花、鱼藻、胖孩儿等等，亦尚生动。

2. **白釉画赭色花碎片** 此种作品，虎枕可以代表。

扒村窑划花，白地黑花瓷片

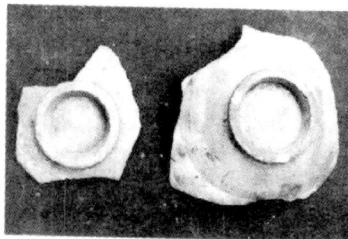

扒村窑白釉划花碗足

3. **白釉划花碎片**

4. **三彩碎片** 我们常见到的女像或骑马人，就是此地的出品。亦有素三彩雕花或划花的碎片。

5. **绿釉画黑花碎片** 亦有孔雀绿釉，印花的胎骨颇薄。

6. **黑釉碎片** 此种碎片，往往外面黑釉，里面白釉，以小盘小碗为多，胎骨甚薄。

此处一切制作，种类之繁复，胜过段店。村外发现窑址多处，碎片堆积地区极广，可见当年窑场范围之大。制品中大件的型式很多，如在一尺外至二尺直径的大脸盆，三尺以上三截分烧的翻口大瓶，底径尺外，高一尺以上的大罐，以及各种色釉的枕头，都是扒村特有的作风。所以我从这点看，扒村的发展，是与有紫红斑的钧器，相并行而不相冲突的。至于扒村制作年代，可能在黄河以南，是一处比较最早的民窑。就是从三彩说，也应该是继承了唐三彩以后的作品。这些窑场，都不见于任何文献的记载，这在探求古代烧窑遗址方面，是一件不易进行的工作。我于扒村之发现，觉得颇高兴，因为一般白釉黑花的器物，以往是只说磁州窑，最近才知道了有所谓当阳峪，除此就别无所知了。其实白釉黑花之烧造，恐尚不止此几处。同时所谓宋三彩的女像，一般传说，又只知山西的高平，哪里知道还有扒村呢？这一点成绩，是我在禹州调查钧瓷以外无意中所得到的收获。

（原载《文物参考资料》1951 年第 2 卷第 2 期）

# 调查平原、河北二省古代窑址报告

此次调查古代窑址，目的地在平原、河北两省沿京汉线的几县。兹将调查结果分别述之如次：

## 一、修武

当阳峪古代瓷窑，不见于任何以往的文献，即《修武县志》亦不曾提及过出产瓷器。最近十年来欧美所出版的关于瓷器书报，往往提到当阳峪；而焦作福中公司的英国人，据说曾经专事搜集过当阳峪的碎片。北京厂肆中人，亦以当阳出品可以获大利，于是利之所在，就搜罗及于碎片，装以锦匣亦可得到高价，可是我们没有一个研究瓷器的人曾注意到当阳峪的。

当阳峪在修武县四十五里的山里，由新乡乘道清铁路车到焦作，往东经东焦作村、冈义村，转北进山口，上坡，计程十二里，就到当阳峪了。村在山坡上，是一个小村落。二十余年前挖掘古瓷，颇有发现，但是完整的较少，就是所谓窑底货。此处出品，极为复杂，实在是宋瓷中最优秀的民间瓷器。白釉的，有粗有细，细的胎骨亦薄。白地黑釉，或黑地白釉，先划花纹，再行剥落的方法，此种作品，为当阳峪所独有的。绞釉一种，承袭了唐代的作风，此后就不再看到别处能够烧造的了。宋三彩亦不少。总之当阳的窑场，是很大的。山有窑神庙，崇宁四年的碑记还存在着，此次曾把去年所拓得的拓片，作了一次校对的工作。此碑记，实在是一件最重要的文献。

此间碎片小块的散在田间，较大而花纹特别的，都为当地人所检去，碎片而能卖钱，我于北方，除当阳峪外，还未曾见过呢。

## 二、安阳

安阳在古代有烧瓷的窑，可是县志没有什么记载。此次调查，是以水冶镇（现在是安阳县）为中心，由此向西及西北两方面进行，所得的结果如次：

（一）**善应镇** 在县西南，有北善应、西善应两个村。北善应离县二十里，是在县的西南。西善应离北善应十里，还在北善应之西。北善应村负山面溪，风景极佳，附近有小南海，山泉清澈见底，寺院一，现已空无所有了。此处是区公所所在地。西善应较北善应为小，两处山坡上，都发现钧窑系的碎片不少。窑地区域并不大，色釉却胜过汝南乡所见到的。此种作品，就是普通所称的元瓷，也就是一般传说黄河以北盛烧元瓷的瓷场之一。我即以善应窑名之。

（二）**天僖镇** 离县十二里，在镇的南岗上，发现碎片及工具，堆积甚多。此处碎片，全系白釉，并无钧窑系的作品。镇离北善应仅八里，离西善应亦只十八里，可是迥乎不同的两个作风。据说汤阴西乡的鹤壁集是烧元瓷的，由鹤壁往北三十里，就是善应区域，可见善应是受着鹤壁的影响，而天僖却是从北往南的一个白瓷系统，恰巧的到此成了一个分水岭似的，这是一个值得研究的问题。我就称南岗的窑址为天僖窑。

**（三）观台镇** 县北三十里，在漳河之南，河北是冶子村，就是磁县了。观台在以往二十年来，出过不少宋瓷，厂估都知道这么一个地方，可是有窑没窑谁都不能肯定的。此番调查，目的地本在冶子，正要渡河之前，离渡口不远的地方（约半里），竟发现许多碎片，范围非常广大。其中以一般所称磁州窑的划花碎片为最多，白釉素地的也不少，其次黑釉而有斑点的亦到处都能检得。后在冶子知道观台出瓷枕颇多，见到"古相张家造"印章的瓷枕，有好几个，以赭石色釉画故事，如黑水国、荐诸葛等等，出产地就是观台。安阳原为相地，故称"古相"。我以窑址地属观台，故名观台窑。

此外，天僖西南有产俗称"碗药石"的地方，其实即宝山的长石。《县志》卷三·山川："龙山迤西面南为宝山。邺乘宝山在龙山西南十余里，山产白石，陶人取以为器……"《续志》卷三·地理志·物产："……长石产于南平宝山等处，土人采取碾制釉药，行销南北，为矿界一大利源。"卷七·实业志·矿业："南平同和长石公司……开采南平长石矿，用途以瓷釉为大宗，制玻璃及琉璃次之，行销磁县、汤阴、修武、阳城一带。"一路所见驼运甚多，都是到了水冶转往他处。其他古代烧瓷的地方，在西善应之西南，还有石板、羊圈、猪窝、三仓、史家沟等处。北畿是专烧人、马、鸡、犬以及盒罐等小件，为我们所常见，普通只晓得出在安阳西乡，不知道是在北畿。

## 三、磁县

　　一般所称的磁州窑作品，我们是时常见到的。可是古代磁州窑，究在磁县什么地方？其次磁州窑是否烧造如许多不同种类的陶瓷器，这也是一个等待解决的问题。东西洋所出版的瓷器书里，往往以磁州型来概括一切，其实就我现在确实知道的，其中已经包含着河南禹州扒村窑，山西阳城窑的作品以及武安涉县所烧造的四耳油罐，都在内了；当然就我此次所见到的观台窑是属于安阳的，向来亦均以磁州窑目之。恐怕还有许多尚未发现的窑；一概都是算作磁州窑的，不在少数，此则有待于将来的探访了。

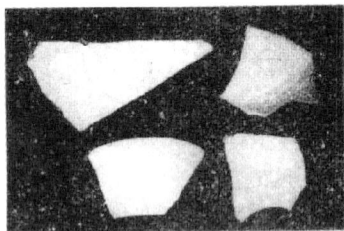

曲阳定窑划、印花白瓷片　　　　曲阳定窑划、印花白瓷片

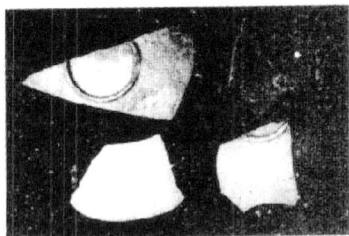

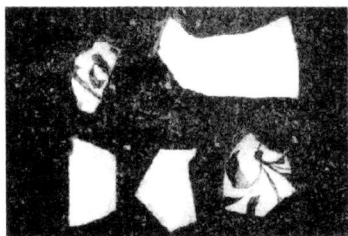

当阳白釉画花瓷片　　　　　　　　　当阳白釉画花瓷片

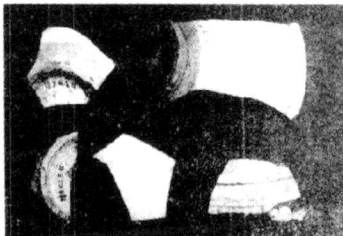

　　冶子村在漳河之北，与安阳之观台窑隔河相对。窑址沿河岸，自东向西，区域其广。此处所见碎片，与观台相同，亦出瓷枕，所见半刻半画的黑花，有赭石色珍珠地划花的，有书写一首《西江月》，或其他词句的，常见别字，想为当时比较寻常之件。此处多白釉碎片，划花的亦不少，不易与观台的分别出来，所以就碎片说，观台与冶子，殆为同一时期的作品。

　　彭城镇南距冶子村四十里，东距磁县五十里，在表面上看，似乎不如禹县的神垕镇。此处有华北企业公司所办的鼎新瓷厂，有工人百余，去年曾烧造电料用品，今年烧瓷器。细的茶壶漱口杯，都很好。瓷土在彭城的，须挖下地面十五丈，现在拔剑瓷土离地面二三尺就有了，所以近来拔剑义井方面瓷窑已较彭城为发达，原料方便之故。长石是从水冶碗药石山来的，石英来自林县。拔剑，离彭城十余里。彭城窑场战前有二百余，沦陷时期只有三分之一，现已恢复到了半数。离镇五里黑龙潭，有很多水磨、碓磨，水冶的碗药石，各处瓷窑就用此处泥浆，自己就不再淘洗了。工人生活情形，从前一个工人，自顾还不可能，更谈不到养家。现在工资比以前至少增加了一倍。可维持三口之家的生活。彭城的技术工人，曾去唐山指导过，可是人家进步快，后来居上，唐山瓷已经超过了彭城；况且还有博山、阳泉来竞争，所以彭城瓷的市场，是日益狭小了。

## 四、定县

定窑向来说是在定县，可是定县县境内并未发现过碎片堆积的地方。近人叶麟趾，在一本《古今中外陶瓷汇编》的小册子里说到定窑，不在定县，而在曲阳县剪子村以及附近的仰泉村，这是一个重要的发现。考之《曲阳县志》卷六·山川古迹考有："涧磁岭：采访册在县北六十里。按，岭在龙泉镇之北，西去灵山镇十里，上多煤井，下为涧磁村，宋以上有磁窑，今废。"又卷十下·土性物产考第六条："山岭：县境三面皆山……灵山一带惟出煤矿，龙泉镇则宜瓷器，亦有出滑石者。""黄瓷：盆瓮之属，出恒水左右。""白瓷：龙泉镇出，昔人所谓定瓷是也。亦有设色诸式。宋以前瓷窑尚多，后以兵燹废……"那末曲阳之有古代窑址，是没有问题的了。抗战期间，曲阳沦陷敌手，一九四一年的时候，日人小山富士夫曾去曲阳调查过，发表了一篇报告（《陶瓷》第十三卷第二号）。此次调查目的是要采集些碎片，并确定他是否定窑。

由定县先到曲阳，再由曲阳去北乡灵山镇，往东是涧磁村，往西是东、西燕山村。所以以镇为中心，第一天调查了东、西燕山，第二天才到涧磁村。现在分别就调查所得，述之如次：

**（一）东、西燕山村**　两村相连，离灵山镇西八里，叶麟趾所未曾提及的，或者就是他们所称仰泉村之误。村西有一条溪河，村北凤凰山，西北高峰是鸡冠岩山，远望东、西燕山村，是在山坡上。碎片散在两燕山村之北，两燕山之间，及西燕山村之西。发现有印花、划花及素地的三种，纯系习见之定窑作风。在当地人家，见有印花云龙盘残片，并有"尚食局"文字。村西地区，白釉不到底的粗瓷碎片不少，可见此处所烧造的，有粗细两种不同的作品。

西村之南，有近代式民窑一处，成立在事变以前，抗战期间，机器被敌人搬走了，窑场房屋全毁，胜利后恢复，烧造坩埚，极耐用，惜以技师他去，因而停顿。瓷土用本地北山所产，离地面二三尺就可得到。釉石在三十里外的山里，用煤亦取之本地。烧瓷一切条件，俱极优越，如能开发，颇有前途。

**（二）涧磁村**  村在灵山之东，即叶麟趾记载的剪子村，也就是《县志》所称之涧子里，涧子村。从灵山镇去，经过王家村、岗北村，计七里。该村地势，西南有一小溪流，南面是大溪（即恒水），都是干枯无水，大溪南是灰岭，北是马头山。东去北镇二里，过大溪后就是南岭，南北镇合起来就是志书上的龙尔镇。

1. 村直北，跨过几处高地，是一个很大的土丘，高约八九公尺，径约三十公尺，完全是碎片同工具所堆成的。土丘之东，又一土丘，较小一点。由此往东，有一东西方向的地沟，两边尽是碎片。在此地区，假定它是第一区窑址。碎片中划花的特多，素地的较少。胎骨洁白细腻，色釉润泽匀净，是定窑标准的作品。碎片中得到一块窑枕的侧面，这是很重要的，因为由此可以知道定窑的瓷枕，是这么一回事了。

2. 村东约一里半，快到北镇了，田间有巨碑二，及石狮子一对，即是法兴寺的故址。寺毁于日敌的三光政策之下，并无一间房屋留存。附近有云龙碎片极多，去年还出过整器十件，都是划龙的，据说一盘底，也有"尚食局"三字。

3. 村西约半里地，在山溪北面的高原上，碎片又是成丘地堆积着。此处除划花外，印花的不少，是为第三区窑址，不过较之第一区范围略小。

就东、西燕山及涧磁两处比较来说，当然窑场区域，以涧、磁为广，东、西燕山差得远了。作品方面，东、西燕山优秀的也有，可是比较粗一点的，都在东、西燕山。至两处所检拾的碎片，全份白釉。极想发现所谓红定的碎片，未能得到。只有黑釉的几片，胎骨细结而尚薄，可能就是黑定。芝麻酱色的亦有几片，日本人所谓的柿天目，也就是说红定的，那就需要以后进一步的研究了。

工具中独多圆圈式的，大小不一，这是定窑覆烧用的工具，到处都是，可见当年生产率之高。

此外在灵山镇之东，约三里左右岗北村，现有窑二十余座，大都缸窑，也有几处烧黑釉粗瓷的。《大明会典》第十一册第一百九十四工部卷十四，关于陶器部分，宣德年间题准光禄寺每年所需酒缸瓶坛，分派河南布政司方面，除钧、磁二州外，"真定府曲阳县，酒缸一一七只，十瓶坛四二七四个，七瓶坛六一〇〇个，五瓶坛六二四〇个，酒瓶一〇三四一个，每年烧造解寺应用。"又嘉靖三十二年题准："曲阳县，缸瓶共一七六五件，该银一九九两八钱八分，外增脚价银一八五两九钱九分三。总该银一一四〇两六钱五分八，通行解部，召商代买。如遇缺乏，止行磁州，真定烧造，免派钧州……"此为曲阳在明代宣德年间只烧缸窑之证，而明代曲阳的缸窑，是在灵山附近。大致也是不会错的。

根据以上调查情形，总结所得结果：

（一）在修武方面：

1. 证实了当阳峪窑的所在地点，并检得该窑所烧造的一部分碎片。

2. 校正了窑神庙里崇宁四年碑记拓片的文字。

（二）在安阳及磁县方面：

1. 安阳西南乡发现北善应窑、西善应窑、天僖窑、观台窑四处古代窑址，并检得各该窑所烧造的碎片。

2. 发现所谓磁州窑瓷枕的烧造地点（在观台窑及冶子窑）。

3. 磁县西南乡 磁县西南乡发现冶子窑，无疑地为古代磁州窑之一。

（三）在曲阳方面：证实了曲阳县灵山镇的涧磁村及东、西燕山村，实为北宋定窑遗址，检得碎片不少。

（四）其他方面：就采取所及知道汤阴西乡鹤壁集，安阳西南乡石板、三仓、北畿，各处均有古代窑址。

（原载《文物参考资料》1952年第1期）

# 邢越二窑及定窑

## 一、邢、越二窑

李唐一代的工艺美术，是有它伟大的成就。即以陶瓷来说，由陶而进展到瓷，唐代不仅是一个过渡时期，也可以说是完成时期。邢、越二窑，就是这个时期里的产物。邢是白，越是青，北方之白与南方之青，就平分秋色似的代表着南北的两个系统的作品。我现在先说邢窑。

邢窑之见于记载的，《新唐书·地理志》里说："河南府土贡埏埴盎缶，邢州巨鹿郡土贡瓷器，越州会稽郡土贡磁器。"而李肇《国史补》里，亦有："凡货贿之物侈于用者，不可胜记，丝布为衣，麻布为囊，毡帽为盖，革皮为带，内邱白瓷瓯，端溪紫石砚，天下无贵贱通用之。"是《新唐书》里所说的邢、越二窑，当时并贡于朝的；《国史补》，则证明了邢窑是在内邱的了。

同时李肇的《国史补》，是写些开元、贞元间（713—805年）的见闻，来补国史之缺，这就说明邢瓷在开元、贞元间，已为天下无贵贱所通用的器物。自然，它的创作时代，定在开元之前，也可以说就是在初唐，而盛行的时期则中唐可以肯定了的。《俑庐日札》里，提到清光绪三十三年定州发现李基墓，墓中明器瓷坯坚固如石，釉色如玻璃，色白而不滞，略如定器，而墓志年月，是咸亨元年四月（670年），那是初唐时期，其为邢瓷无疑。因为有唐一代文献里提到白瓷的，就是邢窑，而那时候还没有定瓷，又是可以肯定了的。

嗣后大中初（847—859年，已在中唐之后），有一个郭道源的，善击瓯。文献里这样说："用越瓯、邢瓯十二，旋加减水，以箸击之，其音妙于方响"云云。到了唐肃宗上元（760—761年）的时候，陆羽在他所著的《茶经》里，把邢、越二窑所出的瓷碗批评了一下，就是说："碗，越州上，鼎州次，婺州次，岳州次，寿州、洪州次。或者以邢州处越州上，殊为不然。邢磁类银，越磁类玉，邢不如越一也。若邢磁类雪，则越磁类冰，邢不如越二也。邢磁白而茶色丹，越磁青而茶色绿，邢不如越三也……越州磁、岳磁皆青，青则益茶，茶作白红之色。邢州磁白，茶色红，寿州磁黄，茶色紫，洪州磁褐，茶色黑，悉不宜茶。"可见当时邢、越二窑已经并重，绝不是天下无贵贱通用之内邱白瓷独步的时代。而且陆羽还抑邢扬越，对于人们所称赞的邢瓷，抱着不以为然的态度。懿宗咸通（860—873年）的时候，皮日休的诗里，也有"邢客与越人，皆能造瓷器……"之句，是邢与越，在晚唐的时候，依然是并重一时的两种瓷器，可是自此以去，就不再有人提及邢瓷，越瓷则徐寅、陆龟蒙辈，都有诗赞美它。而越瓷到了五代，更是独步一时。北方之邢，恐怕就在此时，黯淡下去。因此就会使人揣想到那时的邢窑工人，会在曲阳，另烧白瓷，开创了定瓷，或许有相当理由。不过邢瓷早为社会所通用，又何致一蹶不振到此地步。我个人认为内邱窑的白瓷，即为民间所好，自会延续下去。只是自晚唐以至五代及北宋初期，几成越瓷独霸的局面，所以邢瓷就没有什么记载；却不能说，就会黯淡到一点没有前途。近三十年来，巨鹿出土的物品中，很多光素的白瓷，有的说是定瓷，有的说是北方影青。其实定瓷是有的，不成问题。因为大观（巨鹿城在大观二年为大水所淹没）的时候，正是定瓷出品最优美的时期，而其他白瓷之并非定窑的制作，或是不近定瓷的作风，概以所谓北方影青目之，这是一种曲解，毫无根据的。此种物品的器形，并非一般的盘碗常品，颇多奇特的制作，如鸭座灯台等等。我以为或者就是五代以至北宋的邢瓷，这是很可能的。否则为什么有这种优秀的作品，不能明确指出它的烧窑所在呢？此后如能找到邢窑地点，或者可以能解答此问题。

二十余年前在印度勃拉名纳巴特废址里，发现中国瓷片四片。其中两片是邢瓷，一片是越瓷，一片是宋以后的作品。该城在七世纪时，最为繁荣，废灭于一〇二〇年（宋真宗时）。在印度这样一个僻远的地方，而有邢瓷碎片的发现，实一极可注意的事情。

此外，在唐的时代，平定、平阳、霍州，均烧白器。平定窑又俗称西窑，是否对于邢窑之在河北为东而言，亦是一个问题。

关于邢瓷的本质，可以一谈的，就是它的胎土色白细洁，而极坚硬。釉白颇润泽，有时微微闪黄，带一点乳白色。胎与釉之间，有一层下釉，就是俗称的护胎釉，它的制品，就现在所认为是邢瓷的，平底折边（就是边的外缘凸起一条边沿，是别的瓷器上所不曾见到的）。胎厚重，平底处有没釉的。短嘴的把壶，纯然的唐的作风。白釉很厚，有到底的，亦有不到底的。烧成火度，已达千度以上。观察器形全面，令人有一种浑厚凝重的感觉，这与后来的定瓷，大不相同。并且邢瓷的器物上，没有一点花纹，质朴素净，正是唐代邢瓷的优点所在。它的烧造地点，说在内邱，可是在内邱县境内，未能找到烧窑遗址。又说在临城，最近在内邱、临城的邻接地带，有一处地名磁窑沟，发现烧窑遗址。可是在一块有明弘治七年及隆庆三年的窑神庙碑记里，未曾提到唐代。所得碎片，亦非白瓷，不能证明为邢窑所在的地方。因此邢窑遗址，究在何处，尚须等待以后的发现。

其次我再谈越窑。

越器的发现，是在抗日战争的前二三年间。当时杭州及绍兴方面所发现的，多为晋的时期的作品，最后发现了三国孙吴时期的越器，为数亦属不少。下面谈谈关于唐代的越器。

唐代越器，见于唐代文人记载的甚多，为方便起见，列表如次：

| 姓名 | 提到越器的词句 | 大概时期 |
|------|--------------|---------|
| 顾况 | "越泥似玉之瓯"（《茶赋》） | 肃宗至德进士，约公元七五七年前后 |
| 陆羽 | 《茶经》提到越器已见前文 | 肃宗上元间，约公元七六一年前后 |
| 孟郊 | "越瓯荷叶空" | 德宗贞元进士，约公元七九六年前后 |
| 施肩吾 | "越碗初盛蜀茗新" | 宪宗元和进士，约公元八〇六年前后 |

| 姓名 | 提到越器的词句 | 大概时期 |
|---|---|---|
| 许浑 | "越瓯秋水澄" | 文宗太和进士,公元约八二七年前后 |
| 皮日休 | "邢客与越人,皆能造瓷器" | 懿宗咸通间,公元约八六一年前后 |
| 郑谷 | "茶新换越瓯" | 僖宗光启进士,公元约八八六年前后 |
| 徐寅 | 有《贡余秘色茶盏》诗 | 昭宗乾宁进士,至五代初公元约八九四年前后 |
| 韩偓 | "越瓯犀液发茶香" | 昭宗龙纪进士,至五代初公元约八八九年前后 |
| 陆龟蒙 | "九秋风露越窑开,夺得千峰翠色来" | 昭宗光化间,公元约八九九年前后 |

从这许多记载文字里,我们知道差不多自中唐以后的越器,更为人们所重视。根据《开元天宝遗事》(王仁裕著)里说:"内库有青瓷酒杯,纹如乱丝,其薄如纸,以酒注之,温温然有气相次如沸汤,名自暖杯。"以及徐寅的《贡余秘色茶盏》诗中:"陶成先得贡吾君……"之句,又明确地知道青瓷之在宫中应用的,已在唐玄宗的开元天宝时候(713—756年);而到了徐寅那时候,已是晚唐的最后期。此种青瓷以及秘色茶盏,除了越窑以外,还有哪一种窑烧青色的物品呢?所以我说在这一段时期,宫上用此越器,民间又这样地重视,那么越窑之在当时,岂是所谓天下无贵贱通用之的邢瓷所能与之抗衡?不过在千载以下,要知道越器是怎样一种制作,真是有"李唐越器人间无"之叹!而自宋至清代的著作中,都找不到有什么人收藏着越器,

或是看到过越器的记载。及至最近二十年来，发现了余姚的上林湖窑以后，于是对于五代钱氏所烧造贡宋的瓷器，能够知道了它的真面目。只是李唐一代的越器，是怎样的一种制作，还不能肯定下来，最后经过几次的出土物品，才证实了唐代的越窑。

（一）第一个发现，是有唐长庆三年（823 年）年号的一块墓志铭，那是一九三四年在浙江慈溪县鹤鸣场出土的。当时出土的情形不明了，所以墓中有无其他物品，那就不得而知了。这块墓志铭，先到了杭州，随后到了上海，卖给姓毛的，后来又听说转到一个广东商人的手里。原件全面作淡橄榄色青釉，略带灰色而有气泡，系半磁胎质。铭文在釉下，刻阴文，首行是："唐故彭城钱府君姚夫人墓志并序"，文中的姚夫人，长庆二年死的，三年八月葬于上林东皋山之岗，这是一件有年代的青磁墓志，亦可以说是证实唐代越窑的第一个发现。不过这块瓷版很粗劣，决不能代表唐代越窑的制作。

（二）随之而来的第二个发现，是在一九三六年绍兴古城发现了一个唐户部侍郎北海王府君夫人的墓。有一块墓志砖，砖上有唐元和五年（810 年）年号。自墓中出土的瓷器有好几件。青釉极光亮润泽，壶及小水池的制作都是很精美，这才是唐代越瓷的标准物品。我在当时曾经写过一篇文章，中间有这么几句话："……就此仅有的宝物来研究当时造瓷的进展，就技巧上说，确乎已经到了成熟的时期。"（见《瓷器与浙江》书中《唐代越器专集》引言）因此这个发现，对于究竟唐代的越器是怎样的，有了一个明确的答案。

（三）王墓中所见越器，并无花纹，后又在市场上见到碎片一块，有"会昌七年（847年）改为大中元年三月十四日清明故记之耳"三行文字，是在釉里的，有划花，后来这块碎片，到了上海估客手里，竟复原了。同时我在杭州得到了一个小碗，碗心划花，跟碎片的划花，完全是一个作风，可以确定是同一时期的制作。所划花纹，虽极简单，可是开辟了以后五代越器上繁复花纹的途径。这就是为什么我有"吾们看到了永康太康圹里的宝物，同时看看五代时候精美的作品，就晓得在这时期中形成了架桥梁的过渡产物，那就是现在元和圹里所见到的物品"（见《唐代越器专集引言》）这样的说法了。

由于以上的发现，可以确实知道唐代越器的究竟。而此种瓷器之在国外发现它的碎片，就现在所知道的，有以下几处：

（一）埃及京城开罗南郊福司脱特，是一个荒废了的都城，在公元九世纪的时候，非常繁盛，到十三世纪初叶，成为废墟。三十年前有好些人在这废墟上发掘得到碎瓷片很多，并且写了好些报告，其中就有越器的碎片，为数也不少。此种越器之到埃及，正是该城繁盛的时期，也就是九世纪，正当晚唐的时候。当时越器是经由阿拉伯人波斯人的关系，到达埃及的。

（二）波斯沙麻拉遗迹于1910年及1913年间，经过了两次发掘，发现了越窑的碎片，该地于公元838年（唐文宗开成三年）建筑成一都市，仅仅五十年，就于883年（唐僖宗中和三年）时成为废墟。越器就在那个时候，到了波斯各地方，因为那时候波斯湾是我国与波斯贸易上重要的港口，尤其是在九世纪中叶，阿拉伯商人跟我国贸易上的关系极为密切，东西交通，盛极一时，越器就大量地经由我国南部出口，到了波斯。由于以上两处发现了越器的碎片，说明了唐代已与埃及波斯间的往来，是一个极重要的资料。

（三）印度勃拉名纳巴特遗址，发现青瓷碎片，亦经证明是越器。

以上所谈的邢、越二窑，在完成中国瓷器的制作方面，有它重要的地位；何况由于邢、越二窑的发展，才能开辟了宋代瓷器一个灿烂的局面，这一点，更是值得我们的注意。此外，在唐代的鼎州、婺州、岳州、寿州、洪州各地，所烧造的物品，是怎样的器形与色釉，除了往年在长沙所出土的，似可确定为岳州窑外，其他地方所烧造的，此刻还不能确切地指明，这又需要等待以后窑址的发现了。

至于唐以前的越器，上面已经说过，从三国的孙吴以至西晋，出土的宝物极多，尤其是冢墓中的明器，如：粮食坛，上面附有凸雕的亭台人物禽兽；五壶尊，是在尊的肩部上面附着四个小壶，连着尊的口是五个，所以名为五壶尊；洗的种类颇多；此外天鸡壶、多孔双耳罐、耳杯、兽盘、猪栏、蛤蟆水丞等等，种类真是繁多极了。窑址之经人发现的，在萧山有九岩窑，而我在萧山方面发现的有王家溇窑，在绍兴的有庙前窑，古窑庵前窑多处，因在越州区域以内，是以普通均称越窑。

唐以后的越窑，一般是专指余姚的上林湖窑。自五代以至北宋初期，由于钱氏的割据东南，大量烧造进贡的物品（详见《十国春秋》《宋会要》《宋史》《吴越备史补遗》《宋两朝供奉录》《枫窗小牍》诸书，以及我著的《瓷器与浙江》），因之越器的制作，比之唐代的，有着显著的进步。同时开始了极繁复的图案花纹，这是唐代所没有的。

因此在那时候的越器，是有着极高度的艺术。这就是为什么越器之在今日有它极崇高地位的原故。及至吴越钱氏于太平兴国三年举地降宋以后，在文献方面还能知道兴国七年，尚有所谓殿前承旨监越州瓷窑赵仁济的记事（周密的《志雅堂杂钞》）；而《宋会要》食货第六·诸郡进贡条下也有"熙宁元年十二月，尚书户部上诸道府土产贡物……越州……秘色瓷器五十事"的一段记载。不过在这近百年间，太平兴国元年（976年）——熙宁元年（1068年）的越器是怎样的一种制作，并无实物可以证明。大约此后的上林湖窑，渐次走上了下坡路。所以《六研斋笔记》里，说到南宋时余姚秘色瓷，粗朴而耐久，这是很值得注意的。另外，《余姚县志》里说："上林湖烧秘色磁器颇佳，宋时置官监窑焉，寻废。今各邑亦俱有民窑，然所烧大率沙罐瓦尊之类，不出境，亦粗拙，不为佳器。"是上林湖窑最后的结果仅能烧些粗拙的东西，而十余年前我去调查时，并此粗器亦已不再烧造，只见砖瓦窑几处而已。

## 二、定窑

定窑向来说在定州，但是究在定州何处，没人能回答的，只是近人叶麟趾有以下一段记载：

定州窑在今河北曲阳县。定州窑地址，考诸文献所载，皆指为今之河北省定县。然经实地调查，则绝无窑址可寻。当地之大白村，虽属近似，亦无确实之证明。或谓自唐以来，所谓定州，非只限于今之保定与正定之间者，其地域较为广大，即保定、正定、平定等处，亦皆包括在内，总名曰定州，故凡由此等地方所出窑器，均称为定窑云。是说未免过于广义者，因平定之窑，俗称西窑，其器与所谓定器比较，显有不同之点。且保定、正定，亦皆无相当之窑址也，曩者闻说曲阳产磁，偶于当地之剪子村发现古窑遗迹，并拾得白磁破片，绝类定器，据土人云，昔之定窑，即在此处。又附近之仰泉村，亦为定器出产地，然已无窑迹矣，此说诚有相信之价值。且旁考地理上之关系，则曲阳距定县四十里，唐名恒阳，原属定州，盖所称定州，乃指其大地名而言，非专指今之定县。即如唐之邢州窑，在距今邢台县约五十里之内邱县，饶州窑在距今鄱阳县即昔之饶州府约一百八十里之浮梁县，是其最明显之比例也。现今曲阳县尚有制陶者，器虽粗糙，然确属定窑之本派。或谓定窑废灭于元，盖因当时已无优良之品，固无关于此后曲阳之制作也。

　　这是一个极重要的发现。同时检查《曲阳县志》，亦有以下记载：

　　卷一下·舆地条说……涧磁村：县北四十五里，东至北镇里二里，西至韩家村五里，南至灰岭村十里，北至树沟村十里……

　　卷六·山川古迹考……涧磁岭，采访册在县北六十里。按，岭在龙泉镇之北，西北灵山镇十里，上多煤井，下为涧磁村，宋以上有磁窑，今废。

……龙泉镇，今俗称南北镇，镇旧有镇使副瓷窑税使等官。

卷十、十一·土宜物产考第六条……土性：山岭——县境三面皆山，土石相间多不能种禾麦，尚宜树木。露山一带，惟出煤矿，龙泉镇则宜瓷器，亦有出滑石者。

……土产：黄瓷盆瓮之属，出恒水左右。白瓷龙泉镇出，昔人所谓定瓷是也。亦有设色诸式，宋以前瓷窑尚多，后以兵燹废。宜请求旧法，参以新式，以复其利。

是《曲阳县志》里明明说有瓷窑，而且说及定瓷，并旧有瓷窑税使等官，这是极重要的记载。抗战期间，曲阳沦于敌区，当时日人小山富士夫曾经去过，并采取碎片极多。我于1951年间去该县调查，目的是要采集些碎片，并确定它是否定窑遗址。

由定县先到曲阳，再由曲阳去北乡灵山镇，往东是涧磁村，往西是东、西燕山村。现在分别就调查所得述之如次；

一、涧磁村　即叶麟趾记载的剪子村，也就是《县志》所称的涧子里、涧子村。从灵山镇往东，经过王家村、岗北村，计七里。该村地势西南有一小溪流，南面是大溪（即恒水），旱季时，都是干枯无水。大溪南是灰岭，北是马头山。东去北镇二里，过大溪后，就是南镇，南北镇合起来就是《志》书上的龙泉镇。

1. 村直北，跨过几处高地，是一个很大的土丘，高约八九公尺，径约三十公尺，完全是碎片同工具所堆成的。土丘之东又一土丘，较小一点。由此往东，有一东西方向的地沟，两边尽是碎片。在此地区，假定它是第一区窑址。碎片中划花的特多，素地的较少。胎骨洁白细腻，色釉润泽、匀净，是定窑标准的作品。碎片中得到一块瓷枕的侧面，这是很重要的，因为由此可以知道定窑的瓷枕是怎样的一回事了。

2. 村东约一里半路，快到北镇了，田间有巨碑二，及白石狮子一对，即是法兴寺的故址。寺毁于当时日敌的三光政策之下，已无一间房屋留存。附近有云龙碎片极多，去年还出过整器十件，都是划龙的，其中有一件，盘底有"尚食局"三字。

3. 村西约半里地，在山溪北面的高原上，碎片又是成丘的堆积着。此处除划花外，印花的不少，是为第二区窑址，不过较之第一区范围略小。

**二、东、西燕山村** 两村相连，离灵山镇西八里，叶麟趾所未曾提及的，或即叶所称仰泉村之误。村西有一条溪河，村北凤凰山，西北高峰是鸡冠岩山。远望东、西燕山村，是在山坡上。碎片散在两燕山村之北，两燕山之间，及西燕山村之西，发现有印花、划花及素地的三种，纯系习见之定窑作风。在当地人家，见有印花云龙盘残片。村西地区，白釉不到底的粗瓷碎片不少，可见此处所烧造的，有粗细两种不同的作品。另有玻璃块随处都可拾得，有黑色的，有暗蓝色、暗绿色的，想亦系当年烧造过的东西。

西村之南，有近代式民窑一处，成立在"七七事变"以前，抗战期间，机器被敌寇搬走了，窑场房屋全毁。胜利后恢复，烧造坩埚，极耐用，惜以技师他去，因而停顿。瓷土用本地北山所产，釉石在三十里外的山里，用煤亦取之本地，烧瓷的一切条件俱极优越，如能开发，颇有前途。

就涧磁及东、西燕山两处比较来说，当然窑场区域，以涧磁为广，在西燕山就差得远了。作品方面，东、西燕山优秀的也有，可是比较粗一点的都在东、西燕山。工具中，独多圆圈式的，大小不一，这是定窑伏烧用的工具，到处都是，可见当年生产能力之高。

此外在灵山镇之东，约三里左右岗北村，现有窑二十八座，大都烧缸，也有几处烧黑釉粗瓷的。《大明会典》里（第十一册第一九四卷工部十四）关于陶器部分，宣德年间题准光禄寺每年所需酒缸瓶坛，分派河南布政司方面，除钧、磁二州外，"真定府曲阳县，酒缸一一七只，十瓶坛四二七四个，七瓶坛六一〇〇个，五瓶坛六二四〇个，酒瓶一〇三四一个，每年烧造解寺应用"。又嘉靖三十二年题准："曲阳县缸瓶共一七六五件，该银一九九两八钱八分，外增脚价银一八五两九钱九分三，总该银一一四〇两六银五分八，通行解部。召商代买，如遇缺乏，止行磁州，真定烧造，免派钧州……"此为曲阳在明代宣德年间，只烧缸窑之证，而明代曲阳的缸窑是在灵山附近，大致也是不会错的。

就瓷窑所发现的遗品说。可以确定此处为定窑遗址，毫无疑问，因为定器有它的特征，如刻划花纹的图案，如釉上所表显的泪痕，以及细腻洁白的瓷胎等等，都是很容易与其他仿定的瓷器区别的。

至于定窑的创始，是否在李唐时候，实在是一个不易解决的问题。可是在《曲阳县志》十一记载着，王子山院和尚舍利塔记碑，说碑石在王子山（《县志》里说，王子山在涧磁岭西北，下有王子山院）法兴院之西数十步，额篆题"大周王子山禅院长老和尚舍利塔"。而在立碑人的姓名中，有"□□使押衙银青光禄大夫检校太子宾客兼殿中侍御史充龙泉镇使钤辖瓷窑商税务使冯翱"的题名，而碑石是建立于大周显德四年二月。那么，在五代后周的时候，曲阳龙泉镇已确有瓷窑，而且规模已是相当的大，出口又是相当地多的了，所以有瓷窑商税务使，在龙泉镇以监收税银，这就可以证明龙泉镇在五代的时期中，已经烧造所谓定窑的瓷器；同时还可以证实一点，就是五代时期中的定器，已经大量地生产了，那么定器的技术，在那时候必定发展到了相当成熟的阶段。因此曲阳龙泉镇的瓷器，在唐时已经烧造，又是可以确信的事实。而唐代所烧造的遗片，假定能够发掘遗址，必能充分证实这一点。

定瓷到了北宋，已为宫廷中所应用，《宋会要》里是这样记载的："磁器库在建隆坊，掌受明、越、饶州、定州、青州白瓷器及漆器以给用……宋太宗淳化元年七月诏，磁器库纳诸州磁器，拣出缺璺数目。"同时一方面供宫中应用，另一方面亦供应着社会上的需要。《曲阳县志》有一段记载，说明这个事实。就是在天成元年（后唐明宗时，926年）乡贡进士马爰重修王子山院碑面的右侧，有一个"贩瓷器客赵仙重修马爰碑记"碑文行书，文云："愚尝谓此山乃境中艳胜之所也。然有记事之碑，经其雨雪，字体亏残，愚虽不达，恻然悯之，于是请匠以重镌之，庶后观者得以□，时宋宣和二年（宋徽宗时，1120年）庚子八月十五日中山府贩磁器客赵仙重修记。"下题"院主僧智弁岳阳杨彦刊"。就这个史实可以知道当时的定瓷是有着广大市场的。而《格古要论》里，也提到"宋宣和、政和间窑最好"……

可见当时出品，最为优秀。同时在这样大量生产之下，定会发生粗制滥造的弊病，因此可以说明东、西燕山村所发现的遗片，为什么会远逊于涧磁村遗片的理由了。

同时并因定器有芒（疑是覆烧的毛边），宫中改用汝瓷。不久有靖康之变，北方瓷场受到极大波动，烧定瓷的优秀工人，南迁到景德镇，遂烧所谓影青的青白瓷，这是有一脉相承的事实，可以证明的。其次景德镇居民的祖先，颇多是曲阳籍贯，也是一个很可以注意的事情。而北方的定瓷，就在这样情况之下，衰落下来。不过定瓷的存续时间有多么长，此时还未易肯定下来。

就定瓷的制作说，所谓划花、刻花是模仿着越器的。因为唐至五代的越器，在国内有着极大的声誉，定瓷之受到它的影响，可以想象而知。不过印花的方法，却是定窑的独创，即在越器中亦未曾见到此种制作。而定器的来源，或者是由制作邢瓷的工人，转而在曲阳方面，开一新局面，亦有此种揣测，这是值得注意的事。至于定窑所制作的器具，以盘碗为最多，瓶壶为最少。瓷胎洁白，色釉微带黄而润泽异常。印花的图案，编排配置，极为整齐。大盘的盘心用莲花鲤鱼为图案的较多，四围多以牡丹、萱草、飞凤为图案。划花的花纹，自由放纵，跟印花的大小相同。刻花的刚劲有力，要以刻莲花瓣的算是典型。瓷枕极少见。故宫藏有一件，以孩儿侧卧的姿态作为枕面的长方枕，雕刻最精，是定瓷中极为少见的。定瓷中还有如苏东坡诗中所赞美的"定州花瓷琢红玉"的红定。周辉的《清波杂志》、蒋祈的《陶记略》都有记载。究竟是怎样一种作品，至今还是疑问。墨定在项子京《历代名瓷图谱》中，曾经说到，仅见一种，就是一件墨定凫尊，在明代已成为稀有的珍品了。惟近来出土的黑釉碎片，真如漆黑，胎质器形，都是定的作风，是否就是黑定，亦属疑问。紫定，项谱中有五件，说明釉色是"烂紫晶澈，如熟葡萄，璀璨可爱"。又说"泑色紫若茄苞，晶莹润澈"云云。是紫定色釉的紫，如葡萄，又如紫茄，决不是普通一般人所指的紫定了。《格古要论》中说到定器，亦以"紫定色紫，黑定黑如漆，价高于白定"云云。此外，定瓷中还有画金花的。南宋末周密的《志雅堂杂钞》中说："金花定碗，用大蒜汁调金描画，然后再入窑烧，永不复脱。"徐兢的《宣和奉使高丽图经》中，亦有"金花乌盏，翡色小瓯，银炉汤彝，皆窃效中国制度"的说法，是墨定上有金花之证。而东坡诗中所谓"定州花瓷琢红玉"又是说明红定上是有金花的。抗战前，据闻出土过几件金花的定碗，可惜都流落到海外去了。

南渡后，各处仿烧定窑的不少，现之记载的，如昌南（景德镇）仿定，亦名粉定。元时彭窑仿定器，土脉细白，与定相似，称为新定。象山窑（浙江象山县）所烧的似定器，磁州白釉器，无泪痕，亦有划花、印花及素瓷诸种，价高于定。萧窑（江苏徐州萧县白土镇）烧白釉器，胎质颇薄。宿州专仿定器，釉色酷似北定。临川窑（江西临川）胎薄，白釉微带黄色。南丰窑（江西南丰县）胎虽厚，白磁跟临川相近。德化窑（福建德化）称为白建。耀窑（陕西耀县）白似牛乳，似粉汁，似熟米，薄胎，有暗花，白釉极厚。有开片，胎比定厚，色白比之定瓷稍黄，因有暗花及开片，所以跟定瓷有区别。饶州窑体薄，釉润，色白，但是不及定器。此外，吉州、泗州、宣州各窑，均是仿造定器的。究竟怎样可以区别各处所烧造的仿定瓷器，必须在各地找得窑址后，才能解决这些问题。

（原载《文物参考资料》1953 年第 9 期）

# 景德镇几个古代窑址的调查

　　景德镇自南朝起到今天，陶瓷的烧造，有一千四百年的悠久历史，但是在明代以前的情况，只是有点文献上的片段记载，缺乏实物的佐证。即使有些实物，哪一种是湘湖窑，哪一种是枢府窑，好像已经是很清楚了；其实这些古代的窑址，究竟在什么地方？各窑所烧造的瓷品真实情况怎样？都还无可捉摸。何况在宋代以前，更属渺茫不可查考了。文献上记载最早的，所谓"新平治陶（东晋时置新平镇，唐武德四年就镇置县，称新平）始于汉世"（《浮梁县志》）。以及六朝时"陈至德元年（583年）大建宫殿于建康，诏新平以陶础贡，巧而弗坚，再制，不堪用，乃止"（《江西通志》）等等。现在，已难见到当时遗留下来的实物。在唐代的时候，各地陶瓷的烧造，比较以前的确是飞跃地进步了许多，自然景德镇方面，决不至于依然停留在"巧而弗坚"的一个低火候的阶段，这是可以想象得到的。可是唐代景德镇所烧造的陶瓷，究竟达到了怎样的程度呢？尽管文献上有"唐武德中（618—626年）镇民陶玉者，载瓷入关中，称为假玉器，且贡于朝，于是昌南镇瓷名天下"。（《浮梁县志》）"镇原名新平，以位居昌水之南，故又称昌南镇。"（《景德镇陶录》）以及"霍窑，窑瓷色亦素，土墡腻，质薄，佳者莹缜如玉，为东山里人霍仲初所作，当时呼为霍器。邑志载唐武德四年（621年）诏新平民霍仲初等制器进御"。（《景德镇陶录》）二段记载，陶氏霍氏所制作的，究竟是什么样子，还是无法证明。这次调查，竟在石虎湾首次发现了许多唐代所烧造的碎片，我认为这是唐代景德镇的实际遗物，在我国陶瓷史上还是第一次的发现。

石虎湾位于湘湖与湖田之间，离镇约二十里。公路靠小山坡，左边碎片及烧窑工具，堆积极多，可以想见当时修建公路的时候，是穿过这个碎片堆修筑的。碎片的胎土，均属灰色，这是利用当地的泥土所烧造的物品，胎骨一般较厚，偶尔也有很薄的。盘底宽边，重叠入窑，因此宽边上有支烧的痕迹，盘心里也有敲去支烧的遗存部分。底心有釉，色泽极似长沙出土的东西。青釉带黄，像一般人所称的蟹壳青，但是青的程度，已接近越窑的艾色，就是所谓橄榄色。施釉极薄，有极细的纹片。还有青釉的洗，平底不挂釉，浅碗外面有凹纹，一切制作，显然是唐代的风格。就大体上说，跟岳州窑相近。根据陆羽《茶经》所批评的茶碗"越州上，鼎州次，婺州次，岳州次，寿州次，洪州次……"的次序，是当时岳州的作品，已居第四位，并且就最近二十年长沙所出土的情形看来，岳州青瓷的生产量很大，可能会影响到景德镇的制作。虽说婺州（现在浙江的金华）距离景德镇较近于岳州，不过在今天还不能充分证实婺州窑的情况下，是不可能证明二者间的关系的。

石虎湾除唐代的碎片外，白釉的也有。擎碗的底足较高，底心填以渣饼烧造，胎土纯白，是宋代早期的作品。因此石虎湾的碎片范围颇广，据当地的人说，相传此处有三十二窑。这种传说，虽不足信，可是当年窑场之大，是可以肯定的。由此往南，过溪不远，青釉碎片还很多，更可想唐代烧窑，在石虎湾附近，是盛极一时的。烧造的时间，可能从唐代起，一直延长到宋，如此继续了数百年的一个窑场，在长江南北以至黄河两岸，确很少见。要是能够在这里发掘，或者可以发现许多珍贵材料。

石虎湾唐代碎片的发现，我个人认为这是景德镇唐代作品的一个重要的实证，尤其是与岳州窑相近的一点，更可证明早期的景德镇，也是属于唐代青瓷的系统。

其次，关于宋代景德镇瓷器的调查，从文献方面稽考，北宋方面见之以往的记载，是这样说的："景德窑宋景德（1004—1007年）年间烧造，土白壤而埴，质薄腻，色滋润，真宗命进御，瓷品底书'景德年制'四字，其品尤光致茂美，当时则效，著行海内，天下咸称景德镇瓷品，而昌南之名遂微。"（《景德镇陶录》）后来元代蒋祈《陶记略》所说："景德镇陶……埏埴之器，洁白不疵，故鬻于他所，皆有饶玉之称，其视真定红瓷，龙泉青秘，相竞奇矣。"这些话，那是对于南宋时景德镇瓷品的说法。不过无论北宋南宋，我们对于宋代景德镇瓷器的认识，一向是只能就以往几件出土的东西，所谓影青之类的，给以一个南方宋瓷的笼统说明。何况对于影青的看法，还有牵强到汝窑方面去的，所以根本是对于影青，极为模糊。同时影青作品的出土范围很广，如北方辽金故都以及黄河南北各地，影青的碎片，都能找得到，因此更加深了对于影青原产地的迷惑。其实在蒋祈的记载里，已经说明当时景德镇瓷窑的数目已有三百余，其他地方小窑还不在内，生产量一定是够惊人的，因此影青瓷品盛行于全国。到今天各地还能随处发现它的碎片，那是不足为怪的。其次，我们所知道的，在湘湖、湖田两处，宋元时已有烧窑。而文献的记载，如《景德镇陶录》的"镇东南二十里外有湘湖市，宋时亦陶，土塯埴，其体亦薄，有米色、粉青二色"以及"湖田窑镇河南岸口，有湖田市，元初亦陶，土塯墟，质粗，多黄黑色，即浇白者亦微带黄黑，当时浙东西行之器颇古雅"的话，并不十分具体；同时如郭世五之流所定名为湘湖窑的作品，又是那么含混，因此，所谓宋代景德镇的瓷器，到今天尚难与以确切的肯定的答复。

这次我的调查，即先就湘湖、湖田两处着手，其次及于别处。

（一）湘湖离镇二十五里，街的附近据说都有碎片。我所去过的地方，计：有街北，过田埂，山坡下面，有两处，地名窑前山，碎片极多，胎骨都很坚致。也有灰胎的，釉作灰青色，东西极粗，宽底足，与石虎湾的唐代作品相近，不过此处所发现的较少。在街的南头，转西近溪边，地名窑栏山，碎片的胎骨极细腻洁白，釉也匀净，较大的盘洗，外面刻着莲花瓣，制作极规矩。其中白釉的，光泽像北方当阳峪窑，也就是一般人所称的粉定，这种碎片较少。底足包釉，烧造的方法，也是底心填着渣饼。白净的底足外围，往往釉厚处，作淡青绿色。较粗的作品，胎作灰白色。胎骨较厚，而水青色很显著的，最为普通。此外还有圆平底，淡青釉，画着莲花瓣。总之，此处碎片有唐代粗制青釉，北宋早期极为精美的白釉，以及南宋施釉厚胎稍带灰的种种作品，所以是很复杂的。

就湘湖碎片中所见到的洁白胎土，我觉得当时所采用的原料，绝非远隔景德镇九十五里外的明砂高岭；更不是距离遥远的祁门土，因为最近在距镇极近的几处地方，发现了有很好的瓷土，可以假设当时的瓷器，一定是用了湘湖附近瓷土所烧成的。同时，最近景德镇业瓷工人还发现一种釉果，烧成后洁白似粉，原料就是在景德镇附近山中。据此可见当年湘湖一部分所用的釉果，或者就是这种材料，才能有那样的成绩，也很难说。

（二）湖田离镇约七里，从李村过渡，斜向东南方去，就在南山脚下。这里烧瓷的范围极大，沿着南山从西往东，随处可以见到碎片，不过在西边的多是明代青花碎片，俯拾即是。上岭后靠着岭的左方，下坡，或者就从小溪东南小路走过去，在向着东面的斜坡上，尽是极精美的宋代影青碎片。胎骨极薄的，看得出是碗与盒的制作。较厚的，可是划花的线条，都能透着光。水青色样的釉，令人一见有明朗轻快之感。还有不少的图案，完全摹仿定窑的花纹。本来定窑的白，是一种乳酪样或者牙白色的白，而湖田的白，都是釉中带着微微的淡淡的一层清亮的浅湖色，这是北方的定，与南方影青的不同处。同时，除了图案是摹仿定器以外，其他造型方面，如盘洗的浅浅的式样，以及烧造的方法的覆烧等等，都是依照定窑的制作。因此，所谓南渡以后，曲阳工人之自北南迁，到了江西，继续烧造定器风格的东西，遂成就了南定的一种作品。根据这许多的碎片，证明了这个事实。

此外，湖田的碎片，有极优美的刻花花纹，胎骨的洁白无疵，就是比之现在景德镇所用的瓷土，只有过之，而无不及。那么文献上所说的湖田窑，器质粗，多黄黑色，就是浇白的也微带黄黑的话，并不是绝对的。至于制作上的特点，除覆烧外，都用渣饼，因此底心往往微凹，致使盘心稍稍高起，这是用了大型渣饼烧造的结果。覆烧的匣钵大大小小的都能找到，由此可以明了宋代覆烧的烧造方法。

此处有陶土水桩以及制成土块的工场，就是景德镇所用的河西土。陶土原料，由此进南山，并不很远。

（三）南山里是从镇的南面过河，沿河往西约二里进山，沿路都有碎片堆，渡口一处较多。碎片尽是白釉，胎厚，制作在湘湖窑下，大约是宋元间烧造比较粗的一点瓷器的窑场。其中有凹底，也用渣饼造的。盘洗白釉的色泽，颇似枢府，但是未曾找到有枢府文字的碎片。

最后，关于明代瓷器除了御窑厂所烧造的以外，当时的民窑极为发达。此次调查结果，在镇北西图里往东北董家坞地方，居然找到明代民窑所烧造的青花碎片。底有"大明成化年制"、"大明宣德年制"（仿宣）、"大明年造"、"万福攸同"、"玉堂佳器"、"食禄佳器"、"上品佳器"、"食禄万钟"等字样，碗心的文字，有"福"、"寿"、"万"、"贵"、"善"、"博古斋"、"白玉斋"、"清风明月"、"状元及第"等等，种类很多。碗心或盘心的青花，画着花鸟人物山水，都是随笔所至，极其自然，因此意趣颇佳，远胜官窑一板一眼的刻板方式。青的颜色，亦极淡雅。一切制作，都显现出民间窑的自由写实作风。由董家坞沿公路前进，是朱家坞，碎片到此为止。此外河西车站附近，以及过小溪往北，均有青花粗器的碎片。

总起来说，景德镇的古代窑址，在浮梁县区域以内，尚未发现的，为数极多。就是在鄱阳、婺源两县县境以内，也还有不少。据说景德镇的烧瓷，本来就从婺源方面发展过来的，不过这些话都是一种传说而已。景德镇附近百里以内都有瓷窑，那是可以肯定的。如能继续此种地面的调查，可能有更多的收获，对编写我国陶瓷史，必能提供丰富的材料。

在此稿写成时，景德镇陶瓷馆筹备处的管同志来京，谈到该处曾根据我在湘湖、湖田几处采集的方法，派人远到婺源县的清华调查，发现烧窑的地方不少，而由湖田向南在三宝蓬附近尤多。所见到的碎片，如：

（1）柳家湾：白釉篦形划花碎片颇粗（南宋）。

（2）牛屎岭：白釉宽底足素碎片；影青碗心印花梅花碎片（宋、元）。

（3）枫湾：粗影青碎片（元）。

（4）三宝蓬：影青划花碎片，白釉宽边盘洗碎片（南宋）。

（5）南市街：白釉开片外，有莲花瓣盘洗碎片（南宋）。影青划花碎片（宋、元）。

（6）宁村：葵瓣白釉开片，浅碗碎片（南宋）。

可惜我所见到的碎片，数量不多，还不容易分析每一处地方的特征。我希望在将来会进行一个有系统的调查。

（原载《文物参考资料》1953 年第 9 期）

# 瓷都——景德镇

江西省鄱阳湖的东北，有一个三面临水、一面靠山、人口十余万的市镇。这就是中国有名的瓷都景德镇。

景德镇原名昌南镇，宋景德年间（1004—1007年），因为制造御用瓷器，底书"景德年制"字样，当时称为"景德镇瓷器"，从此昌南镇就改用今名。其实，这里的陶瓷制作，远在汉代，已见史籍。六朝陈至德元年（583年），曾烧过宫殿用的陶础。至唐武德年间（618—626年），景德镇的瓷器运入关中，人们叫它"假玉器"。最近在镇东十五里处，发现唐代烧瓷旧址，所有碎片，都是极精美的青瓷。宋代烧制影青的遗址，现在亦已发现。明、清两代是景德镇瓷器最盛的时期，瓷窑达三百多座，"釉里红""釉下青"就在这时首先创制成功。随后，五彩继起，烧瓷技术达到前所未有的高峰。景德镇也就执着全国瓷业的牛耳。

鸦片战争（1840年）以后，由于帝国主义的经济侵略，洋瓷倾销，国瓷停滞，景德镇瓷业开始衰落。更因多年来军阀混战，捐税苛繁，加上地方封建势力的把持，生产技术的保守，特别是解放前夕遭受国民党反动政府的摧残，瓷窑能维持生产的不到三分之一，万余工人挣扎在饥饿线上，造成了一幅惨淡景象。

解放后，在人民政府大力扶持下，一方面由人民银行发放贷款，帮助工厂恢复生产，并帮助各厂组织经营，打破从前束缚生产的行会制度以及种种不合理的习惯；另一方面通过国营瓷业公司大量收购，调整了产销关系。所以，1950 年至 1952 年，全镇两千余家瓷厂的年产量，已由二十九万余担提高到三十七万余担，预计 1953 年将在四十万担左右。

为了发展瓷业，提高瓷质，在技术方面有了许多改进：为了保证烧成瓷器损失率的减低，从拉坯到烧窑，现在已建立了层层预责制度；规定了耐火匣钵的标准，大大减少了已往倒窑的事故（由过去百分之三十到四十降低到百分之二点五）；规定了白坯原料质量的划一，来提高瓷器的品质。同时，中央轻工业部在中央美术学院、中国科学院的协助下，于今春组织工作小组赴景德镇进行改良瓷质的研究、实验工作，邀请了各方专家，组织了设计委员会，设计出很多富有民族形式的图案，拿来试制，在制作过程中亦有专家指导，使造型与图案结合起来。在当地政府的协助下，还组织了富有制瓷技艺的老师傅集体制作，经过半年多不断的努力，新产品的品质已于原有基础上大大提高。试制出来的样品，如青花粉彩、斗彩、龙泉釉等，有的已可与历史上优良的产品媲美。

另外，在中央人民政府文化部社会文化事业管理局的建议与支持下，开始筹备景德镇的陶瓷馆，拨给了一大批明、清两代的珍贵瓷器，目的是要使得在景德镇烧造瓷器的八千余工人和两千多美术加工工人，有材料可以参考，有实物可以观摩，从而在优良的民族遗产里吸取丰富的养料。同时，为了培养制造日用瓷的中级技术人才，原景德镇的陶瓷专科学校，在今年暑假后合并了广东高陂的陶瓷学校，改名为江西景德镇窑业学校。这在今后景德镇瓷器制作的改进上，将起着很大的作用。

经过一系列的改革，景德镇的瓷器在质量上，已清洗了近百年来在中国瓷业光荣历史上所蒙受的一层尘土，恢复了固有的民族色彩，为未来的灿烂前途创造了有利的条件。

景德镇的瓷器业，已走上复兴和发展的道路。

（《人民画报》1953 年第 10 期）

# 历代陶瓷

瓷器是中国劳动人民伟大的创造之一。它有灿烂的悠长历史，它有优良的民族风格。

远在公元前二三千年，我们的祖先就发明了彩陶——薄薄的胎骨，气魄深厚的造型，以及线条优美、颜色鲜明的彩绘。到了殷代（前1400年），又有釉陶的发明。

汉代（前206—220年）的陶器，施以绿釉黄釉的很普遍；仿铜器的大壶上，有弦纹，有兽环，并且装饰着狩猎的雕刻。从魏晋（221—420年）时候起，陶器上平面的刻画以及立体的浮雕，有了楼阁人物禽兽等等不同的形象；陶器的实际制作，亦已由低火候的软釉进步到高火候的硬釉。根据现有的材料证明，这一时期的由陶而进步到半陶半瓷，是一个重要的发展。晋代的越器，就是这一时期的代表产物。

由此经过六朝以至唐代（619—907年），邢（河北邢台）越（浙江绍兴）二窑平分南北。邢器釉白，类玉，类冰；越器釉青，类银，类雪。色釉达到了洁净温润的地步。五代（907—960年）时，越窑的器物上有着繁复的图案花纹，除对飞的蝴蝶鹦鹉外，还有花间舒翼的小鸟以及云中飞翔的白鹤等等；圆盒上的牡丹或秋葵花，更是生动优美。而继承邢窑白釉的定器（河北曲阳），除了刻划花纹外，还开辟了用模印花的新天地。花纹的细致工整，真是到了前无古人的地步。中国陶瓷制作的技巧已经达到了高度的成就，这是由半陶半瓷推进到瓷器的一个重要历史阶段。

由于越器青瓷的影响，北方产生了汝窑（河南临汝县）。汝窑发展为北宋晚期的官窑（河南开封），再转变到南方的修内司及郊台下二窑（皆在浙江杭州）。同时，浙江龙泉的龙泉窑，在青釉瓷的制作上，也有高度的成就。在这时内青釉的色泽匀净细腻，一无瑕疵。而河南禹县的钧窑作品，又在天蓝的色釉上体现了鲜艳的赤色以至绚烂的紫色，或浅，或深，或浓，或淡，或聚，或散，可以说是尽态极妍的了。

除了几处名窑外，在宋代（960—1279 年）三百年间，北方瓷窑，先后兴起的，如河北的禹州，河南的安阳、修武，都有卓越的创作。白釉上面施以刻划雕剔与描绘，画风豪迈奔放，线条坚强刚劲。而南方的江西景德镇窑，又创造了青花及釉里红。这些演变——由本色釉上（如越之青釉、定之白釉等）刻划雕印进展到自由描绘，更进而在白釉下体现红青两色；可以说是中国瓷器史上极重要的发明，由此就开辟了以后的多彩施釉以及种种彩绘的新途径。

自此经元（1280—1368 年）而明（1368—1662 年），到了永乐（1403—1424 年）和宣德（1426—1435 年），青花釉里红的烧制，完全成功。同时，瓷器的形式亦有极大的发展。成化（1465—1487 年）的时候，釉上彩绘的技巧到达了圆熟的地步。

万历（1573—1619 年）继起，更是五色缤纷，光彩夺目。此时的景德镇窑，执着全国的牛耳。其他各地的瓷窑，如福建的德化，釉白如象牙，制作多雕像，独具一种风格；浙江的龙泉，保持着青釉的传统，质朴色美，因而当时流传国外极盛。

清代继承明代三百年各方面的创造，加以发扬光大。色釉除红蓝二色外，还有茶叶末、鳝鱼黄等等，较之以前，更为繁复。彩绘如康熙（1662—1722 年）五彩、雍正（1723—1735 年）斗彩、乾隆（1736—1795 年）粉彩，都能另开途径，争奇斗妍—于仿制宋代的官、哥（注），汝、钧、明代的宣德青花与成化斗彩以外，还能别出心裁，仿制雕漆、古铜、木纹以至玉石、象牙器物，而火候色泽，悉能充分掌握。制瓷至此，可以说是极尽人工的能事了。嘉庆、道光（1796—1850 年）以后，外受帝国主义的侵略，内因反动政府的暴征，以致中国瓷器遭受严重的摧残。新中国成立后，各地瓷窑渐次步入复兴大道，尤其是景德镇瓷器，青花、斗彩已追踪康雍，"龙泉青釉"及"康熙天蓝釉"亦已达到相当水平。在这样一个技术基础上，此种日用美术工艺品定能推陈出新，完成它的新的历史任务。

（注）哥窑：浙江龙泉琉田乡有章生一章生二兄弟二人，分别烧瓷。兄所烧的，称哥窑，弟所烧的称弟窑，亦称章龙泉窑。

（《人民画报》1954 年第 4 期）

# 谈当阳峪窑

当阳峪，是一个属于河南修武县的小村落。它在焦作东北。自焦作去，经过东焦作冈义村，才进山口，上坡，计程十二里。此处有宋代的瓷窑，向来是不见于县志或是其他记载（注）。二十余年前在河北一带搜购古物的商人，不断地把碎片运到了北京，从那时候起，北京方面才知道了当阳峪窑。可是到今天想要见到几件真实的物品，极不容易，因为有好些宝贵的材料，都被帝国主义者盗窃去了。

我于一九五一年去过当阳峪，我首先要介绍的是在当地一座破败不堪的窑神庙里，有一块崇宁四年的碑记。原石现在庙外壁间，已断裂为二，名称是"怀州修武县当阳村土山德应侯百灵庙记"。碑文后，附了一篇"江南提举程公（程筠号葆光子）作歌并序"。碑文下面，附刊了许多立碑人的姓名。碑记上有两个年号：

一是"……元符三年（1100年）七月十五日盖庙毕……"

二是"大宋崇宁四年（1105年）岁次乙酉闰二月十五日建……"

碑文剥落地方已不少。碑文中有关陶瓷的部分是：

（一）"……造范砦器，乃其始耀郡立祠……""……遂蠲日发徙，远迈耀地，观其位貌，绘其神仪，而立庙像于兹焉……"《耀州志》卷二·地理："黄堡镇……镇故有陶场，居人建紫极宫，祀其土神。宋熙宁中，知州阎作奏以镇土山神封德应侯，以陶冶著灵应故也。祀以晋人柏林配享，林盖传居人陶术者。今其地不陶……陈炉复庙祀德应侯，如黄堡云。"于此可见碑文中所称耀郡，系指现在陕西的耀县，因为当年耀州所祀的，就是德应侯，当阳峪是继续耀州之后，立祀土神的。不过耀州造瓷技术，究竟影响了当阳些什么？为什么当阳的立祠，要派人远去耀州？当时耀州的造瓷有了怎样的成就？这些问题，都需要进一步调查当年耀州的造瓷情形，才能明了。（1923 年德国莱比锡所出版的《中国早期陶瓷》书中，第二十三图 a，有一短颈小口的划花梅瓶，白花划着黑的线条，第三十三图 b 一个罐，灰地上凸雕着黄色的花纹，都是剔划的做法，出处说是从耀州来的，所以标注为疑是耀州窑。）倘使宋代耀州作品，果有所谓剔划方法，那就是耀州的造瓷技术，或许有影响当阳峪的可能。

（二）"……世利兹器，埏埴者百余家，资养者万余口……"1. 所谓世利兹器，是说明在立祠以前，早经烧造瓷器，耀州之立祠在熙宁年间（1068—1077 年），那末当阳之造瓷，当然不会晚于熙宁年间的了。 2. 当年当阳瓷窑百余，赖以生活的万余口，窑场的范围，差不多就等于现在磁县的彭城镇。

其次碑文后，所附的程公作歌并序（不知道是否同时所刊还是以后增刻的），文中有：

（一）"当阳铜药真奇器，巧匠陶钧尤精至。""……□□□□在红炉，三日不余方可热，开时光彩□奇异，铜色如朱白如玉……"可见当年当阳造瓷技术，已极精巧；不过红如朱的色釉，是怎样一种作品？同时已提到铜药，都是值得此后注意的。

（二）"……河朔江南事一同，故乡远在鄱君国；鄱君之国善陶冶，运以□□遍天下……"这是指的景德镇的陶冶，如其作歌刊石的时间，与碑记同时的话，那是一个重要的记载。

从这一碑记，并证之其他材料，当阳峪瓷器的烧造，至晚是在熙宁年间，而瓷业之盛，是在元符、崇宁之间。至耀州，已于熙宁年间立祠了。同时我们明了定窑，以政和、宣和间烧造的为最好。而宫中命汝州烧造青瓷的时间，是从哲宗元祐元年（1086年）到崇宁四年（1105年）。如此说，从熙宁元年（1068年）到宣和四年（1122年），在此五十四年间，当阳峪与耀州两处的民间窑，非常发达，定器汝瓷也正是发展到了最高点。因此也可以说，北方瓷器，要以这个时期为最盛。可惜靖康之变，中原沸腾，自然在此地区的窑场，会受到极大的骚动，就结束了北方瓷器辉煌灿烂的黄金时代。

其次所要谈的，是当阳峪的作品。就质地说，有极细洁的白胎，有极坚硬的灰胎，也有较为松粗的沙胎以及缸瓦胎。就釉色说，光润显亮，是别的地方所不及的。就制作说，有种种不同的方法，有刻花的，有半画半刻的，有填彩的，有三彩的，有绞胎的等等（见图），自有它的独到之处。其中最重要的一种制作，亦可以说是独标一帜的做法，那就是刻划花纹，经过一层上面淡或深的釉，下面胎身上是一层较深的或是较淡的，然后把上面花纹以外不需要的部分，巧妙地剔去，使得烧成以后的作品，有着两种色泽，显现着强烈对比的色调。详细分析起来，可以有以下几种方法：

（一）胎上施以纯白色的釉以后，划上花纹，没有花纹处，把白色部分剔去。这样烧成后，花纹是白色的，地是原来胎上的本色——灰色，这就显出了白与灰两种相对照的色调。

（二）如胎上所施的白色，代以黑色或褐色，那末照第一方法处理结果，是在灰色的地上，显出黑或褐色的花纹。

（三）胎上先施白色，再加黑色，然后画花纹。画好了，用尖锐的器件，按照所画的轮廓剔去没有花纹地方的黑色，就露出底下的白色部分。同时在花纹上，可以刻划出叶筋、花蕊，以及花瓣与花瓣间的间隔。这样，花叶是黑色，而叶筋、花蕊以及花瓣间的间隔，显出白色的线条。此种剔划出来的花纹，特别显示着不是用笔墨所能描画出来的一种艺术上独具的风格。同样地加以胎上所施的白釉，代以绿釉，那就是一般所称的绿地宋瓷。代以黑色或赭色的，而加白色，自然地是黑色或赭色，而花纹是白色的了。假使剔去的时候，剔到胎土的灰色部分，如此灰色的地，白色的花纹，而有黑色或赭色的轮廓，这样处理，就技巧上说，是毫无疑义的更进一步了。

（四）最复杂的一种是用多种色釉的剔划法。

1. 在胎上先施黑色。

2. 加上白色。

3. 在白色上罩以黄色。

4. 最后一层是绿色。

各种色釉涂上以后，用尖锐的器件，刻划出花纹，需要的深度，是到达最低一层的黑色部分，换言之，也就是需要黑色的轮廓；然后在花纹上剔去黄绿两色，就显出白色的部分，地上哪一部分需要绿色，可以保留哪一部分，需要黄色的，也就把绿色的部分剔去好了。自然，这样处理，更需要高度的技巧。

此种作品，我拟称它为剔划法（日本人称它搔落法，外文书上叫做 Sgraffiato 或 Sgraffits 法）。所划的花纹，以缠枝牡丹为多，极飘洒活泼之致。划花之外，还有在白釉地上，先刻花纹，去掉不需要的部分，填以别种彩色，如黑色、茶色、蟹青色等，这叫做刻花填色。因此严格地说，这不是剔划法，而是刻填法。凡是以上的作品，在西洋瓷器图录里，均称为磁州窑，或是磁州型的瓷器，没有人提及它是当阳峪窑。至于别的地方，有无此种技巧，据我所了解的，如观台窑（属安阳，跟磁县仅隔一漳河）也有此种做法。可是细细分析一下，确有与当阳不同之处。观台的花纹，不如当阳的流丽，色泽亦远不如当阳的光润。可见技巧方面，观台远落在当阳之后。究竟此种特殊做法，是怎样创作起来的，我觉得这是一个极重要的问题。英国人欧慕弗波洛司《瓷器图谱》里有两件剔划的作品，时代说是唐。是否唐代已有此种作风？同时唐代烧造此种剔划制作的地点，是在哪里？都成问题了。不过无论如何，当阳峪窑在剔划方法的制作上，是达到了最成功的一个阶段，那是不必再有什么怀疑的。我不仅是惊叹我国古代劳动人民的创造智慧，我更深信古代民间窑的卓越的成就，实在有发掘的必要。而此种特殊的做法，更应当进一步的研究，

当阳绞胎瓷片

使能应用到现代造瓷技巧方面上去。同时我又觉此种方法，是否摹仿雕漆，也是一个可以注意的问题。

总之，当阳峪窑的作品，向来是不为人们所重视的，因之如此一个重要窑场，是被忽略了。我以为在黄河以北的宋瓷，除了曲阳之定、临汝之汝以外，没有一处足与当阳相媲美。磁州的冶子窑以及安阳的观台窑（在漳河两岸）终逊当阳一筹。而一切文献所列举的磁州窑或是磁州型的瓷器，毫无疑问的有一部分是属于当阳峪，也就是说，磁州窑的荣誉，应该有一部分归于当阳峪窑。

（注）英国不列颠博物院季刊 1933—1935 年合订本第 8 卷第 70 页提到当阳峪窑。其次英国出版的《东方美术》1948 年第 1 册中亦有一篇文字，提及焦作的宋代窑址。

（原载《文物参考资料》1954 年第 4 期）

# 再谈越器

越器是什么？在以往仅凭一点史籍上片段的记载，没有实物的证明，因此有"李唐越器人间无"之叹；可是近二十年来在浙江绍兴与各乡的冢墓里，发现了许多陶瓷，从此我们才确切地认识了越器是什么。

在过去是不是没有实物的发现呢？那也不然。

首先，在南宋岳珂的《桯史》里有"晋盆杅……庆元元年五月，大雨，隤其岭，古冢出焉。初仅数甓流下，其上有刻如瑞草，旁著字曰：'晋永宁元年五月造'……两旁列瓦碗二十余……小瓷瓶如砚滴，窍其背为虾蟆形，制甚朴，足下有一瓦盆，如褒器……碣曰：'晋征虏将军墓'"一段记载。这一个虾蟆形的器物，正是近二十年来在绍兴古墓所时常发现的。

其次，在《徐文长集》里说到万历元年在山阴（绍兴有山阴、会稽二县）二十七都应家头之西会稽倪光简的冢地中，发现了晋太康五年杨绍买地瓦莂，还有陶杯白磁狮子等。此瓦莂后经清张燕昌在他所著的《金石契》里说明是："白沙质，外釉霏霏如玉屑……"（《金泥石屑》第三册曾有墨本印入）这是一件有釉的越器——买地券。

清代的张廷济，在他的《清仪阁所藏古器物文》第四册里，也有一件晋瓦荷盂，是与太康二年砖一起从淹没在海中的海盐旧城中得到的。所谓"盂，瓦沙骨，釉如云母，外纯素；内契荷花七瓣"。也就是跟近二十年来在绍兴出土的晋瓷的作风相同。

最后，在《金泥石屑》里，有一件堆雕着许多人物屋宇鸟兽的坛，是刘体智的藏物，后归上虞罗振玉，说是得之龙山（绍兴）之麓。坛上有小碑，左右各一，文字是"会稽　出始宁用此丧葬　宜子孙作吏高　迁众无极"十九字，同时有吴大泉当千钱及铜镜出土，所以断为吴器。

此外在《绍兴县志》里，记载着宋代发现五凤永安的古砖。清代陆心源的《千甓亭古砖图释》，在湖州（浙江）附近所得到的汉魏六朝的墓砖尤多。可见古墓的发现，是很不少的。不过那时代的所谓考古学者，只是留心砖文，忽略了古墓里其他的器物，因此破碎的陶瓷器就被委弃了，完整的，也就视为粗瓷而不加重视四散了。

近二十年来绍兴方面发现古墓很多，墓砖之发现的，先有太康、元康、咸和、永和、升平等两晋的年号；后又发现了黄龙、赤乌、五凤、甘露等三国孙吴的年号。同时冢墓间的明器，就继续不断的由出土地点，到了杭州及上海的古董市场，根据约略的估计，自从一九三四年以至抗战开始，短短三四年间，不下二三千件之多。出土的地点，偏在绍兴的西北西南各乡，如迪埠、西山坞（发现黄龙圹）、朱华北乡（发现赤乌圹）、项里、吴塔（发现太康圹）、古城、漓渚、舟山各处。

唐墓发现不多，在湖塘古城曾发现唐元和五年的唐户部侍郎北海王府君（叔文）夫人之墓的墓志砖，有好些唐代越器一起出土。

孙吴以前的，有后汉永康年号（桓帝）墓里的实物，更进一步发现了施有薄薄一层黄釉的弦纹壶、钟、錞、匜、鼎，以及虎盉之类，时代可以上溯到秦汉。

除了冢墓间所发现的器物以外，五代以至北宋早期的越器，由于余姚上林湖古代窑址的发现，获得了确实。同时并因绍兴九岩、王家溇、庙前（绍人禹王庙）、李四澳（绍兴宋陵附近）等处，发现古代窑址所遗留下来的许多碎片，更证实了晋墓中出土器物的烧造来源，如虎子（虎形溺器）、熊灯为九岩窑的作品，薄施黄釉的早期陶器是李四澳的产物等等。

因此二十年来不断地出土了这许多陶瓷器。这就说明了越器不只是李唐的给人间一个确切的认识，而由秦汉、三国的孙吴，以至两晋、南朝，及于唐、五代、北宋，经过一系列的所发现的遗物，证明了这样一段长长的时间里，越器是怎样一步一步前进的。我可以简单地找出它的发展情况来。

1. 从早期薄薄的黄釉，进而由于氧化铁的关系，先是淡淡的带青色，以至三国时代的孙吴就是在永安三年满雕着人物飞鸟楼阁的一个大坛上，有着光亮润泽的青釉，是青釉的烧制，已达到了完成的地步，这就说明了铁的还原火焰的成功，是远在孙吴的时代。（永安三年，是公元 260 年，距今已一六九三年。）青釉系统，原来是中国陶瓷史上一条巨大的洪流，这是南方青釉，从开始以至完成一个历史阶段。

2. 陶瓷的进展，是先由低火候的陶，然后进步到高火候的半陶半瓷，以至完成的瓷器。越器之在五代，钱氏烧进贡御的物品，是继承了唐代越器的成就，它已具备了瓷的基础。而唐代越器的所以有此成绩，是经过了汉魏两晋南朝的半陶半瓷的一个长期的蕴酿，由此上溯到了嬴秦，这是越器的萌芽时代。由萌芽的陶，以至完成的瓷，如此整个的一个越器的发展过程，清楚地摆在我们的面前。

3. 越器之最早的造型，仿铜器，图纹亦仿铜器，那是一种明器。汉魏南朝时期，大部分还是模仿着当时人们日常生活的东西，如羽觞、灶、井、猪栏、谷仓等等，作为墓葬之用。到了唐代，才显然的由陪葬用的明器，转变到了实际作用的物品。五代钱氏，更以此为贡御之用。陶瓷的用途范围，才广阔起来。这就造型方面的变迁，可以得到了证明。图纹装饰方面，亦因此种情况，而显出时代上的特征。如早期的仿铜器花纹，固不必说，即如汉代之由简单朴素的弦纹、兽环以及熊足等等图纹装饰，以至孙吴的划刻堆雕，那是繁复得多了。尤其是雕塑方面，如骑兽人，如羊，如避邪，如兽盘等等，陶瓷器的制作技巧上是迈进了一大步。到了五代，更不用说，划刻花纹，充分发挥了现实的作风。如描写钱塘江汹涌澎湃的江潮，如刻划当时新鲜事物的鹦鹉等等，我们可以从上林湖所出土的碎片，证实了此种趋势。总之，从这样一个长的过程中，我们可以从各个时代所表现的特征上，看出各个时代的新的创造。

此外青釉器物上的褐色斑点，排列得很整齐的人为的安排，在晋的时期，已经发现了。

基于以上这些很明确的事实，越器的真面目，由此可以得到一个清晰的轮廓，只是还有两点值得注意：

1. 除了在绍兴已发现的古代窑地以外，可能还有好些地方等待着未来的发现；因为在西晋一段时间里，由于今天所看到许多冢墓里有着这样丰富的遗物，就可以知道当时的生产，是很巨大的。还有，不仅绍兴方面的情形如此，就是二十年前修筑南京到芜湖铁路的时候，也在南京附近发现了许多冢墓中跟绍兴出土同样的物品，可见当年越器应用的地域，是很广的。

2. 在绍兴所出土的越器，对于年代的断定，虽已大体明确，但在东晋后的冢墓里，发现有确实年代的圹砖较少，尤其是宋、齐、梁、陈、隋五个时代，因此那时候的越器，还需要等待以后的发掘结果。

此外，除了我们把萧山、绍兴、余姚等地所烧造的称为越器以外，与越器先后同一时代而在浙西的地区里，还有其他烧造青釉的古代窑地，如我所发现的湖州钱山漾的摇铃山窑，以及德清窑、富阳窑等属于越器的青釉系统。尤其是富阳窑的烧造，当在西汉时代，这些从属于越器的一个系统里的产物更需要进一步的了解。

（原载《文物参考资料》1954 年第 5 期）

# 写在看了基建出土
# 文物展览的陶瓷以后

最近中央文化部社会文化事业管理局主办了一个"基本建设工程中出土文物展览会",在三千七百余件的展览品中,无论在哪一方面,都提供了许多新的重要资料。就陶瓷说,占出土文物的极大多数,几乎是每一基本建设工程进行中,或多或少地都有些陶瓷器的发现;因此在陶瓷器的领域里,扩展了我们的视野,丰富了我们的知识,对于整个中华陶瓷器的发展,获得了无数宝贵的材料。

首先我要提出最为显著的两点:

## 一、河南郑州二里冈出土的商釉陶尊以及
## 河南洛阳合作社出土的两件周代绿釉陶豆

本来早年在安阳已经发现了好些块有黄釉的碎陶片,可是没有受到人们的重视。抗战前二年在浙江绍兴也曾前后出土了带有黄釉的陶盉、陶镎、陶鼎、陶钟等多件,胎极坚致,叩之声清越如金石,这是相当高火度所烧成的证明。其中有好些重

要的材料，却不幸地都已流落到国外去了。当时就有人对于此种出土的文物，予以相当的评价，说是汉以前，秦或战国时代的产物。虽还没有得到一个结论，而一向鄙视我中华有着悠久文化的帝国主义者，说成我国陶器上釉药的发生，来自西方的谬论，已经发生了动摇。至此次商周釉陶器的发现，是增加了我国古代陶器上已有施釉的强有力的证据，也就是把流毒已久的谬说，予以根本的摧毁，因而此种新的发现，在中华陶瓷史上有着极重要的关系。惟其如此，今后在河南各地以至湖南的长沙，对于清理古代文化遗址或墓葬的时候，工作人员对于此种文物，更有密切注意的必要，就是说希望能有更多古代釉陶的发现，来充实我们对于这方面的研究资料。至于此种釉陶的化学分析，那是另外一件极端重要的事，应该即须进行的。

## 二、广东番禺石马村墓中所发现的青瓷罐

就形式看，四系罐上不但有了盖，并且还有一个横梁，横梁的两端，都有一个小圆孔，夹在罐肩上也有圆孔的两块小立片的中间，可以穿过一条绳儿，使得盖与罐非常安稳地连系在一起。提起了罐，就不会把罐盖丢失或滑落了。同时还可以把条绳紧紧贯穿在一侧的立片上，罐盖可以自由开关。此种造型设计的周到，我在早期的陶瓷器上，还是第一次看见。就罐盖的釉色看，"圆浑润泽"四字可以当之无愧。以之比拟唐代的越器，凝厚虽不如，光亮却过之；青色的程度，亦显得比较淡一点。为此我拟假定为越窑青釉的同一系统，但是绝非越器。至

于时代的判断，据说此石马村所发现的古墓，并无墓志或砖石，究竟是否唐代所烧造之物，我对之稍有不同的看法。我以为越器之在唐代，不只风行国内，而且还输出国外，广州在唐代晚期，受到越窑的影响，已能烧造青瓷，从去年在广州西郊皇帝岗所发现的碎片看来，可以证明这一点。及至五代，由于刘氏三世穷奢极侈，至有"玉堂珠殿，饰以金碧翠羽"这样的华靡，此时在广州所烧制的青瓷，在造型及色釉方面，更可推进一步。这就是为什么石马村所发现的几件瓷罐，比之唐代越器有所不同的地方！因此我拟假定此种青瓷，在广州或其附近地区所烧造，而时间则正是五代刘氏在广州的一个短短的时代。

这几件瓷罐的出土，对于南方青瓷的研究方面，开辟了一个新的局面。因为去年在广州西郊皇帝岗曾经发现过青瓷碎片，还没有时间做深入的考察；今天听说潮阳韩江方面，又发现了古代烧窑遗址，更没有机会去做初步的调查。现在石马村出土了这些青瓷器，十之八九，可以假定为广州或其附近地区所烧造，因之对于此后研究皇帝岗及潮州方面的青瓷，会有极大的帮助，也就是说由于这几个瓷罐的关系，对于南方青瓷将会有更进一步的认识，所以我以为此次石马村青瓷器的发现，有着极重要的关系。

其次我认为还可以提出些器物，作为研究资料的，有以下五点：

**（一）广州的汉陶**　此次出土文物中，在广州东郊木椁墓与西村砖室墓中所发现的汉代陶器，为数很不少。我为了对于广州或其附近地区在唐宋时代盛烧瓷器的关系，因而留意于此种汉陶的制作。我深深的感觉到广州汉代陶器的造型，不只是与黄河流域所习见的不同，就是跟长沙所发现的亦不一致，它是充分表现了一种地方的色彩，如陶井，陶困，尤为显著。陶奁（内有"藏酒十石令与寿至三百口"等文字）以及方形四系陶罐的式样，均属稳固厚重，为他处所未见。不过其中亦有极少数的造型与他处有共同之点，如东郊砖室墓中的陶簋与长沙月亮山的陶簋颇近似，东郊木椁墓中的陶匏壶又与福州的陶葫芦瓶相接近，尽管有此与邻接地区发生着相互间的影响，而广州的汉代陶器，自有它成为独特的一个系统之处，这是我个人的看法，希望能在此后基建工程中，可以获见更多的汉陶，便利我们作为比较的研究。

**（二）四川的琉璃俑** 四川广汉宋墓中出土的俑，有书生，有侍者，有立的，有卧的，有蹲坐的，其中有一肩着椅心的轿夫，那是地方色彩很浓厚的一个造型。色釉方面，浓重深厚，跟洛阳、西安两处所见，完全不同。此种陶俑，自然是四川当地的制作。它的烧造地点，可能是成都东南二十里的琉璃厂。因为在王建墓中，曾经找到由该处所烧造的遗物，而抗战前的华西大学，也曾经在一个有嘉定十二年（1219 年）墓砖的宋墓里得到好些琉璃陶俑。后又在有至元十三年（1276 年）墓砖的元墓中，亦发现此项陶俑不少。琉璃厂的时代，大约起于唐末，一直延续到明代。《华阳县志》还提及明代在此设有官窑的记载。至该处所烧造的范围，相当广泛，除了日常用的盘碗以外，有玩具、琉璃瓦、墓俑，以及佛像等等。为此我对于广汉宋墓所出土的琉璃俑，以为是宋代成都琉璃厂的作品。同样的华阳胜利乡所发现的有明嘉靖二十七年（1548 年）蜀府典服副刘伟墓志及买地券的墓中五件黑釉供器，或者即是所说琉璃厂明代窑里的制作。因之我更觉得在今后的基建工程中，可能还会碰到此种器物，这在琉璃陶器的西南系统方面，是需要注意的一件事情。

**（三）湖南的白釉瓷**　　湖南长沙郊区工地出土了好些白釉瓷，颇有人以为是邢窑的作品。我起初也有同样的看法，及至经过几次反复的审察以后，我觉得有点不相同。本来邢窑之为邢窑，到今天没有发现它的烧造地点，所以认识得还不够。不过就大体说，它的胎土，色白细洁，白釉极润泽，带一点乳白色。普通浅碗的一般制作，平底折边，就是边的外缘，凸起一条边沿，观察全形，令人有一种浑厚凝重的感觉。（见《文物参考》三十七期本人所写《邢越二窑及定窑》）由于陆羽《茶经》评它的色泽似银似雪，我们就不难了解到它的白釉的标准来。此次长沙出土的白瓷，第一可以肯定的，是它的年代，确乎李唐的制作。胎及釉的色泽怎样呢？就不挂釉的底足部分看，是长沙出土器物中所常见的一般米黄色的，至于色釉的白，微微带青，好像以后江西景德镇早期所烧的白釉，也是略带水清色的一般。因而就胎釉的色泽看，与邢窑的作品有所不同。再说造型，胎骨较薄，无邢器的厚重，瓷碟的边缘，向外侈开，很多形式并不整齐。瓷碗更较粗，只是有 53、3554、484 记号的那件大碗是折边的。这从造型看来，说是邢窑亦不相称。所以总结起来说，仅仅时代是唐无可疑，其他方面与邢窑所显示的特点，一无相似之处。那末，最后的问题就来了！如说不是邢，是否长沙附近在当时有仿烧邢器的窑场？我以为这是很可能的。因为邢器之在当时，为一种天下无贵贱通用之的器物，由于销售的市场，如此的广阔，各地仿之生产的，自然会不少。证以越器通行了以后，南北各地受到它的影响很大，因而产生了各方面的青瓷。禹县神垕镇烧造了天青釉上带着红斑的作品，于是黄河两岸很多的地方窑，起而仿造。这就可以证明长沙之白瓷，正是仿造当时的邢瓷，是一件极可能的事。最近岳州窑的遗址，经过调查以后，已经很清楚了；此后在长沙附近，或者会发现一处唐代烧制白釉的瓷场。（附注：我于抗战期间，在长沙得到一件五出白釉大碗，有翠绿色的斑点，胎土与此次出土的白瓷相同，不过白釉显着黄色。而此翠绿色的斑点，正与此番在长沙月亮山发现东汉陶器上的绿彩相同，这是由汉的绿彩，继续发展到唐的翠绿色的制作，同时也证明了这件白釉的大碗，确为长沙附近所烧制之件。）

**（四）四川的影青瓷**　抗战期间我在成渝两地时，偶尔见到几件江西影青的盘碗，当地人都说是蜀窑，心中颇多怀疑。此次在四川出土文物中，见到不少影青的器物，如德阳黄许镇，广汉红水碾，西外乡以及重庆市等处。其中有一件翻口瓶，颈部有蕉叶纹，瓶身刻划着流云，是在元墓中出土的，胎较厚，釉色影青而略灰。还有如意双耳瓶，瓶身凸雕梅花一株，色釉亦较灰。此外蟠龙瓶以及带彩瓶炉等件，制作更粗而色釉更灰。从这些影青器物中，可以看出这与江西影青有着显著的不同。江西景德镇外湖田乡所出的，胎骨洁白无疵，水清色样的釉，令人一见有明朗轻快之感。（见《景德镇几个古代窑址的调查》）

就是习见的江西出土的影青，胎质有时不免松粗，而釉色薄润者多，厚而灰青的较少。四川所出的大率粗厚，是否此种器物，就是所谓蜀窑？还是蜀窑的制作，是与江西相接近，或是另外一种作风？我觉得这个问题的解决，必须等待发现烧造白瓷的窑址以后，此时只能假定此种粗厚的影青，似为四川当地仿造江西影青的作品。

**（五）玻璃釉的器物**　此种所谓玻璃釉的器物，往年于浙江绍兴古墓葬中发现不少，后来修筑京芜（南京—芜湖）铁路时，又于沿线附近发现。器形中如虎子、天鸡壶等，实为绍兴古墓中所常见的，因而当时认定京芜线所发现的此种玻璃釉的器物，属于绍兴制作之一种。此次出土文物中，关于玻璃釉的发现，除南京秦淮河的四系罐外，广州东郊砖室墓中发现天鸡壶、唾壶、有盖六耳陶罐、陶盆等多件。（去年我在广州五层楼博物馆，还见到很多。）四川昭化宝轮院一九、二〇岩墓中发现六系、四系盘口大壶及深口碗等不少。因而发生了一个疑问，就是此种器物，是否为各该地所烧造，还是仍旧属于绍兴的制作？就造型言，天鸡壶并无相异之处，只是四川的盘口大壶，颈部较之绍兴发现的略长而已。这是一个等待以后来解决的问题！同时我更以为关于文物的断代方面，此时均标六朝，似嫌笼统；但是在今天还没有确实的证明。因为南朝以及隋朝的一段时间里，所发现有确切年代可考的材料还很不够，为此在以后的工作中，对于这个时期里的古墓，必须十分注意到墓砖的文字与花纹，从而明确判断此种玻璃器的正确年代，这是我对于玻璃釉器物烧造地点与年代上的看法，还须等待以后的继续报告。

最后我还有些琐屑的意见，期望于此后工作人员注意的，就是遇到清理辽金元墓的时候，关于陶瓷部分，仅仅几块残存的碎片，必须予以充分重视，为的是我们对于这方面的研究材料，很感到薄弱之故。同时即使是清理一处明墓（往年修筑江苏苏州一嘉兴一段公路时，在许多明墓中发现了很多景德镇民窑烧造的青花盘碗，可惜当年就四散了），亦尽多可以特别注意之处，如现存有天启、崇祯年款的瓷器太少了，正统、景泰、天顺更可以说是绝无仅有的。并且此种瓷器，大都系民窑的制作，尤有重要的参考资料。

以上这些关于陶瓷方面的粗浅的看法，仅仅表示我个人对于此项基建工程中出土文物展览的一点感想。其他如辽东金墓中磁州窑的四系铁锈花罐，吉林敦化县胜利屯唐渤海贞惠公主墓中的陶瓶，都是值得我们注意的文物，我不想多谈了。

（原载《文物参考资料》1954 年第 9 期）

# 宋代陶枕和它的美术价值

三十余年以前，河北巨鹿发掘出许多宋瓷，其中有一部分是陶枕（实际是半陶半瓷，今简称为陶，因此书中也就称为"陶枕"），此后河南安阳城外高岗花台发现的也不少。根据前河北天津第一博物院出版的该院半月刊第六期"宋划花枕"拓片的说明，证实它是宋代人民生活中的用具。

……前人辄以此枕为殉葬物。自巨鹿旧城发现后，掘出甚多，均在当时住室内。本院尚藏一枕，其底部有墨书"新婚"等字，可知不独非葬器，当时是用为奁妆品。或称此种枕面巨足细，不适于用。然据巨鹿人云，所掘旧城房舍室中，多有如今北方之炕。炕之外缘以木为之，高于炕面。枕时必须以枕足之后部抵于木缘，则枕可稳，不致向后方左右倾斜，其说颇可信。总之殉葬之说，可知其谬矣。

《巨鹿宋器丛录》中也说：

……巨鹿发现此物甚多，发现时有平置者，有立置者，可见当时于枕，用则平置，不用则立置之习惯……第一枕足底题"崇宁二年新婿"六字及"亚出"，其为馆甥之器勿疑。昔时以瓷枕为殉葬之具，观此可知其非矣。第二枕形式同，底题"程三"两大字。旁又有"程小"两小字，知为程氏父子寝具也。

在巨鹿发掘的时候，同时掘出一家瓷器铺，也有许多陶枕，这都可以证明它的确是一种生活用具。直到现在，这种陶枕有的地方还在使用，这也是有力的旁证。

后来发现有写着"长命枕"的陶枕，更可以证明它是小孩子用的寝具，与后来写着"长命富贵"四字的瓷碗用意相同。此外，《唐书·五行志》说：

韦后妹七姨嫁将军冯太和，为豹头枕以辟邪，白泽枕以辟魅，伏熊枕以宜男，亦服妖也。

是唐代制作此种兽头陶枕，用意还在于辟邪、辟魅、宜男、服妖。而此种陶枕，在河南洛阳的冢墓间，也曾经发现过。最近看到印有"张家造"图章的跑兽枕，枕面有"镇宅大吉"四字；另有一件画狮枕，上面有"镇宅"二字，也是辟邪之意。此外还有一个陶枕，枕面上写着一首诗：

久夏天难暮，纱橱正午时；
忘机堪昼寝，一枕最幽宜。

由此更可以证明它不是殉葬用的物品了。

就陶枕的时代说，还没有发现有唐代年号的作品。湖南长沙出土的陶枕中，有"贞明六年"（920年）的题记，那是五代梁末帝的年号，这是陶枕中较早的一件。宋代陶枕有年号可考的，过去看到的实物和文献上的记载，计有五件：

一、有至和三年的（宋仁宗，1056年），枕的侧墙上有"至和三年张家造"七字。

二、有嘉祐八年的（宋仁宗，1063年）。

三、有熙宁四年的（宋神宗，1071年），枕面中部珍珠地有飞白文"家国永安"四字，左侧有"九大法底赵家枕永记"九字，右侧有"熙宁四年三月十九日书"十字。

四、有元祐年号的（宋哲宗，1086—1094年），是一件侧卧的孩儿枕，枕面已破损，底有墨书两行，仅"元祐"二字及"某某置"的"置"字可辨，余均模糊。

五、有崇宁二年的（宋徽宗，1103年），枕的足部有墨书"崇宁二年新婚"六字。

以上年号中至和的一件最早，差不多是北宋中叶的作品，崇宁的一件已到北宋末年了。在这一个时代里——从至和到崇宁——正是宋代北方陶瓷发展极盛的时期，而以"张家造"的陶枕发现较多，"刘家造"、"王家造"次之；熙宁四年之赵家枕最少。"张家造"的印记有好几种，其中"古相张家造"就是指河南安阳一带漳河南北的观台窑与冶子窑而言。这些地方，原属古代相州（宋代叫做"相州邺郡"），所以说"古相"。还有一种底有"王氏寿明"钟形印章，枕面左边有"漳滨逸人制"五字。所谓"漳滨"，也就是指的漳河边上，因此这种陶枕，无疑的是观台窑或是冶子窑所制。

关于陶枕烧造种类及其发现地点，把截至目前可以见到的材料归纳起来，有以下十四种：

一、唐三彩枕——河南洛阳附近发现，烧造地点不明。色釉与普通常见的唐三彩陶器相似，也有加蓝彩的。有莲花纹图案，四周缀以排列整齐的小梅片以及交颈鸳鸯等花纹。枕的形式，略带长方形的居多。兽头枕的枕面稍倾斜，往往满缀小梅片花纹，这是唐三彩枕的特征。

二、唐绿彩枕——湖南长沙附近发现，烧造地点不明。是否岳州窑的出品，尚难确定。长方形，画着不知名的花草。绿彩近乎豆瓣绿，颇为明亮。

三、唐绞釉枕——河南洛阳附近发现，烧造地点不明。长方形，绞釉如寻常所见的唐代绞釉盘碗，以黄黑相绞的为多。

四、唐青釉及黄褐色釉枕——浙江余姚越窑烧造，长方形，有划花，是唐代越器固有的色釉。黄褐色的，长沙发现，可能也是岳州窑的出品。

五、宋三彩枕——湖南禹县扒村窑、河南修武当阳峪窑均有烧造。山西发现的烧造地点不明。形式都是长方形，普通以画莲花家禽的居多，花卉次之，人物故事最少。当阳峪窑的出品，色调明快，线条生动，有时画面极为单纯。扒村窑及山西烧造的，比较粗糙，色彩有时略嫌浓重。此外有制伏虎枕的，枕面划波浪纹，也是山西的制品。

六、宋白釉枕——河北曲阳涧磁窑、湖北磁县彭城窑以及其他地点不明的民窑均有烧造。涧磁窑的白色陶枕，有定窑的特征，但极少见。磁县方面烧造的，例如通常说的"娃娃枕"（制成侧卧的孩儿形的枕），一直沿用到现在，那是最常见的了。

七、宋青釉枕——河南临汝窑烧造的刻花枕，比之印花的盘碗，极为少见。有凸雕的缠枝牡丹，雕刻极深，刚劲中又见圆熟，为临汝窑最重要的制作。此外均窑系统的枕头，也很少见。

八、宋绿釉枕——扒村窑所出作深绿色，长方形，有黑字题句，也有画黑色花鸟的。其他地方所烧造的绿釉较浅，划花也比较草率。此外有在釉下划字的，如高平调木兰花词等等，都是常见之物。

九、宋白地茶色花纹枕——当阳峪窑所出，枕的形状作如意头式，白地茶色花纹，画极生动。此种花卉，偶尔在宋代的梅瓶上可以见到。

十、宋白地黄色花纹枕——大抵系观台、冶子二窑所出，以花卉纹样为多，风格豪放，花瓣及叶子上往往有篦纹。

十一、宋白地赭色花纹枕——河南安阳观台窑、渑池干毫窑、扒村窑、冶子窑以及山西平阳等处均有烧造。此种作品，于白釉枕面上画着赭褐色的花纹，即通常所称"铁锈花"的制法。所画题材以人物故事和山水画为多，大抵出于观台及冶子二窑。又有于花纹之外，在胎上划出许多赭色的小圈，即通常所说的"珍珠地"。上面罩一层透明的釉，经过入窑烧制后，呈色非常显明。如果火度失宜，本来透亮的一层白釉便会呈现浑浊的灰白色，釉下的花纹也就变得暗淡隐晦，看不清楚了。

十二、宋白地黑色花纹枕——当阳峪窑、观台窑、冶子窑均有烧造。宋代陶枕中此种式样最多，有桃实式，如意头式，以及长方形、八角形、椭圆形等许多种。划花的技巧采用最特殊的剔划法，例如白地罩上黑釉后，用剔划的方法剔出花纹。可以显出黑花白茎白地。也有所谓半刻半画的，当阳峪、观台两处烧造得最多，花纹也非常复杂，人物故事、花卉、禽兽虫鱼都有。

十三、宋褐釉枕——江西吉安永和窑烧造，通体作褐色，有时印有白色露胎的叶片纹。

十四、宋白地黄黑二色花纹枕——烧造地点不明。传说河北邯郸附近有窑烧造此种枕头，但尚不能证实。形式作伏虎状。有的塑制少女，侧卧蜷伏，脸部填粉，极为丰腴。枕面或画花鸟，或题诗句，画得好的较为少见。

宋代陶枕除了是当时民间的生活用具，有实用价值以外，它的美术价值在于无论造型、质量以及绘画方面，都很精美。陶枕的艺术传统是从唐代继承来的，它的造型，除去常见的长方形以外，还有各式各样的变化，这些器形，都是很好的立体图案。有些雕造出来的人形、兽形、龙形，还是很好的雕塑品。在质量上，它也继承了唐至五代烧造陶瓷的方法，使烧造技术有了很大的发展，胎釉方面，牙色的枕面，不但显得坚致、莹润、雅洁，而且还发明了划花和画花的方法。三彩釉的使用技术，较唐代大为提高，黑白花的制作更是宋代以特有的创造，为以后的瓷器画花开辟了途径。在图案装饰上，有划花、半刻半画等各种方法。绘画的内容，更有描写人民生活、社会风俗以及动物、山水、花卉等各种题材。至于图案，例如凤凰、牡丹、宝相花、缠枝莲等，也都非常美丽，为宋代以后的瓷器图案提供了良好的基础。绘画风格，具有民间绘画的优点。它无论在造型、绘画、划花以及烧造方法等各方面，都为以后陶瓷工艺的发展创造了新的条件。

宋代陶瓷达到极其精美的程度，当时的各种陶瓷工艺品，至今还是极端珍贵的文物，在艺术上蔚为一代大观，永远放射着光辉。陶枕虽然只是其中的一种，但也可以从这里看出它的优点。这些珍贵的陶瓷品，许多年来，被帝国主义者劫夺盗走了许多，成为他们美术馆中最贵重的陈列品，使我们非常痛心。至于本书所选材料，则以白地黑花纹的居多，其次是宋三彩。

画花是宋代陶枕最大的特点，画风活泼自然，优美健康，纯然是一种民间绘画的传统，具有现实主义的风格。画法简练圆熟，全都出于无名的画工之手，也就是出于烧造陶瓷的民间艺人的创作。更重要的，是宋代绘画千余年来经过许多次的战乱兵燹，传世很少，民间绘画尤其难以见到。而陶枕上的绘画，却多少保存了一些确实出自宋代民间艺人之手的作品。

陶枕中描写生活的风俗画很多，马戏一幅，画一个短衣窄袖的少年倒竖在飞驰的马背上，表演着绝技，使人看了以后，会联想到民间的集市，宛如置身于万人欢腾的热闹场中，而不免为之眉飞色舞。"蹴鞠图"（蹴鞠是古代踢球的游戏）中的少女，画得生动多姿，完全是从观察实际生活得来的。描写儿童生活的题材也很多，都画得天真可爱。例如骑竹马的小孩子，穿着花布衫，扬鞭打马，神情意态，栩栩如生。"柳阴读书枕"，画一个单衫的女子偃卧在石床上，旁有柳枝披拂，整个画面充溢着优美的气氛，在民间艺术中是一件别具情调的杰作。

赭色山水枕，画中有山、有云、有树、有草、有啮草的羊与飞翔的鸟，描写自然界常见的风物，笔触雄肆，意象寥阔，画法充满了质朴的感觉。这幅画的表现方法，很像汉代石刻和敦煌千佛洞唐代壁画上的风景画，纯粹是民族绘画最早的画风，经过很长的年代，还能够在民间日常生活用的陶枕上找出它的源流、看出它的线索。

陶枕上的花鸟画，描写民间日常生活中最美丽的花卉和禽鸟，画法流利生动，表现技巧非常卓越。这些极端简练和朴质的花鸟画中，有一部分描写农村风光的题材，具有坚实的现实主义的精神，画面上空间辽阔，充满了野趣。例如莲池双鹅、竹雀等幅，民间艺人能够抓住这些题材忠实地描绘出来，丝毫没有矫揉造作的痕迹，这正是民间绘画的特点。黑鹰搏击水鸭的一幅，画得尤其生动。画中的黑鹰从天空扑下，一只鸭逃走，另一只鸭钻到水里，尾巴还露在水面。波纹在动荡，芦苇在摇颤，无论就意境上说，还是就技巧上说，都是一件富于生趣的佳作。另外有些半刻半画的作品，利用黑白画特殊的技巧，造成一种木刻画的趣味。池塘赶鸭的一幅，便是这样。这幅画挺拔和谐，很富诗意。三彩枕的花鸟枕，白色的飞鸟展开了双翼，衬托在深黄浓绿的背景上面，色调明快，灿烂悦目，鸟的四周布满了花枝，这也是从来民间艺术中常见的题材，一直流行到现在。

陶枕上的装饰图案，非常出色。例如缠枝牡丹，十九朵花盘绕在半圆形的枕面上，布置得匀称自然，运用线条也流利洗练，与宋代其他陶瓷上的黑剔花、白剔花的装饰图案同样优美。这种优秀的装饰艺术，只有在以后的民间艺术中才能见到，而后来官窑瓷器上的装饰图案（旧称"规矩花"），则日渐流于繁琐板滞，渐渐失去了朴实、健康、雄迈和富于创造性的特点。

吉州窑烧造的褐色枕还有一种特别的印花技术，是先把两枚天然的叶片压在陶胎上，然后施釉。烧时去叶露胎，烧成了便显出两片不挂釉的白色枫叶，隐约还可以辨出叶脉的痕迹。这种巧妙的技术，只有在民间窑器上才可以见到。

还有一种在表面的白釉上施着黄黑两种彩釉的"伏虎枕"（通常称做"虎皮釉"），枕面上往往画着花鸟，寥寥数笔，简洁朴实。例如所画残荷衰草、野塘芦雁等等，这在宋代民间窑器的陶枕上是很常见的。

总起来说，宋代陶枕上的绘画，主题明确，形象完整，构图和谐，笔调虽然有时草率，但是刚健有力，准确熟练。即使是一幅不甚经意的画材，也能够把握住所要表现的重点，使它显明突出。有时寥寥数笔，蕴藏着无限的意味。其次，是运用写实的手法，反映生活中常见的事物，使人看了之后觉得亲切有味。这种画法在当时的陶枕上所以流行得很广，想来是很受群众欢迎的。另外，它在技巧上不受艺术形式的束缚，不作故意的雕琢和无聊的堆砌，能够注意艺术上的概括和完整，达到意到笔随的境地。虽在不同形式的枕面上构图、布局，也不致受到枕形的限制，小至一草一叶，都配置得匀称适宜。疏落一点，不嫌单调；复杂一点，也不致流于琐碎紊乱。最后，是它的取材丰富，变化繁多。我国古代的劳动人民，用他们高度的智慧，发为艺术上的创造性，虽是直径尺余的陶枕，但是造型、绘画、图案以及烧造的方法，却很复杂精致。特别是绘画和图案，很少重复雷同的作品，绝不落入滥套。至于"依样画葫芦"的摹拟与临仿，更是少见。在色彩方面，除了三彩以外，普通虽只黑白两色，但也不觉单调，而能运用巧妙的加工，使人感受到艺术上的满足，俨如具有染色的效果。所有这些优点，都是民间艺人在艺术上达到高度成就的结果。

这种优秀的古代民间艺术，过去一向很少受人注意。今后在古物发掘中必须能够发现更多的古代民间陶瓷工艺品，使我们能够把民窑绘画的传统整理出一个完整的体系。本书只就目前能够得到的材料编成，目的在于为美术创作提供一些参考资料，在整理古代民间艺术上只是一个开始而已。

（原载《陶枕》，朝花美术出版社，1954 年）

# 我对于耀瓷的初步认识

我们在以往的文献里，找到所谓耀州窑的记载有：

1. 宋烧青瓷器，仿汝而色质均不及汝。(《辍耕录》、《景德镇陶录》)

2. 出青瓷器，谓之越器……然极粗朴不佳，惟食肆以其耐久多用之。(《老学庵笔记》)

3. 耀州陶匠创造一等平底浅碗，状简古号曰小海瓯。(《清异录》)

4. 烧瓷白者为上 (《清波杂志》)。后烧白器颇胜 (《景德镇陶录》)。近人亦说仿定之器。胎虽薄较定尚厚，釉虽细虽白较定略粗而稍黄，并有飞凤萱草牡丹等种种暗花。(《饮流斋说瓷》及《古今中外陶磁汇编》)

5. 唐初已烧白釉及黑色铁锈花之件，并且在白器上，施以淡红淡绿的色彩，称为带彩耀器。(《古今中外陶磁汇编》)

6. 耀州贡瓷器 (《宋史·地理志》等几点，不过耀州窑的青瓷与白瓷，究竟是怎样的，向来没人能说明。我想就个人所见到的谈一谈。

宋代的耀州窑遗址，说在黄堡镇，黄堡属现在的铜川县

（即以前的同官县），以前同官属耀州，因此就称做耀州窑，正如定窑之并不在定州，而在当时属于定州的曲阳县相同。据说到了明代，瓷窑由黄堡搬到了陈炉镇，现在还是继续烧造有一种黄釉的深盘，画着赭色的几笔粗枝大叶的花卉，颇有磁州窑的风格，流行于广大农村里，在长安城中，就能买到。

黄堡镇的宋代烧瓷遗址，距镇约有两里路的偏西南方向，沿着公路的西面山坡及田埂间，碎片很多，尽是青釉刻着莲花及菰草的图案，整齐中却又很流利。胎质发灰。青釉的色调，极润泽，但是微微有点黄，一般所谓橄榄色。制作大体虽嫌略厚，颇有稳重安定之感，这就是陆放翁所说的粗朴而耐久用之物。

它的釉色与制作，实与临汝所烧造的相似。临汝之胎亦作灰色。所能稍稍区别的是临汝的青釉较深而略带艾色而已。刻花方面耀器似圆活，临汝器较锋利。此时我所能分析的，只有这些，还须继续研究，以便作为进一步鉴定时的参考。正由于耀瓷的真面目，在以往的研究瓷器者，尚未能充分认识，所以定有许多出土的耀瓷，被认为临汝窑所烧造的。

至于耀窑所烧的白器，以此次调查时间的匆促，尚未发现碎片，因此耀窑的白器究竟如何，需要等待以后的详细调查。

耀器一方面制作粗朴为民间所应用，另一方面又是当时进贡的物品。那么所烧造的是否尽属粗朴不佳，似成问题！同时开封距临汝近，何以临汝无贡瓷之条，而进贡的却是耀州的产品！据此所谓青器色质，俱不逮汝，又属可疑！何况就现在所发现的实物看来，比之临汝，并不逊色，可见以往文献之不足尽信的了。至近人所谓唐初已烧铁锈花以及红绿加彩之说，似尚不可能，姑存此说，留待参考。

最后关于耀窑烧造的年代，我于《谈当阳峪窑》（见《文物参考资料》1954 年第 4 期 44 页）文中曾经涉及，就是从当阳峪窑神庙里一块崇宁四年的碑记中的文字，证明当时当阳峪的造瓷工人，远去耀郡，绘画着耀州窑神庙里的神像，回来在当阳峪立庙，因此曾有一个疑问，当时耀州的造瓷，有了怎样的成就，而当阳峪的作品，究竟有否受到耀州造瓷技术的影响！经过此次初步认识，在黄堡方面，尚未发现当阳峪剔划法的制作，而耀州所烧造的，是青瓷的刻划花纹，跟当阳峪可以说是走着不同的路线，这一点似乎可以回答了以往我个人的推想。其次我在黄堡，却得到一个意外的收获。

耀州窑印花青釉瓷片

耀州窑印花青釉瓷片

耀州窑刻花青釉瓷片

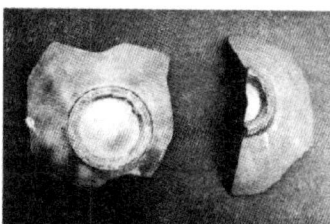

耀州窑刻花青釉瓷片

当我站立在过去是古代窑场而现今是一片麦田的高原上面，想念到当年当阳峪工人曾经"观其位貌，绘其神仪"的窑神庙，不知道还能找到一点遗迹否？环顾四周，只有一区立小学，似有相当建筑。进去询问以后，知道是一座东岳庙，乾隆以及明代的碑记，都是这样说法。最后在厨房前面的空地上，发现一块平卧的石碑，上置碗碟，是学生们用膳的石桌。就近视之，碑头"德应侯碑"四大字赫然在目，这就是窑神庙的碑石，立石年月为"大宋元丰七年九月十八"。碑记中文字之有关造瓷的，节录如下：

（一）熙宁中尚书郎阎公作守华原郡，粤明年时和政通，奏土山神封德应侯……

（二）黄堡镇……居人以陶器为利，赖之谋生。巧如范金，精比琢玉。始合土为坯，转轮就制，方圆大小皆中规矩。然后纳诸窑，灼以火，烈焰中发，青烟外飞，煅炼累日，赫然乃成。击其声，铿铿如也；视其色，温温如也，人犹是赖之为利……

（三）……柏翁者，晋永和中有寿人耳，名林，而其字不传也。游览至此，酷爱风土变态之异，乃与时人传火窑甄陶之术，由是匠士得法，愈精于前矣。民到于今，为立祠堂在侯之庙中，永报休功……（附碑文）

当阳峪窑神庙碑记中的年月是盖庙于元符三年（1100年），立碑于崇宁四年（1105年）。此处立碑年月，元丰七年（1084年），早于当阳之盖庙为十六年。而耀州之封德应侯则在熙宁中（1068—1077年间），由此推测，在熙宁以前，已有了窑神庙，这就说明耀州窑的烧造，远在熙宁以前。不过究竟早到什么时候，也就是说在什么时候开始烧造了青瓷？（碑文中关于晋永和中柏翁，传授陶术，恐不足信。）我以为这个问题，必须从发掘后所得到的碎片来设法解决，绝对不是空谈所能肯定的。

以上不过是一点初步认识，耀州当年窑场，就此时所见到的碎片，分布地区似已不小。至在明代搬往陈炉后的作品，又是怎样？须调查陈炉后再说。

**德应侯碑**

碑身上圆下方，系青石刻成，表面已渐风化，部分文字笔迹微有不显。长 1.2 米，宽 0.64 米，厚 0.13—0.16 米。1959 年 3 月调查时，碑存黄堡高小内。碑文抄录如下：

宋耀州太守　阎公奏封　德应侯之碑
　　　　　　　　　　三秦张　隆　撰并书及题额
熙宁中尚书郎　阎公作守华原郡粤明年时和政通奏
土山神封
德应侯
贤侯上章
天子下诏　黄书布渥
明神受封庙食终古不其盛哉
侯据黄堡镇之西南附于山树青峰四回渌水傍泻草木奇怪下
视居人如在掌内居人以陶器为利赖之
谋生巧如范金精比琢玉始合土为坯转轮就制方圆大小皆中
规矩然后纳诸窑灼以火烈焰中发青烟
外飞煅炼累日赫然乃成击其声铿铿如也视其色温温如也人
犹是赖之为利岂不归于

神之助也至有绝大火启其窑而观之往往清水盈匀昆虫动活
皆莫究其所来必曰

神之化也陶人居多沿长河之上日以废瓷投水随波而下至于
山侧悉化为白泥殊无毫发之余混沙石

之中其灵又不可穷也殿之梁间板记且古载

柏翁者晋永和中有寿人耳名林而其字不传也游览至此酷爱
风土变态之异乃与时人传火窑甄陶之

术由是匠士得法愈精于前矣民到于今为立祠堂在

侯之庙中永报休功不亦宜乎一方之人赖

侯为衣食之源日夕只畏曾无少懈得利尤大者其惟茂陵马化
成耳岁以牲豚荐享之又喜施财为之完

饰此真所谓积善之家宜乎有余庆者也易曰显诸仁藏诸用正合

侯之功矣隆退栖林泉之下久不弄笔砚一日太原王从政至于
门且言马君事

侯之勒碑为文刻诸石将使万古之下传之无穷皆知

侯因　　阎太守而位列于

王公之下矣斯诚可纪固无惜荒唐之言直笔以书之

　　大宋元丰七年九月十八日立石　　镇将刘德安　张化成

　　　　三班奉职监耀州黄堡镇酒税兼烟火吕　闰

　　　　茂陵马化成施石立碑男马安　马信　马明

　　　太原王吉掌　敕　看庙清河张昱　州人刘元刊

（原载《文物参考资料》1955 年第 4 期）

# 最近调查古代窑址所见

一九五四年冬往景德镇，由于陶瓷馆吴同志的引导，发现了离湖田不远的胜梅亭（俗称杨梅亭）碎片，是唐代古窑的遗物。嗣后去温州，调查了一向盛称的西山窑。此处的碎片，我在二十年前曾搜集过。经当地古塞同志及朱伯谦、方介堪二同志介绍，去了一次罗浮乡，调查了坦头、蒲垟几处；实则温州的古窑址，不只在罗浮乡。如长涧岭头（属仁浦乡，与罗浮乡交界）、上山房（仁溪乡）等地，都有碎瓷片堆集的报告，可见当年温州烧瓷之盛。关于这是否就是东瓯窑，各处所烧造的标准作品，它的时代的判断以及与绍兴、萧山等处越窑的关系许多问题，均有待进一步研究。

去温州后，又往余姚上林湖调查，认为如勤子山几处地方，应该有详细发掘的必要，如能尽量把碎片统计研究一下，究竟有多少种类的花纹，以及它的造型，一定可以看到五代时所烧造越器的全貌。在余姚调查后，又得到党华同志的报告，同去萧山上董。现在把各处所见到的约略介绍于次：

# 江西景德镇胜梅亭窑

到湖田进南山约四五里就是胜梅亭的小村落。在一家农民房屋的后面，见到靠山坡的断面上，堆积着许多碎片，其中有成叠粘住的瓷碗。此处所见的青釉色泽，大体与石虎湾所发现的相同，可是青的显亮部分，微带点绿，这又是不尽相同之处。碗底平，宽边处有窑具支烧的痕迹，碗心处亦然，这证明是两个窑具相叠支烧。底心有釉，碗的外面有凹形压痕。此处所发现的青釉碎片，就是我去年在石虎湾调查时得之传闻的，由此往南，过溪不远，有青釉碎片的地方还很多。另外在湘湖不远到盈田村附近也见有青釉碎片。因此，景德镇附近唐代烧造青釉器的地点，除了石虎湾外，又增加了胜梅亭、盈田两处，由此可以断定湖田、湘湖一带是唐代盛烧青釉器物的地区。

# 浙江温州西山窑及其他几处古窑

温州西山护国岭，向来多碎瓷片，因此一般人就说是古代西山窑的遗址。此次调查所见碎片的分布区域，自西北向东南，越过护国岭的岭道，约有五〇公尺长、五公尺宽左右，在此范围内，曾经翻过土做坟墓的地方，碎片就显露在外的很多，没有显露的地方如稍稍挖掘，也可随处见到碎片。自此向西北约一里是乌岩头，向东南是包公殿，都有碎片发现。可见所谓西山窑的地区是相当广大的。就碎片说，青釉之烧透的颇似绍兴九岩窑。器物的内外划刻莲瓣花纹的很多，尤以深口宽底的高碗，造型非常稳定而美观；加上深刻的莲瓣纹，这是可以代表西山窑的优秀作品。还有一种浅碗，外部光素翻边，底足内凹过釉，有四小块支烧痕，此种制作，所见尚不多。内部划刻莲瓣，碗心划刻莲蓬，以前我所见的平底盘有此作风，一向看成越窑，其实是温州的作品。据一个古董商人说，从西山窑发掘出来的东西，过去是卖不到价钱的，因此带到沪杭一带，都说成余姚窑。由此可见对古代窑址的调查是必要的，它可以根据所采集的碎片确实肯定以往出土物的烧造地点，对鉴定工作有一定的帮助。同时在未能进行大规模科学的发掘以前，先从地面上所发现的碎片以及烧窑的工具，作为开始认识某地区当时的烧造情形，也是有益的。

西山窑的制作实在是相当的丰富，有葵瓣口的浅碗，有双系壶，还有一种浅碗，折边，宽底足狭，满釉，施釉极匀润泽，这是唐代所烧造的代表作。乌岩头的碎片中，有不经意的简单的划花，也是代表着唐代的风格。从这一次初步的调查，西山窑的时代，可以说从六朝起到唐代，相当悠久。如将来能正式发掘，把许多碎片，分类排比起来，定能得出这个窑的时代演进。

温州罗浮乡有好几处古代窑址所遗存的碎片，从温州下瓯江，进楠溪，在滩头上岸，不远进山，到罗浮乡，由此去南澳，再转过山头，到蒲垟，坦头与它相连，仍由此处回罗浮乡，可以说是绕山走了一圈。现在先说坦头。

坦头碎片是在村里一家地主房屋的后面斜坡上，多为大型的壶碗之类，淡青釉的造型，往往短嘴，长柄，细颈稍收敛，宽底，因此形式极美。碗心有简单的划花，外面并有压痕，是唐的风俗。

蒲垟的与坦头一致，也多是大型的壶碗，釉色一般带黄。碗均平底，有压痕。

南澳的碎片，竟是仿龙泉的作品。有外形刻莲瓣的，有碗的内部划花的，时代还是在元明之间。想不到在温州的山乡里也有此种制作。

滩头的亦与坦头同一系统，此外由坦头去约七八里，还有几处如所里前山、兴国岭二处所见的碎片，亦与坦头接近。在坦头的有外形刻莲瓣的大碗，实为后来泉窑所常见的作品，可惜没有去调查。

## 浙江余姚上林湖附近各窑

调查的路程是从双湖乡（指上林湖及上澳湖）出发向南，就是上澳湖，由此过上澳山的岭，到上四村，向西不远，就看到了上林湖南部的一角。由此沿着湖的西岸是勤子山、狗头山（俗称）、沈家门前山，都有很丰富的碎片。甚至在湖西岸的滩头也是很多的。湖的东岸不曾去，据说碎片有而不多，这是一条路线。

再从上四村向南折东，沿着山边走，过一小岭，是上一村，有碎片。村外到碗窑山，碎片不甚多。由此沿着湖往北，转回双湖乡，这又是一条路线。

就整个情形看，当年的窑场，集中在上林湖的西岸，散在上澳、上四村、上一村、碗窑山各处。因此也就可以说上林湖西岸的出品，是上林湖的主流。从调查所得的碎片上看，也充分证实了这一点。

其中再就集中地区说，勤子山及沈家门前山最为重要。捡到的碎片中如云中双鹤、飞凤以及有"太平戊寅"文字等等，都在勤子山。有一盏托边上，划刻着四只鹦鹉，口衔花草，一如唐代漆器及铜镜上的花纹，这是我从前搜集上林湖碎片编印《越器图录》时所未曾见到的。

上四村的碎片，类似沈家门前山，但是胎骨较厚。上一村的胎粗，花纹亦草率，青釉近灰，似为当年民间日用之件。碗窑山的与之相近。

## 浙江萧山上董窑

萧山上董所发现的晋瓷窑址（党华同志已有详尽报告，见《文物参考资料》1955 年 3 期），碎片相当的多，就我所见的材料说，刻有莲花瓣的碗是很多的。其次大概是有三个矮足的盘以及直立的灯。党同志的材料中有完整的天鸡壶，有铺首的盘口壶，以及有规则的褐色斑的小碗等等，此种器物，在二十年前见于杭州市场，含混的都说是越窑。及至发现了九岩窑以后，又说成九岩窑。其实此刻发现了上董窑以后，才知道这两个窑都有它特殊的制作。例如大壶的肩下部有凸雕极生动的兽类，浅浅的盆洗外面围绕着一圈篦纹，并且有几个凸起的兽类衔环，普通常见的虎子，以及熊柱或跪人灯，那都是九岩的作品。上董的要算划着很生辣刚劲的莲花瓣的器物，是它的特殊风格了。

自从这一个上董窑发现以后，丰富了我们对于浙江越窑的看法，其次也给了我们重要的一点启示，就是逐渐地可能明白分析出来每一件出土器物的烧造地点；也就是说，不致像以往那样囫囵吞枣地都给它说是九岩的作品了。因此我更相信发现古代窑址所遗留下来堆积碎片，是可以解决许多问题的。哪怕是没有经过发掘，只是搜集些已经显露在地面上的碎片，这是我个人的经验。

（原载《文物参考资料》1955 年第 8 期）

# 从我国瓷器的发展
## 谈到"全国陶瓷展览会"

瓷器是我国的伟大发明之一。它发展中的一个重要阶段，就是烧成瓷器的胎质，从不透明体而达到了半透明体，这是经过了无数劳动人民的智慧创造和长时期艰苦辛勤的操作才获得的。但是，只烧成一种素面的瓷器，在器物的表面上呈现的光亮面只有白色的一种，是不能满足人民群众的要求的，于是又发明了色釉，首先发明的是青釉。

釉是一种矽酸盐。施釉在素地（即成形的胎）上，经过火烧，就成了有釉的光亮面，便于洗拭，不致被尘土或腥秽所污染。在釉药里，要是加上了某种氧化金属，经过火烧以后，就会显现出某种固有的色泽，这就是色釉。例如加了氧化铁的色釉，在氧化火里烧了呈黄色，经过还原就成了青色，这就是青釉。从东汉末期到六朝时候，在半瓷质的器物上，已普遍使用青釉，但是在技术方面，还掌握得很不够。经过隋唐以至北宋的汝州窑、南宋的龙泉窑，才达到了完成阶段。这一种碧玉般、海水般的色釉，从来为全世界爱好我国瓷器的人们所企慕和喜爱。它是我国瓷器发展史上第一个极重要的发现。继青釉瓷的烧成，应用氧化铜而烧成了红的色釉，这种釉首先见于钧窑的器物上的紫红斑，仿佛是蔚蓝的万里晴空，涌现出一片红霞那样的灿烂。嗣后经过南宋末期和元代的不断试制，成为明代永乐、宣德时所谓的鲜红和宝石红。清代康熙时仿制这种色釉，就有所谓郎窑红、豇豆红等种种名称。这种红色釉，从南宋末期到清初，其间曾有时失传，有时恢复，断续了好几次，原因主要在于使用氧化铜的含量和还原火的处理是否适当。但是这种绚丽夺目的釉色，始终是我国瓷器发展史上光辉的发明之一。和红色釉发现的同时，又发明了青花，先是用氧化钴配成绘色剂，用来在尚未经过火烧的素地上绘画，罩上白釉，然后进窑去烧，结果在洁白光润的瓷器上，出现了淡雅宁静的一种青色的图画。这就是彩绘的开始。同时，由于这种釉下彩的发现，从而对于釉上彩的发展，也起了极大的推进作用。

此外，由于宋代的封建经济已经达到了相当高度的水平，手工业生产的组织有了很细的分工，技术也比较唐代提高了，所以各地方的陶瓷工艺，非常发达。除了青釉以外，红色釉和釉下青花，也正在那几百年间孕育滋长。河北、河南、山西、陕西、江西、福建、广东等地，都风起云涌地创造了许多烧造陶瓷的新的方法，并且都带着浓厚的地方色彩和各地特有的风格。

我国陶瓷工艺，就是这样经过千数百年来继续不断的创造、发展，获得了国际的荣誉。但是近百年来，外因帝国主义的侵入，内因从清政府以至军阀的反动统治，国产陶瓷业一直呻吟于苛捐杂税和外资倾销的双重压迫之下，产品因之低落，有许多技术失传了。同时，由于为了获取官僚、地主和新兴买办阶级的喜爱，造型、色釉和装饰图案，都流于庸俗怪诞，丑态百出，向来著名全国的景德镇瓷业，也是千疮百孔，奄奄待毙了。

近年来，各地陶瓷业的面貌已逐渐改观了。即使在偏僻地区，也都踊跃生产，供应广大人民的需要。这是我国陶瓷业起死回生的一个重要的转机时代。在这样的情况下，目前正在举办的"全国陶瓷展览会"，当然有重要的意义。以景德镇的产品来说，从这些展览会上就可以看到在技术上有不少可喜的成绩：

第一是红釉的烧成，并经化学分析，把成分和含量作了科学的记录，我们应该向景德镇的老艺人们欢呼道贺这件大喜事。今后要进一步研究怎样来把握和控制还原火，就是说以往仅凭经验来测定火度的，今后一定要依靠科学来生产。

第二是失传了很久的乌金釉，也烧成功了。听说景德镇的老艺人们都愿意贡献出自己多年辛勤中获得的经验，集体研究、创造，因此，其他失传了的鳝鱼黄、茶叶末等，也已烧得很不错了。

第三是青花的烧制，也有了很大成就。但据说由于使用珠明料的分量没有标准，因而青色的程度很有差别，这不成什么了不起的问题，因为青的色泽，是可能追踪到康熙时代的标准的。

第四是最近一年来新品种的生产，如雕塑的瓷像等是有相当成绩的。许多英雄模范人物、历史人物的造像，代替了过去那些陈旧的不健康的瓷雕。

这次展览会中，还选择陈列了各地的产品，虽不全面，也可以大致看出全国陶瓷工艺在解放以来的一个新的面貌，而且其中有不少优良的产品。例如广东饶平的日用瓷，彩绘的花卉鱼鸟，比较简洁而不繁琐，比较淡雅而不秾俗，瓷胎比较的薄而细致，釉也比较的细而润泽，同时由于釉下彩的一次烧成，省料、省人力而减低了成本，是符合于实用、经济而兼顾到美观的。这些展品，可以给各地陶瓷工艺一种鼓励和启发。广东佛山石湾的陶器中，还有好些新品种，而蓝釉器的显亮明朗的程度，更是从唐三彩以后所未曾见的。河北峰峰的白地黑花的制品，在这次展览会中也很突出。展品中有仿宋的作品四件，虽系仿制，确能看出仍然保存着宋代的优良技巧。安徽界首的陶器，色彩青亮；山东淄博的日用套盆，虽只红绿两色的花卉，色彩却极明快；也都值得提及。可惜山西的黑釉，四川荣昌烧酒坊多种多样的陶器和福建德化的日用瓷，都来不及赶上参加展出。

总之，这几年来我国陶瓷业的成就是肯定的。此后应该怎样进一步的提高，在即将召开的全国陶瓷会议上，会有全面的和重要的讨论，这里只谈谈我在看了这次展览会以后的一些粗浅意见。

首先，要恢复和继承固有的优良的传统技术（如色釉、青花等种种方面），并从原有基础上向前发展和提高。举例说，这次展品中有一件仿乾隆时代釉里红的缠枝莲瓶，烧得是很成功的，就可以在这个技术的基础上，来烧制用釉里红为装饰画的实用器皿，决不因仿制成了这件缠枝莲瓶，就可以满足了。同样地，也可以制出康熙五彩加金的成品。但在我们的思想上，必须肃清复古的和保守的倾向，我们的目的，不是仿古、摹古、拟古，不是为仿制而仿制，而是要在掌握了这个技巧的基础上，为创造合乎新时代的要求而为广大人民所喜爱的作品。

其次，不必要的美术加工，浪费了人力、物力，增高了产品成本，而赘余的加工的结果，又未必为人民所爱好，因而成品销不出去，成了仓底货。以"万花不到头"的大型的盘和瓶为例，这种不计成本而又庸俗的制作方法，倡始于乾隆时代，是专为宫廷和特权阶级服务的。本来，瓷器自有它本身的美术价值，要是在白釉上，涂满了纠缠不清的花叶，色调又是那样错综芜杂，就失去了它的美感了。"万花不到头"不过是一个最突出的例子，其他不少器皿上，也都能发现这种类似的过分加工，这是值得注意研究的一个问题。

此后的方向，究竟将怎样呢？除了一部分美术瓷以外，应切实的向日用瓷方面下功夫。第一，必须提高瓷的质量，胎要细致，使之比较的薄一些，釉要洁白，使充分发挥出瓷的本身的美，这是在瓷土、釉料求得标准化方面可能及早做得到的。第二，要求造型的适当和美化，以及制品的规格化，那就需要设计的审慎和工具的改进。同时质量和造型必须符合实用的要求，例如现在景德镇瓷器中有一种向光绪末年假冒唐英题款的所谓"古月轩"的薄胎器皿看齐的碗和瓶，是丝毫没有实用价值的。第三，瓷的质量和器皿的造型，有了相当的提高，同时就应注意适当的美术加工。这种美术加工——彩绘，必须照顾到实用、经济和民族的固有风格，绝对不是浪费人力和物力来盲目的追求形式。

总括起来说，这些展览，景德镇瓷器有一千二百余件，其他各地陶瓷也有六七百件，这是第一次全国陶瓷的检阅，在这个展览会上，各地得有互相观摩学习的机会，取人之长，补己之短，纠正过去自高自大、傲视一切的态度，虚心接受各方面的批评，埋头研究，向提高和普及日用瓷方面进行工作，那末，一年或两年以后举行第二次全国陶瓷展览的时候，定能呈现出更进一步的新气象。

（原载《人民日报》1955 年 10 月 13 日）

# 宋代北方民间瓷器的卓越成就

过去对于宋代北方瓷器工艺的看法，一般对于以刻花、划花、印花几种制作方法为主的定瓷（今河北曲阳）和为了供给宫廷之用而烧造的青瓷，如北宋末期的汝瓷（今河南临汝）和开封的官窑，比较熟悉；但是对于宋代北方民窑的制品，却往往囿于传统的偏见，认为是不值得重视的"粗器"。从见于文字记载的材料来看，也不过仅仅提到"河北磁州之仿定……"，以及"耀（今陕西铜川）瓷之色不如汝……"而已，所以对于此种民窑制品，向来是没有什么正确认识的。

实际上，宋代北方的民窑瓷器，有高度的艺术价值和历史价值，对于中国的瓷器工艺有着创造性的贡献。例如早期的临汝窑，以及耀州窑素地青瓷的色釉，烧得那样匀净光润，而刻花、划花、印花的印纹，又是那样简洁朴素，生动有力，为后来烧造宫廷所用的汝瓷及官窑器，奠定了一个良好的基础。此外，北方黑釉的瓷器，也和南方的建窑（今福建建阳）、吉州窑（今江西吉安）同时并行，河南禹县神垕镇所创造的钧红，以及河南禹县扒村窑、山西长治八义窑、山东德州窑在白釉上面施以红绿两色的早期简单的方法，都起了极大的推动作用。这种成就，全是宋代以前所没有的。

同时，北方瓷器还有一个卓越的成就，就是除了刻花、划花、印花三种制作方法以外，开始了白釉上面用黑色、赭色、茶色等色料画花的方法，并且运用这种新的技巧，创造了刻划兼绘画、剔划、刻填等种种制法，使瓷器的装饰艺术得到了新的发展（见编者所写《谈当阳峪窑》一文，刊于《文物参考资料》一九五四年第四期）。也就是说，本来在一种单色釉下面所用的刻花、划花、印花的方法（如定瓷白釉下面的印纹和后来临汝瓷、耀州瓷青釉下面的印纹），到这时提高了一步，使得图案与瓷器的胎釉，看起来地与花的色泽，显著分明，而又十分明快。同时，也发展了绘瓷技术，绘瓷艺人运用熟练的技巧，把他们在日常生活中接触到的事物，通过各种艺术表现的方法，作为瓷器装饰的一部分，完成了具有高度艺术价值的工艺品。这种新的创造，为官窑烧造的单色釉，以及仅仅在单色釉下施以刻花、划花、印花方法的瓷器所不及；因而在我国陶瓷工艺的发展史上，北方民窑的成就，确实占有光辉的一页。

近三四十年来，先后在河北巨鹿、清河两县掘出许多宋代的白瓷，从此，宋代北方民窑的瓷器，才开始被人注意。但是这一大批最珍贵的艺术遗产，并没有能够保存下来，有的被帝国主义者掠夺而去，有的不知流落到什么地方，至今湮没无闻。而过去国内研究瓷器的人，也只知道宋代官窑和几个素负盛名的窑厂，见到了宋代磁州窑一类的作品，反而以"粗瓷"目之，完全忽视了它的艺术价值，因此，这种研究工作，自然是很不完全的。

至于巨鹿、清河出土瓷器的烧造地点，过去一般都说是河北省南部的磁县，即"磁州窑"的出品，后来觉得并不尽然，于是又把凡与磁州窑风格相近的东西，一概称之为"磁州窑型"的瓷器。这种含混牵强的提法，与实际情形有很大的出入。根据近年初步调查的结果，发现此种宋代北方民窑的作品，普遍流行在中原地区黄河南北各地，即远至陕北的榆林、绥德，亦多发现；由此可以推知，这种作法，实在是当时北方民窑造瓷艺术的一个主流。这种成就，绝不在当时宋廷烧造的定瓷、汝瓷以及开封的官窑瓷器之下，而可与之比肩抗衡、媲美争艳，同样在一个历史时代中闪射着光芒。尤其值得注意的是，这种民间瓷器，沿着黄河流域，盛行于华北大平原上是，广大人民日常生产中的实用品，各式各样的图案，都显得新鲜活泼、自然豪放，代表着人民群众传统的审美观念，表现了他们的艺术才能。这一点，在我们研究宋代民间工艺美术史方面，应当是一项值得重视的材料。

本书编印的目的，是希望通过这些美丽的瓷器工艺品，初步介绍一些宋代北方民间瓷器的面貌。这些瓷器的烧造地点，除了磁州窑以外，有河南修武的当阳峪窑、河南登封的神前窑、河南禹县的扒村窑、陕西铜川的黄堡窑（即过去通称的耀州窑）。另外有些瓷器，一时还找不出确定的烧造地点，有待于今后的调查研究。取材的范围，以着重介绍器物上的装饰图案和绘画为主，因此不能概括地介绍每一窑厂各种出品的全貌。

关于装饰图案和绘画的材料，就这些工艺品来看，可以说非常广泛，有人物（关于宋瓷的人物画方面，见编者另一本介绍宋瓷的书籍《陶枕》，本书为了避免重复，没有选入），有自然界的鸟兽虫鱼，有折枝花和缠枝花，有各种花纹的图案；而器地与图案的色泽，也有种种变化。除了最常见的白地黑花以外，有的在黑色的花纹上刻划出白色的线条，有的在黑色的花纹上罩以绿釉（普通称为绿地黑花），也有的在深绿色的地上，绘出浅绿色的花朵。属于刻填技术方面的填色，如赭色、茶色（普通称为"蟹甲青"），更是一种特殊的制品，在赭色或茶色的地上，凸起了类似沥粉的白色条纹，显得美丽可爱。还有所谓"珍珠地"的作法，在刻划的花纹以外满满地密布着细小的圆圈，花枝盘绕，珠光绵连，有一种温和静谧的美。有的施用茶色与赭色两种不同的色料，这样的处理方法，使得器物上的花纹更加明显而富于变化，取得了近于绘画的效果。

就花纹的本身来看，它有一个极大的特点，就是图案的绘制适当地吸收了绘画的方法，把绘画的优点运用到图案上来。因此就显得笔触灵活、线条生动，在风格上，矫健挺拔，简洁深秀，而且气魄很是雄健。在笔触意致当中，流露着作者的生活感情。各种花卉，生动多姿，互相呼应，看起来花叶纷披，俯仰有致。在构图上，均衡整齐，整个的画面在变化中调和统一。至于缠枝花的布置，尤其显得匀称自然，表现了绘瓷艺人挥洒自如的才能。这种精练的手法，反映了他们对于生活和对于艺术的态度，没有对于劳动生活的热爱，没有专心致志忠心于艺术的深湛修养，是不可能取得这种成绩的。本书第十二页花瓶上面的缠枝牡丹图案，就是一件典型的作品。器物的全身布满了缠枝牡丹花，却不显得过于繁密。花花叶叶互相牵绕，却不显得琐屑散漫，只看见许多欣欣向荣的花叶，迎风飞舞般地嵌插在一个挺秀的瓶身上，十分雅洁、高尚，健康而优美。黑白的对比处理得很适宜，黑的色泽如漆如墨，白的光彩如脂如玉。至于釉色——即所谓质的温润晶莹之感，也可以通过图片体现出来。这是河南修武当阳峪窑有代表性的作品，仅仅提出这一件，也可以看出宋代北方民窑造瓷艺术的卓越成就。此外，同样是相差无几的花卉，但是在古代民间工艺美术家的笔下，却能够画出不同的神情意态，用不同的格调表现出花的精神。例如第二十四页、第二十五页、第二十六页等件瓷器，就可以说明这一点。前一件的特点，是整洁而秀美，第二件的特点，是浑厚而含蓄，第三件的特点，是流利而洒脱。古代劳动人民在艺术上的创造才能以及表现方法的丰富性，从这里可以提供一个例证。至于写生花鸟蜂蝶的题材，也反映了生活当中美丽的事物和优美的情致。这种题材，从唐代的工艺美术继承而来，到了宋代，成为绘瓷的题材之一，得到了新的发展，又为明代的绘瓷艺术开辟了门径。写生的折枝花和蜂蝶鸟雀的画题，一直流行到现在，还是我国各种工艺美术优美的装饰题材之一。

本书所选的材料，除了最突出的磁州窑、当阳峪窑以外，其他北方各地的作品，也有各自的特点和独具的风格，并且同样有着高度的艺术成就。本书的材料，还不够完全，在介绍工作上，也仅只是一个开始，希望通过这种初步的介绍，将来能够有更多、更好的此类书籍的出版。

（原载《宋代北方民间瓷器》，朝花美术出版社，1955 年）

# 谈山西琉璃

以往关于琉璃的片段记载是很不少的，此时我并不想从历史方面稽考它的创造与发展，我只是就在北京所看到的少数的几件实物，与一次在山西顺便调查所见到的材料，并合写成这一篇初步的记述，期待着此后大量的资料，会因这一点小小的发动，能够渐次丰富起来，使得山西地区在以往制作琉璃的历史方面，可以见到它的全貌。

事情的开始，真是很偶然的。由于在北京见到了两处存留的吻兽，它的时代，一是明万历三十一年，一是清顺治六年，原件都刻划着琉璃匠的姓名，而且全是山西阳城姓乔的，当时就引起我对于琉璃物品的研究兴趣。（一）明清两代的琉璃制作，可能在山西阳城是很兴盛的。（二）是琉璃作品上会有当时劳动人民的姓名，这是了不起的一件事情。因而我到了山西就注意调查，更以我之旅行范围，恰好是晋东南地区，以往潞安、泽州、蒲州一带（即现在长治、晋城、永济），正是明代出产三彩（俗称法华）有名的地方，或许与阳城（在晋城之西）的烧造琉璃，有着关联，所以到处尽力采访，所得材料竟出乎我意想之外。其中得到山西文管会吴连城同志协助调查之力不少，我首先要在此处表示我的感谢。

至于材料的安排，我将按照器物的时代先后，依次与以大概的叙述。

**一、元至大元年琉璃香炉：** 这件香炉向为北京崇文门外姓孙的古董商所保存，我在未去山西以前，早已见到了。炉身前面凸雕一枝牡丹花，后面两枝，前后面各有一条龙，上方凸雕莲花，三足上部凸出兽面，明代早期青花瓷器香炉，具有此种造型。通身釉色极显亮，两侧冲耳的釉下，刻划着两行文字是：

左　岁次大元国至大元年四月初拾记

右　汾阳琉璃待诏任瑭成造

这件作品有三点重要：（一）有元代年款，（二）有制作地点，（三）有制作工人姓名。这是一件极重要的材料，现藏故宫博物院。

**二、明正德五至八年平遥县乾坑村南神庙的琉璃罩琉璃壁：** 平遥县城南二里许乾坑村南神庙所祀南神，众说纷纭，莫衷一是。据现存情况，中殿塑像九尊，俱为立像，主像一，侍像八，和太原晋祠圣母殿塑像作风类似。东西两偏院有琉璃壁，雕制人物，如唐僧取经故事，以及凤凰莲花等图案。东院琉璃罩上部凸雕莲花海波，两旁雕二龙戏珠，两端雕立凤，琉璃是黄、绿、紫三色，紫色上并加黑釉。中殿前有正德五年庚午（正面）正德癸西八年（背面）重修碑记一通，（平遥县敬神安民之记）碑尾有"杜村里琉璃匠侯敬侯让"与西院北壁琉璃上刻"本县侯敬侯让门人蔡其张宣杜村里匠人造"相符合。可见这两院的琉璃器物，都是明正德五年至八年平遥县杜村里人侯敬、侯让和他们门人蔡其、张宣所造。又嘉靖十八年重修碑记有"琉璃点翠之美"之句，乾隆癸未（二十八年）重修碑记亦有重饰琉璃的记载，可见庙中琉璃，在明嘉靖、清乾隆时都曾重修过。清光绪八年《平遥县志·杂录志》，关于南神庙的记载说："……四壁尽用琉璃，若王府萧墙……"云云。

**三、明正德五至八年平遥县城内太子寺九龙壁**：平遥城内九龙壁，在太子寺前，壁的上部雕刻山崖，中部海波有双鱼涌起，九条龙飞腾跳跃，非常生动。龙的形态，细颈张爪，角直须少，三色中紫釉较重。壁上横脊所雕莲花，呈紫黄色，计有二十四朵，开阖俯仰，各尽其致。关于此九龙壁的制作时代，据乾坑村南神庙中明弘治八年经幢，及正德五年碑记，都提及太子寺僧名，可见太子寺在明代中叶是一大寺院，并且与南神庙有相连关系。至就琉璃壁的实物看来，显系明代作品，时间可能与南神庙的琉璃照壁相同。

**四、明正德十一年至嘉靖六年赵城广胜寺琉璃塔**：根据《县志》说是唐郭子仪于大历四年申请建立的，赐额"大历广胜之寺"。元至元二年赐宋版藏经，至大二年重建下寺古佛殿，有元代壁画，题记颇多，仅见有"大行散乐忠都秀在此作场"等文字。明正德十年僧达连建飞虹塔，万历十九年绘弥勒殿壁画。天启元年京师大慧和尚营建塔周回廊，我在藻井旁边横梁上见有"时天启二年岁次壬戌仲冬之月赵城县尧封陈主簿韩典史彭修建"题记。崇祯八年又绘壁画，大概如此。飞虹塔在第二层入门处，嵌有建造年月石刻，文字是：

建塔僧达连襄陵柴村里人少出家有僧行嘉靖六年建塔落成
工起于正德十一年也享年六十二岁生于成化五年八月十四日卒
于嘉靖十一年十月十一日姓王氏徒曰圆寿圆万圆富云

塔的每层四周嵌有很多琉璃神像，在第二层的入口处，右
侧天王像的身上有"洪洞南羊里女善人么"及正德年号等文字；
可是琉璃工匠的姓名，遍找塔内各层，还未发现任何记载。

**五、明嘉靖七年琉璃牌位**：是一件约高尺余的琉璃牌位，
上部凸雕云龙，中间双凤夹持，下面有莲花座。牌位中央是直
行"诰封代府镇国将军仕琢位"等十一字，黄绿两种色釉，比
较发暗。背面无釉，划刻"嘉靖七年"四字。

**六、明嘉靖十九年圆智寺琉璃香炉**：原存北京东华门外某
古董铺，约高二尺，冲耳，兽面足，正面凸雕大朵牡丹及两条
龙，生动泼辣。背面绿釉的行云以外，有两朵黄釉的花卉，色
釉均极光亮，是明代嘉靖琉璃标准之件。炉边横刻"大明嘉靖
拾玖年圆智寺记"，左耳釉下有"文水马东都匠"数字。据说该
件是从山西来的。

**七、明隆庆四年琉璃狮**：原系晋城小西关弥勒院中物，经
由保养所同志移置府城镇玉皇庙中。狮身高大，连座约有七尺左
右，张嘴吐舌，状极凶猛，剥釉处不多，一件座底的侧面有划刻
文字"隆庆四年五月造施钱施工每人钱五十文"，其下尽是姓名。
另一面绿釉，紫色的文字在釉下，所以不能施拓。文字是：

阳城县　琉璃匠　乔宗继　同住

乔世桂　李大川　同　造　永　为

记　耳

另一件狮子的座底侧面，俱系施钱人姓名。该狮子一对现由山西文管会拨赠故宫博物院。

**八、明万历三年太原纯阳宫琉璃屋脊**：太原纯阳宫现为博物馆一部分，屋脊琉璃的一侧，望之似有文字，后经调查果有年款及人名的记载。其文字为：

文水县马□□琉璃匠张守仁男张元万历三年六月□
太原右街左所张臣舍琉璃脊一道银十两

**九、明万历六年阳城东关关帝庙琉璃照壁**：关帝庙的创建时代据志称已甚久远，元天统、明正统、弘治及清康熙间均经重修。现为小学，所有碑石，均经粉刷，不能见到文字。门外仅存双龙戏珠琉璃照壁一块，我在下方发现文字两段：

左　本关琉璃匠　施舍看墙　乔世虎　乔世英　乔世贵　乔世宝　乔世兰　乔世香　侄乔永先　乔永丰　同造

右　大明万历六　年戊寅孟　春吉　日造管修理社首　田朝　乔福星　李光友　张细

**十、明万历十三年至二十三年太原崇善寺香楼**：太原城内崇善寺，是一极有名的大寺。殿前有蓝釉琉璃香楼一对，楼的下部，刻有经文，其中有一方，是说到烧造香楼的原由。字在釉下，作深黄色，是当时写在瓦胎上，外罩蓝釉的，有好些处已经剥蚀了。中有"……万历十三年起工，每年造鲞兽香楼一处供佛，至今十年完造……"几句，可知此香楼的建造时代。

**十一、明万历三十一年琉璃吻兽：**原为古董商岳某所有，兽极高大，系大庙上的建筑物。紫色釉的部分，极明亮。有划刻文字如下：

万历三十一年五月十五日起工
阳城县琉璃匠　乔永官乔永宽　男乔常大
男乔良才　永为记耳

**十二、明万历三十七年阳城寿圣寺琉璃塔：**寿圣寺在阳城北四十里阳陵村，创建在后唐时，宋真宗中毁，天禧间重修。寺有琉璃塔，建造于万历三十六七年。塔高约五丈余，八角形，计十二层。下两层系砂石砌成，上十层大部为彩色琉璃。塔的外面，都嵌着琉璃佛像及各种花纹。在第三层塔门东边，有四方形的琉璃一方，刻划的文字是"大明万历三十七年五月二十二日阳城县匠人乔永丰男乔常正常远"。在第八层南向窗洞边有万历丙辰岁仲夏知生少白李题的诗：赠东岗乔契友"琉璃宝塔创阳陵，天赐乔公来赞成。白手涂形由性慧，红炉点色拟天生。神谋不爽魁三晋，巧制无双冠析城。巨业落成垂万古，君名高与碧云邻"。这首诗是无疑义的送给当时建塔艺人乔永丰他们的。此外还有好些在绿釉琉璃方砖上刻有施主的姓名及银两若干的题记。

**十三、明万历四十二年襄陵灵光寺琉璃塔：**灵光寺在襄陵城东二十余里北梁村，寺内琉璃塔现存八节，尚完整。塔形八角，第一节周围砌石碑，其中有一块刻"大明万历四十二年岁次甲寅仲秋吉旦……修建佛图宝塔"等文字，第二节西北角琉璃上刻"陕西朝邑县赵度镇琉璃匠侯仲学男侯尚才侯尚仁侯尚真"等工匠姓名。琉璃的色釉，第四节以上均为孔雀绿，下部是黄、绿、紫三色。

**十四、明崇祯三年寿圣寺琉璃香炉：**原存北京东四南大街某古董铺中，高度与圆智寺的约略相等。前面凸雕牡丹，惜剥釉处有十之八九。断一足，釉色较浓重深厚。后面刻划文字是：

寿圣寺造　功德主父名上官郡　大明崇祯三年　男上官□ 男上官魁　男上官贺　出家男本立　匠人宋德士

这是阳城寿圣寺的遗物。

**十五、清顺治六年琉璃吻兽：**为北京古董商王某所有，与万历的一对颇相似，色釉亦极显明。后有划刻文字：

东正　顺治己丑总理杜首庠生延芳声
西正　本县琉璃匠乔常图造

据此，可知也是从阳城寺庙里搬运到北京的。

**十六、清康熙五十七年临汾大云寺琉璃塔：**县志说寺建于唐贞观中，内供铁佛头高丈余，上建浮图高六级，琉璃构造，人物花样，工极精致云云。据我调查所见，全身砖砌，四方形，四围嵌琉璃花纹及佛像，跟广胜寺的风格，完全不同。在第二层的琉璃佛像下方，有康熙五十七年建造年款及工匠青阳里人乔鹜及其徒侄等姓名。惜因外栏已损坏，架梯上去，已极困难，因而未能详记。

**十七、清嘉庆三年阳城刘村琉璃照壁**：阳城五区刘村琉璃照壁在区政府前北壁上，中部凸雕麒麟，旁有云龙，上两角有飞凤，下两角是狮子戏球，系黄、绿、紫三色釉。壁的右下角有"嘉庆岁次戊午荷月乔昌泰乔和泰造"等文字，顶脊还有鸱尾龙莲等琉璃。

除了以上这些遗物以外，就我所见及并了解到的尚有以下各件，当然我相信在山西境内，定多珍贵的材料，只是此刻尚未展开大规模的调查工作，所以未被发现而已。

1. 山西博物馆藏有琉璃狮及香炉各一件，均极完整，雕作生动，色釉鲜明，惜无年款，但可断定绝非嘉靖以后之物。

2. 平鲁县阱坪镇九龙壁，据说是有天启五年的题记。

3. 前年在修缮五台佛光寺时，发现一殿有元代年款的琉璃件。

4. 长治东街城隍庙照壁三条绿釉的海水云龙，有康熙年制的嵌砖。

5. 长治壶口镇大禹庙门外有琉璃狮一对，色釉较黑，据说是长治荫城镇的制作，时代可能是万历。

6. 晋城河南会馆的建筑用蓝色琉璃，晋城府城镇以及解县的关帝庙全部建筑上面都是琉璃。尤其是解县的，规模极为宏大。

山西境内有许多琉璃文物存在，在以往反动政权统治的时代损失极为惨重。我从旅途中得到关于以往破坏的情形，虽说是一鳞一爪，亦可想见一斑。

1. 阳城城内琉璃件，向来非常之多，如太清观城隍庙的照壁贡桌，制作都说很好，照壁凸雕人物故事，过去均由北京古董商陆续买走。现在太清观城隍庙两处已改为陵园，琉璃一无存留。在太清观之西为五真庙，内有阎王庙，光绪三十三年时，由一当地的耶教徒董某，把阎王庙里所有的琉璃神像全部运到了北京，本人就住在打磨厂客店，卖了一年才卖完。现在五真庙已夷为平地。十方院即现在的农场，原来亦多琉璃佛像。总之阳城的琉璃件，数十年来先经地痞及古董商的盗卖，后经敌伪时期的严重破坏，因此城里的琉璃器物，被保存下来已极少。现在的县师范学校，原系开福寺，为阳城最古的寺院，在拆改时，由大殿壁内取出金代重修的砖石，现在只存少数一点琉璃屋脊。

2. 将近周村的围町（离阳城四十里现属晋城），有琉璃阁，为东关乔家所造，现已片瓦不存在了。

3. 临汾城内亦有不少琉璃，敌伪时期几乎十之八九都被损坏。

4. 高平县吴庄的孔雀绿狮子，过去经北京古董商买去，卖给了外国人。另有一对约三尺高紫绿釉的狮子和周庄村大庙一对狮子，都经由古董商手卖给外国人了。

5. 过去北京古董商经常在晋城阳城一带，勾结当地人盗买琉璃以及三彩（法华）的物品，运到北京，卖与外商。

其次在调查中也接触了些造琉璃工人，知道一点情况，概括的记之如次：

（一）离太原市十五里马庄村之能烧造琉璃的老艺人还有五

人。我与青年工人苏杰同志谈过一回，据他说明代北京的琉璃活，就是姓苏人去做的。他曾取出家藏"嘉庆十六年苏训记"及"乾隆四年甲辰"的模子给我看过，康熙及明代的都有，一时未能找到。本地能烧琉璃的是苏、白、张三姓。后又找到五十七岁的苏荣老艺人，他说在此烧琉璃已经四辈子了。早年姓苏的，从洪洞大槐树移居到此。（大槐树在洪洞北门外，现存碑记，说明明永乐年间几次徙民，由洪洞去滁州和北京、山东、河南各地，并就太原、平阳、泽潞丁多田少及无田之家，分一丁口，以实北京。十四年又徙民去保德州云云。）先到苏家湾，后来马庄村。不久，又分出两支，一支往北去代县吴家窑，一支去北京。他的曾祖曾去介休修过后土庙的琉璃壁。

（二）阳城后则腰（地名）能烧琉璃老艺人有四人，二人姓卫，姓张姓陈的各一人。我曾见到卫玉恒、张凤宣二位，他俩都能烧造大件狮子。光绪二十一年还做过，到民国二十二年后，就不烧什么了。家藏已经制坯未曾上釉之件不少。有雍正四年石刻一方，（原石是雍正二年乔家的创业记，立碑人乔发之，同男乔伯金、乔虎娃等，怕是东关乔家来此开始烧造琉璃的。）还有光绪二十一年的一方为窑具所堆没，未能看到。据说阳城烧琉璃，先在东关，后来此地，所以以前此地姓乔的工人，都是从东关来的。

（三）在阳城东关见到乔承先同志，他已六十五岁了。据他说拱宸桥一带，向来姓乔的很多，光绪三年大旱，死了不少。他有两个儿子能做房上八仙等像，都是手捏，不用模子，只要有样子，就能塑造。乔家祠堂毁于敌伪时期，碑记一无保留。

家中所有模子亦均破坏无余。二十年来由于销路不好，就停烧了。阳城只乔姓一家，能烧琉璃。他的祖父曾到亳州烧过，本人去过绛州，当年修理海会寺塔，他也在那里做工，看到有明代姓乔的题名。最后据他说向来有一种传说，乔家祖先有三兄弟，大的能油漆彩画，次的烧琉璃，小的烧粗瓷。又说河南亦有烧琉璃的，但是河南货一次烧成，所以要剥釉，不能耐久。

关于在琉璃遗物上留下制作工匠的姓名，是值得我们极端重视的一件事情；因为在陶瓷的制作上，向来是很少看到此种艺人留存下来的姓名。此番所调查到的遗物，几乎都有题名，从这些题记里，我来分析一下。

首先应该注意的是阳城东关乔家之在明清两代，毫无疑问的为山西烧造琉璃业中最负盛名的一派。从遗物考查得出自明代隆庆以至清代顺治，世代相传的迹象非常清楚明晰，它的排列是：

宗（隆庆）—世（万历）—永（万历）—常（万历—顺治）

倘能就山西全面来做一番调查工作，必能获得更多材料，我以为这件工作是应该予以积极支持，努力展开的。

其次，除了阳城之外，烧造琉璃工匠之地区的分布，有汾阳、平遥（杜村里）、文水（东都）等数县，甚至有在黄河以西的朝邑（陕西）以及由阳城延伸到河南的修武，可见当年应用琉璃之广。至北京方面的烧造，马庄村姓苏工人所说的，固然是一种传说，但是我们知道北京烧琉璃的赵家以及沈阳的侯家，都是山西人。赵氏据说自元代由山西迁来，初在海王村（即今之琉璃厂），后迁门头沟琉璃渠村，承造元明清三代宫殿陵寝坛庙。侯氏承造沈阳宫殿陵寝，烧造地点在海城县缸窑岭，说是明万历三十五年间从山西介休县贾村移来，（见《营造学社汇刊》第三卷第三期）恐与前文遗物中所说到的正德年间烧造平遥乾坑琉璃壁的平遥杜村里人侯敬侯让，或者是一家。如此说来，不论姓苏，姓赵，姓侯，琉璃的制作，起始于山西，盛行于山西，而向外流传到各处烧造的，又是山西一个系统，似无可疑。

此外我于旅途中发现数处寺庙里的碑记，均有琉璃工匠的姓名。实物是无可考了，而劳动人民的题名，赫然在碑石之上，不朽的姓名，随着不朽的劳动成果，永远为后人所景仰，这又是值得记述的。就我所见到的如：

**1. 太原马庄村芳林寺成化十六年碑记**：有琉璃匠贺子鉴、贺子宽、贺子文、贺齐鉴、贺子盛等五人。（里居不详）

**2. 太原马庄村芳林寺顺治年间碑记**：有琉璃匠张希洲、张希友等二人。（里居不详）

**3. 太原马庄村芳林寺乾隆年间碑记**：有琉璃匠苏万桂一人。（或即现在马庄村苏家的先辈）

**4. 晋城府城镇玉皇庙成化二年碑记**：有琉璃匠修武县李宗、王琏、陈景等三人。

最后我以为对于山西琉璃进一步的研究是：

（一）元代的已经有了实物，元代以上的可能会发现，这对于山西琉璃的怎样生长起来，有着极重要的关系，我希望能够得到元代以上遗物的实证。

（二）此种琉璃，究竟与所谓唐三彩、辽三彩，有什么相连，与洛阳所发现的唐代琉璃瓦，是否有继承的关系？

（三）晋南一带在明代所制作的所谓法华的东西（即黄绿紫

的三种色釉）是否就是琉璃窑里的产物？

就是这三点，我觉得已经很有意义了。我先以这一小篇文字发表，作为大家来共同研究山西琉璃的开端。

本文脱稿后越半年偶阅《河朔访古新录》。有以下几则：

1. 济原县：县西一百十里上寺沟阳帝庙……有琉璃狮二，高三尺余，制作极精，明时物也。

县西一百二十里邵原关……镇东三官庙……有琉璃瓷阁一，高三尺余，阴刻正德十四年孟□月杨智造琉璃宝殿题字。

天庆宫在县西北三里济渎庙西……一道院中，有五彩琉璃香炉，高二尺余，径一尺余，花纹凸起，制作极精。

2. 孟县：城西门内城隍庙，建自明时。庙外照壁四周用阳城县所制琉璃砌成。所作凸起人物，颇似武梁祠画像。以路近通衢，已多剥蚀，上有匠人乔吉荣题名……又山西会馆照壁，亦系用阳城琉璃砌成，花纹亦精细，殆同时建筑物。

晋南（尤其是晋城）各县与河南博爱、修武各县的交通向来是极方便的，因此阳城的琉璃自然在河南的黄河以北县份中，可以找到它的遗物。但是经过八年的抗战，是否还能完好存在，是一问题，而阳城乔家所制作的琉璃，在河南亦能发现，这是值得注意的一件事情。

（原载《文物参考资料》1956 年第 7 期）

# 我对于辽墓出土几件瓷器的意见

　　去年在前热河省赤峰县城西四十五公里之大营子村发现有墓志铭，题为"故驸马赠卫国公"的一座辽代墓葬，其中殉葬品多至千余件。最近挑选出一部分展出于故宫博物院的保和殿五省出土文物展览会中，诚如金静庵先生在他的《略论近期出土的辽国历史文物》（见《考古通讯》今年第四期）所谓"此墓出土器物，会引起我们特别是历史研究工作者以极大注意"的一句话，那是很对的。在金先生的文章中，关于瓷器部分特别提出了白釉的马镫壶以及有几件瓷器，器底刀划"官"字的两点，给了我个人很多的启发。

　　原来马镫壶发现后有很多不同的式样与釉色，听说东北博物馆收藏甚多。而此次辽墓所出的不仅又与以往所出土的制作有异，就我个人看来釉色的白，有似普通所谓加了粉一般，这在定窑中亦颇有见及，因而称它为"是辽国自制瓷器的最精之品"，确非过誉。此种马蹬壶恐系当时贵族阶级所用，因而与一般所见不同。

　　至于器底有刀划"官"字的叶形盘，金先生证以宋朝仁宗时富弼奉使辽国的行程录中记载着从辽国中京大定府至上京临潢府途中自中京正北 80 里至临都馆，又 40 里至官窑馆，又 70 里至松山馆，此官窑馆即由该地置有官窑得名，因此认为凡有"官"字的白色瓷器，并包括其他瓷器在内，都是辽国官窑的作品。在我个人的见解，认为有此可能。但在抗日期间，日人小山富士夫在热河发掘多处窑址，如赤峰的缸瓦窑村并东城子（松山州）、木兰城、哈拉木头城等处都没有找到划有"官"字碎片的记载，（据佟柱臣同志的译本，尚未出版）。所谓官窑馆之官窑，究竟烧了些什么，还须等待日后的调查发掘。另一方面此种有"官"字的器物，以往在河北、河南两省都曾出土过。一般制作，胎极薄，而釉亦较细，因而从制瓷的技术上看，是有高度水准的，此在五代以至北宋早期的名窑说来，恐非定窑莫属。定窑之在五代期间已极发达，我于《曲阳县志》里找到大周王子山禅院长老和尚舍利塔的立碑人姓名中有"□□使押衙银青光禄大夫检校太子宾客兼殿中侍御史充龙泉镇使钤辖瓷商税务使冯翱"的题名，（龙泉镇即现在曲阳县的涧磁镇）那时候已派有"钤辖瓷商税务"的税官，这就可以说明定窑之在当时是继承了唐代天下无贵贱通用的邢窑而大量生产，运销各处了。而在北宋时代的定窑瓷器，确实供应着统治阶级的需要，烧了不少所谓官窑的器物。我在曲阳定窑遗址的碎片中拾得有"尚食"二字的残片好几块，刻龙大盘的器底刀划"尚食局"三字的，亦在涧磁村法兴寺附近发现。此外瑞典斯德哥尔摩远东古物博物馆 1953 年刊邢窑与定窑文中划刻"尚药局"三字的定窑罐一件，而我最近又获见了有"北苑"、"禁苑"、"奉华"、"凤华"等定窑碎瓷十余片，均足以证明定窑的一部分是烧官窑器物的。至于辽国的边境，自从石敬瑭献出幽蓟等十六州以后，已在定州、曲阳等地与中原相接壤，因之辽国早期所用精美的白瓷很可能是曲阳的定窑所烧造。我想这一点，假定能在定窑的废墟碎片堆里找到些"官"字的碎片，就可以证实了我的看法，为此我将保留这个"官"字器物的烧造地点。假使要绝对说是记载上所称的官窑馆的官窑，似乎还须进一步等待以后的继续研究。

其次，我所要说的就是陈列着两件青釉葵瓣式盘，平底而有一圈支烧的痕迹，那是两件越器无疑。五代时的越器怎样会发现于早期的辽墓中呢？我个人有这样一个看法，就是《辽史》太祖及太宗本纪中发现吴越遣使贡辽的事实有十余次，其中在太祖的时期里，吴越王钱镠派了滕彦休贡辽，太祖还赐滕彦休名曰述吕的一件事情，而在天显七年二月辽国也派了搜剌迪里使吴越，回来的时候吴越王遣使从，献宝器，辽国再遣使持币往报种种情形，（《辽史·地理志》里也有"吴越南唐航海输贡"记载）证以吴越王贡唐、贡晋、贡宋的历史事实中，俱有名贵的越器列入重要的贡品，那么在十余次的贡辽之中无疑的定有越器在内。只是从《辽史》看来，似乎距吴越灭亡以前三十七年间，就是在晋开运以及后汉、后周期间，均未入贡，是否航海中断，或是史书缺记，或是有别种政治上的原因，那就不能断定了。（吴越最后一次贡辽是辽会同六年，应为后晋天福八年）

最后，两件盘口带黄色釉朱彩画龙贴金大瓶，似应看作辽瓷中最重要的物品。就式样说，盘口长颈，此种制作，似为辽瓷的特征。（有的施绿釉较粗的瓶，颈部特长，几及瓶身全长二分之一）而朱彩画龙贴金，实为辽瓷中的创格。虽则此种朱彩贴金的方法，已见于唐代明器，而单纯的施用朱彩，还要远溯到汉代的女俑以及战国时期的陶盆，不过利用朱彩来作画，还是仅见的。不过这两件盘口瓶上的朱彩贴金，已剥落了百分之九十，这是最可惜的。此种情况在以后发掘时，有十分注意的必要。如何可使此种画彩的器物，在出土以后能够尽量地保存下来，实在是一个技术上的重要问题。

（原载《文物参考资料》1956 年第 11 期）

# 从几件瓷造像谈到广东潮州窑

## 一

数年前看到第五卷第一期的《岭南学报》上有道在瓦斋所写的《谈瓷别录》，讲到四尊瓷造像都有造像的年月、工匠的姓名，以及明白指出烧造的地点是"潮州水东中窑甲"。1922年由于当时军阀内战，挖掘战壕，而在潮州城外西南约十里土名羊皮岗的地下一个小石室中出土的。四尊造像之外还有一件完整的满雕莲花瓣的香炉。造像之一的头部已断，二尊断手，一件完好无损。造像均作趺坐式，披袈裟，衣的下身，下垂座台前方。遍刻铭文于高台的三面或四面。造像中的两尊作说法手势，二尊笼手袖中。像的冠发、眉眼、须鬘，均描青料作黑褐色。器胎莹白，釉呈卵青色，在北宋定与景德镇之间。香炉的积釉处，如淡青葡萄色。大概所记载的如此。造像身上的铭文是：

## （一）

潮州水东中窑甲弟子刘扶同妻陈氏十五娘发心塑释迦牟尼佛永充供养为父刘用母李二十娘阖家男女乞保平安治平四年丁

未岁九月卅日题匠人周明

（二）

潮州水东中窑甲弟子刘扶同妻陈氏十五娘发心塑释迦牟尼佛永充散施供养为父刘用及阖家男女乞保平安熙宁元年戊申五月廿四日题匠人周明

（三）

潮州水东中窑甲弟子刘扶同妻陈十五娘发心塑佛散施永充供养为在堂父母及阖家男女乞保平安熙宁元年戊申岁六月十三日题匠人周明（见图）

（四）

潮州水东中窑甲女弟子陈十五娘同男刘育发心塑造释迦牟尼佛散施永充供养奉为亡夫刘第七郎早超生界延愿阖家男女乞保平安熙宁二年己酉当正月十八日题匠人周明

就铭记的文字归纳为以下三点：

1. 治平四年（1067年）一件，熙宁三件，其中元年（1068年）的两件，二年（1069年）的一件。

2. 造像人刘扶同妻陈十五娘的三件，陈十五娘同男刘育的一件。

3. 治平四年九月的铭文，十二行，四面刻满计六十三字，文字虽在釉下，但刻较深，可拓。熙宁元年五月的铭文，十行，刻三面计六十一字，刻细浅，不能拓。

熙宁元年六月的铭文，九行，刻三面计五十八字，不能拓。

熙宁二年正月的铭文，十三行，四面刻满，计七十二字，不能拓。

这是四件有年月、窑地及工匠姓名的瓷造像，非常重要，其中尤值得注意的，是北宋中期稍后一个时期里的产品。

潮州水东窑青釉瓷像

二

事情真会这样巧，不久就得到了商承祚先生的函告，说四尊造像以及香炉一件均在广东文管会中。同时又得到他同顾铁符先生的消息，说在潮州东门外，过了湘子桥的韩山上，碎瓷片整整的盖满了那里的山头，要我去做一番调查工作，我就欣然与同伴数人乘车南下，先去广东文管会看了这几件所谓北宋潮州窑的作品。

本来广东的窑场，不只阳江与石湾。一般人只知道所谓广窑就是指这两处而言。其实不然，在程哲所写的《窑器说》里就有"广东窑出潮州府，其器与饶器类"之说，何况最近在广州市西村皇帝岗发现了窑址，自然广东的窑场只有阳江与石湾的说法就站不住了。不过文献虽有记载，究竟潮州窑的真面目是怎样的，谁都难以肯定。而这几件造像却给了我们一个北宋时期潮州窑的铁证。

我于是离开了广州，到潮州去。我去的目的：

（一）要证明所谓潮州水东窑，是否就是现在发现韩山上的碎片所在？

（二）韩山上的碎瓷片，还有哪几种？

## 三

事先找了找参考资料，当然《潮州府志》（乾隆本）是要紧的。关于韩山的说明是"韩山亦名双旌……顶有三峰，形类笔架，又名笔架山。韩昌黎刺潮州常游览于此，故名韩山。"东门外横跨韩江上的桥，初名济川，后改广济。

卷十三的都图下，东厢有南窑一个地名，下注"城东南畔距城五里"。

卷十七的茔墓下，（1）明长史庄典墓在韩山东白瓷窑山。（2）明南靖知事郭大鲲墓在郡城笔架山白磁窑（雍正本《海阳县志》缺此条）。

从这些片断的记载，确实知道了韩山有白瓷窑。山的南面，还有南窑。

到了潮州，出东门就可见到一排的山，峙立在韩江的东峰。山的形势是山上有几个峰，从北往南，真的形类笔架。因而从方位说，这个韩山上的白瓷窑，正在韩江东峰，而造像铭上所谓潮州水东的"水东"二字，明明指的韩江之东，毫无疑问，所谓中窑甲者，从志书上有南窑这个地名看来，那末水东窑的范围是非常广阔的，因此有了中窑，是对南窑而言，也就可见一定还有北窑。由于窑场的自北而南，距离相当长，才有南、中窑之别，于此可以推测当时中窑甲的方位，一定在韩山的中部，距离现在的湘子桥当不甚远。

东岸沿江有些市房，现名桥东村。从小巷里走近山麓，见有许多劫后的断垣残壁，说是抗日战争期间被日本侵略军所毁坏的。从破墙的断面看来，都是利用废弃的匣钵所砌成，因而这个市区的废墟上，也尽是些残破的匣钵。及至由山麓渐渐升高上坡，到处都是碎片。南面一直要到原来教会所建筑的洋楼以下（本地俗称番仔楼），就是书上所称的辕虎山，北面是从象鼻山起，越过山上原有的韩山书院房屋，而在现今的韩山师范学校附小校舍的后面，碎片最多。如此从北到南的距离，约有四五里长。以往在一带山麓的地方，就叫百窑村，是属于府城外的东关厢。

## 四

碎片第一着眼处当然要联系到几尊造像以及一件香炉，是否就是此处废窑所产，这个问题在我调查的时候就很容易解决了；因为遍地的碎瓷片里，像那造像的影青为独多，而香炉的莲花瓣造型也捡拾得很不少。此种莲花瓣的雕刻手法极生辣，因此花瓣边缘的棱角非常锐利。胎厚坚结如石，这就是有些瓷器书上所称的石器或是炻器（Stone ware）的最好标本。胎土较白，釉的水青色深浅不一，有作浅糙米色而隐隐有青色的，有极细的纹片。此种器物，一般都有端正凝重之感。造型大概为有高低座的炉碗之类，相当大而没有小型的。

从以上韩山与水东窑的方位以及碎片的对证，此处的废窑，确实为造像铭上所谓潮州的水东窑，这是第一个来潮调查的目的已经解决了。

第二个将怎样呢？我与同伴数人南北踯躅于韩山上几个笔架山峰之间，尽量捡拾碎片，收获极丰富。碎片的分类大概如次：

**（一）白釉**

1. 器物外面划刻篦形纹，有极细纹片，以洗、碗为多。

2. 带淡黄色（牙白），碗心划花卉，平底，外面有压痕。胎较薄的以小型的碗及高足杯为多，釉不到底。圈足狭边的平底，无细纹。

**（二）影青**

除上述的凸雕莲花瓣的造型外，还有：

1. 淡淡的水青色极匀，划刻蕉叶纹样的花纹，也有在碗心划刻花朵的，器身有纹片。

2.器物外面划刻箆形纹一如白釉的制作，亦有细纹片。

3.带灰的水青色，碗外划刻花卉，有瓜形盒残片。

4.划刻花瓣纹的较小型器物，积釉处是湖绿色，有纹。

5.敞口长颈（俗称喇叭口）的大壶，仅有残破的上部，壶身上的长嘴及高柄甚多，有双系壶的造型。

**（三）黄釉**

露胎处多，似为一种较粗的制作，而形象较浅的小碗，色泽有深浅两种，深者颇近赭褐色。

**（四）青釉**

1.淡青色　划叶纹，起线，釉较薄，无纹，亦有划花而胎较厚的。

2.淡灰色　仅边缘里外面一寸处有釉，余均露胎，胎土灰色，似为当时一种粗货；亦有高足小杯制作与白釉的同。

3.深灰青　碗的外面划刻莲花瓣的，胎较厚，而无花纹。

从以上各种碎片看来，均属于宋代的作品，种类方面虽亦有青釉、黄釉等，但以白釉及影青两种为主。大概水东窑的作品就是这样的。

五

我于此次调查水东窑之便，又从文化馆柯鸿才同志方面得到潮州郊外还有发现碎瓷片之处，调查所得材料，亦可分述如下：

## （一）南郊

1954 年 5 月间为培修潮州韩江南堤起见，即在南门外南厢洪处埠取土，发现碎瓷片及匣钵颇多，但是没被人们关注，因此就把该地挖成一个很大的凹塘。后又在北面约五百步外的竹园内取土，又发现很多的碎瓷片。洪处埠原为建于宋绍兴年间的南山寺，而竹园地方那是元至元年间所建立的宝积寺废址。该处碎片的种类极芜杂：

1. 黄釉的中型碗外面作篦形纹，有高足。浅浅而敞口的小碗，釉不到底，足小而平。

2. 黑釉的造型浅而敞口的一如黄釉的作品，碗的口边施以白釉，里宽外狭。

3. 白釉的近似韩山白瓷窑的制作，但又有素白微带灰色，胎较厚，无细纹，有凤头壶的头部残片。

4. 青釉有一种较淡，但极匀净，器外划刻莲花瓣，有高足，釉到足边，底心无釉。色釉较深的一种，胎较厚，器外划直线纹。盘心有双鱼的仿龙泉盘，但釉不匀而胎土灰色。厚胎平底的盘碗，也有作向外翻的浅足而底心仍是平的。此种器物的釉都为一般所称的玻璃釉。

## （二）西郊

潮州郊外西北约五里有凤山村，此处发现碎瓷片及匣钵，但不甚多。

## （三）北郊

潮州北关外约一里处、二里外地名窑上埠以及毛家坟附近曾经发现过陶瓷碎片。1954 年 2 月间培修北堤的工程开始时，便在这些地方取土，于发现碎陶瓷片外，捡得有皇祐二年及治平丁未年文字的压锤（现存潮州市文化馆），这就说明了此处的烧窑时代。听说许多碎瓷片都埋在引韩灌溉的工程以下。

在此三处之中，南郊的碎瓷片最值得注意：

1. 黑釉的以及仿龙泉的青釉器物，因为材料不太多，是否为潮州烧造，是一个问题。

2. 早期青釉中带黄的玻璃釉器物，在文化馆里现存有完整的十余件，破碎的亦有相当的数量。造型方面有双系盖罐，两耳炉，大型的壶，中型的洗，都是厚胎平底，器物的外面间有压痕。此种唐代的青釉器物，是否为潮州烧造，还是当地墓中的明器，因为出土情况不明了，这也是一个待考的问题。

此外耳闻所及的说在韩山后面的飞天燕山地方，出产极好的瓷土，现在枫溪窑所用的原料，就取给于此。离潮州市约十多里韩江下游的溪口村，离笔架山约十里的黄金塘村，远在离潮州四十里外的白水村，属于潮安县七区的银湖村以及十三区的碗窑村等处都有碎瓷片发现，可见潮州市附郭并其他地方尽多古代窑址的存在，调查工作，还有待努力。至于此次由于几尊造像而涉及潮州水东窑的初步调查，至此告一结束。将来如能有一个正式发掘韩山古窑的机会，当能获得更具体的材料，那是一定可以预料到的。

（原载《文物参考资料》1957 年第 3 期）

# 调查闽南古代窑址小记

自从泉州东门外发现了古代窑址，过了两年以后，终于在1956年冬季才决定前往调查。由上饶入闽，在福州稍作停留，然后南下泉漳。同行的，有冯先铭、李辉柄二同志，福建省文管会并派谢之瑞同志偕行，今将调查所经并获得的一些材料，分段述叙于次：

## 一　晋江（泉州）

泉州东门外的碗窑乡，由于泉州成立了市以后，属于晋江县第四区，因而应该说是晋江县的碗窑乡，但是就一般习惯说，总是称为泉州东门外，而不用晋江县第四区。

出泉州东门沿着公路往东北约十里，改走小道又六里余，就到达了目的地。

碗窑乡有一条溪涧，斜着自西往东流的一个方位，因此在溪北的一个村是碗窑村，溪南的名后路村。溪水经过碗窑乡后约八里到达浔美港，会洛阳江出海。碗窑乡西北南三面环山形成一个小盆地。古代烧窑所遗留下来的碎片，就分布在那个村的山坡上。由于此处碎片以及匣钵残件之类为数极多，所以居民就利用废物堆砌墙基。

就南北两处比较来说，北面山坡上的碎片较集中，而南面之露出在表面上的不甚多。可是据当地人民说，在松根深处却有很多的碎片，因而要做详细的分析记录，只是表面上的搜集材料，还是不够的。

至于这一次所得到的碎片，可以分别为以下几种：

（一）白釉

1. 素白釉带灰色器物中大型的有板沿大洗残片，洗里起圈线，宽底。板沿下有似菊瓣样的划纹，中心有支烧小方块六块，器物外的施釉到达五分之三处，胎白灰，颇细洁。2. 墩子式的有盖碗，碗身及盖上均划有双层莲花瓣，器内有釉，胎细结。有似炉形的器物残片，亦划刻着双层莲花瓣，胎骨较厚。另有碗心划篦形纹的似为一种较粗的器物。

（二）影青釉

浅形洗子色较淡，洗里有两朵莲花的印纹，毛边，有一种

泉州碗窑乡影青瓷盒残片

粗率之感。有盖盒的一种色较水青，盖边有直道纹，盖中央印花卉，发现于后路村的遗址。

### （三）青釉

深灰青色，有碗、洗之类，碗里有圈垫的烧痕，露胎处呈酱褐色，胎灰。另有一种色釉深绿，此种作品或者就是以往一般古董商去泉州收购的所谓土龙泉吧！

根据以上见到的材料来说，可以确定为宋代的制作。至于在1953年前后所获得的碎片中，如带青带黄的所谓玻璃釉的几件残壶残碗，也确属是唐代的作品。不过此种碎片，在这一次调查中，未曾捡得，因此是否为碗窑乡所烧造，还是古代墓葬中的物品，尚须等待进一步的调查。

其次需要谈的在泉州城外另一处地方，直到现在还烧造些瓮罐之类的粗货，那就是《晋江县志》上所记述的瓷灶。我想在那里访问一下有无古代窑址所残留下来的碎片，结果我的希望并没有落空。

出泉州西门过浮桥，经公路往西南约二十余里，转入小道不过二三里路，就到了瓷灶镇，全镇现在从事于制陶手工业的人是四百七十六人，养活人口估计二千人左右，占全镇人口百分之三十。全年产值约三十万元，现在生产瓦筒、大水筒（南安石壁水库用），菜瓮（用以装盐菜，销南洋新加坡及菲律宾等处）以及销售于菲律宾之琉璃栏干等等器物。镇的周围都有小山环抱。有一条溪就叫瓷灶溪，蜿蜒曲折，贯穿全镇。在俗称为许山、宫仔山、蜘蛛山及堁庵山等四处都发现许多碎瓷片及匣钵等残片。碎片的分类，约有以下各种：

（一）撇口式碗，釉作茶青色，器身外面的釉仅达器物的边缘，以下就没有了，也有达到二分之一处。圈足，底部不高，有宽边，这种造型似为此处最标准的作品。

（二）青釉小碟，有带黄色的，平底无釉。碟里印花似石榴花，颇别致。

（三）也捡到雕刻莲花瓣炉形的器物残片以及碗的外面划刻莲花瓣的，但不甚多。

（四）碗里有篦形纹，亦有碗里印"福"、"禄"等字样及花纹，似仿龙泉制作。

（五）黑釉小碗及有长嘴、长柄的残片不少，并在壶肩上见有雕龙的碎片。

就以上所获得的材料来看该处所烧的瓷器，自宋至明以青釉为主，黑釉为辅。从清代一直到今天还是继续烧造常用粗陶，远销新加坡、菲律宾各地，尤其是装盛盐菜的菜瓮，为华侨所乐用。乾隆年刊《晋江县志》物产条瓷器项下有"出瓷灶乡，取地土，开窑烧大小钵子缸瓮之属，甚饶足，并过洋"云云，所谓并过洋，就是除了自用外，还运销海外的意思，那就证明此种粗货的远销国外，是由来已久的事了。

## 二　德化

从泉州去的公路，通过一个永春县就是德化，所以早上动身，午饭过后就到了。德化是一个山城，抗战前年产瓷器五万余担，嗣经衰落，1949年后逐渐恢复，现已超越了以往的数字。

全县产瓷石及釉石的矿山以戴云山为主脉，从西北方向着东南。烧瓷地点据当地人的调查从明到清末不下有数十处。此番调查目的不在于明清，而在于寻觅明以前的碎瓷片。以往文献的记载，总是说德化瓷器起于明代，而传世的成品，却也没有早于明代的，本人怀疑此说。因为从生产发展方面看，决不会于突然产生有宣德款、成化款等等温润似玉样的白瓷，而在此以前，却没有烧造白瓷的踪迹，这是一件不可想象的事。果然，我与同往调查的同志，竟发现了堆集宋及元代碎瓷片的地方多处。兹将所得材料分别简述如下：

（一）新厂

离城约一里余，即在城东的山坡上，现为新瓷厂所在地。在建厂平地时发现很多碎瓷片及匣钵，据说搬走了或是掩没了不少，此刻还多遗留。检阅结果，全系影青作风的白釉碎片。器物的残片以寻常之扁形影青匣为独多，匣盖外侧花纹大多刻划细线纹，盖面花纹简朴而线条亦细，白釉微带黄。

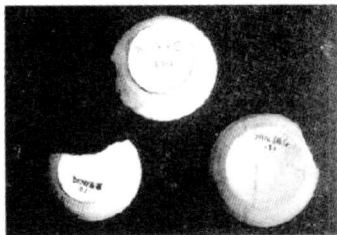

德化屈斗宫印花白瓷洗　　　　　德化屈斗宫白瓷碗残片

（二）屈斗宫

从新厂山坡往西南公路边有一小庙名屈斗宫，在公路的后侧山坡有很多大可两人围的古树，碎瓷片即在此处发现，甚至树根下面碎片也堆积极厚。碎片的特点有一种形似铜锣洗的白釉洗，挂釉及底部。底足以中型大的洗子说，高约0.8厘米，底销凹陷，是浅挖的结果。洗有大中小三个形式，中型的直径约16厘米，胎厚约0.4厘米，胎土白而坚洁，釉汁白净中亦略带黄。有一种浅碗，外刻细线纹的莲花瓣，釉不到底，是覆烧的。其次白釉而比较稍灰的，有圈足矮、宽平底的一种小碗，釉不到底，毛边，器物全形非常玲珑。白釉之外还有一种极像影青的碎片。残器是浅碗，器底一如小碗的制作，碗的外面有作极细纹缠枝草花，亦极简朴可爱。白釉中通体微带水青色，但是绝非一般影青的积釉可比，所以此种既不同于纯白釉，也不能归入影青类，这也是屈斗宫发现宋代德化瓷片的独特处。由屈斗宫往东南不远小山上，亦多此种碎片。

除了以上所发现的宋代碎片外，我也到过以下两处：

（一）后所

从新厂往北下坡，沿浐溪往东，此处沿溪水碓颇多。溪水冲击水车，有节奏地转着车轮石舂，这是研磨瓷土的地方。约三里过滤桥，转而折西北有土窑多处，此处土窑都作馒头式，一个一个的连起来，形式看起来有点异样，其实仍旧是阶级窑。传说后所是明代巨匠何朝宗烧窑的所在，地势极逼仄，不是一个大窑场。

（二）十排格

就是从浐溪的溪桥往南沿山坡处，从引导人的闲谈中知道此处碎瓷片亦多，但是蔓草极深，未及细细检查，只就地面上捡到一点非宋代的碎片。

此外传说中的古代窑址很多，散在山中，路远的有二三十里，因之不及一一调查。

# 三　同安

同安汀溪水库修建时发现碎瓷片，1956年春天福建文管会曾派谢之瑞同志到现场勘察过，以工程已进行不及清理，因此有绝大部分可供研究的材料，不幸的都被压在工程里面去了。

公共汽车到同安后雇三轮车约十六里就到了汀溪水库所在地。当年发现碎片的地方有：（一）坝头山（水坝所在），（二）汀溪山（三）指挥部后山三处。（一）与（二）处相距极近，后山约隔二三里。此次调查所见及的就是（一）与（二）处，也即是现在拦洪坝的左侧。碎片的堆积层，从坝的下面直到坝的顶部，数量之多，实在惊人。所谓第三处是指坝的上部往右，从人工湖的沿湖西起，直到西南部的山坡上都是。除此以外据当地人说在坝的西北方向，还有好些地方烧过窑的，可见当年窑场面积之广。至此次所捡拾到的碎片，可以分别说明如下：

## （一）青釉

有种种深浅不同的色泽，普通的碗，胎都很厚，最厚的竟达0.9厘米。碗里凹印双鱼，极草率，这是与龙泉的双鱼洗不同处。还有印着屈前肢的小鹿，此外也有简单的花纹。碗的外面，大多有直线的箆形纹，碗里外侧有浅刻草花纹，花草间有用竹签或竹箆所画成的条线样的连续细点，此种制作在日本人所著的陶瓷器书籍中有的称为由宋代汝窑工人南渡后由在南方中国所烧造的划花器物，给它除了一个珠光青瓷的名称（《陶器讲座》第12卷第138页有插图及文字），也有说是浙江省德清后窑的作品（小山富士夫的《中国青磁史稿》第309、310页文字及插图第一九）。此次却在同安发现，实出意外。

### （二）黄釉

实为青釉未经烧成的作品。它的制作同于青釉，大圈足，挂釉达圈足，有的只有二分之一。

### （三）灰白釉

有平底无釉而略现折腰形的洗子，洗中央有像波纹样的划花，简单而活泼，可以想见划花时一种迅速操作的情景。还有一种小底足撇口碗，釉虽带灰，可是极细润，胎亦坚洁，碗里同样有简朴的篦形纹。此外另有圈形纹间以篦形似波浪的划刻，这是同安的特点。

以上几种式样在以往虽有整器，都不加以注意，同时此种作品的发现也并不多，想系当时外销之瓷，因此流传在国内的反而少见了。

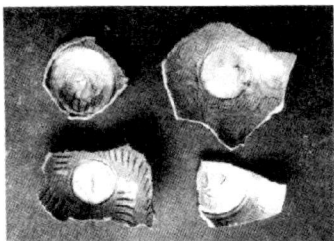

同安青釉划花、篦划花碗残片　　　同安青釉划花、篦划花碗外壁底

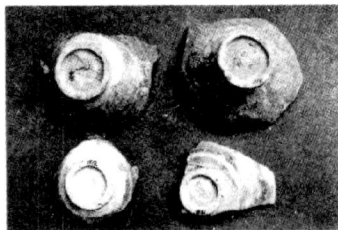

# 四 调查后的感想

（一）晋江碗窑乡在县志上有此地名而并不称道它的烧碗；瓷灶有此地名并且还记载了它的烧瓷。就碎片的年代说，也可以证明碗窑乡的碎片没有明了，而瓷灶的烧造直到现今还是继续着的。因此元代周达观所著《真腊风土记》中所谓"泉州青瓷器"，是否有瓷灶的部分出品在内是一个问题。

（二）根据乾隆刊本《晋江县志》與地都里条下似乎烧窑的地名还有好几处，如后窑顶（城外三都统图一）、窑前、窑后（九都统图一）等地，因之"泉州青瓷器"或许还有在其他地方烧造而尚未发现的在内，这又是不能不注意的一点。

（三）元代的对外市场，泉州最为繁盛，为此凡在泉州附近外县所烧造的窑货，如同安、南安以至永春、仙游等地，很有可能集中在泉州出口，同样地也就有把来自各处所生产的窑货一概说成"泉州青瓷器"的可能，尤其是这次发现同安汀溪水库的青瓷，更有可能为当时对外行销的"泉州青瓷器"之一，自然不仅在晋江所烧造的才称为"泉州青瓷器"了。

（四）就已发现的泉州及同安古代窑址碎片看来，完整物品之在国内传世的很少，可以想见当年的制成品似乎都是用于外销。本来外销瓷器的来源有：（1）景德镇的定货；（2）景德镇的素坯运到广州加彩的，——那恐怕是最晚的一种外销货。舍此以外就是（3）闽南以及广东潮州方面所烧造的物品。此事说来话长，不再在这篇短文内叙述，此刻所要先行提及一点的就是晋江、同安等处在当年所烧造的，恐系外销用品居多，自用的仅占少数部分，这在以后假定能有参观印度尼西亚雅加达博物馆（据闻藏有中国外销瓷器六十余柜）及马来西亚联邦博物馆的机会时，可能会见到闽南及潮州方面——甚至竟是晋江、同安等处——所烧造的成品。最近据荷兰兰登（Leiden）人民美术博物馆的报告说，在印度尼西亚里伯岛（Celebs）南部出土了一个白瓷盒，有细线样的花纹，就照片来看确实是德化的白釉器。但是此种瓷器在国内极不易见，反而发现在国外，这足以为当时此种物品行销外国（或当时华侨所带去）之证。

（五）关于向来文献上所称建窑问题，如《景德镇陶录》、朱琰《陶说》、寂园叟《陶雅》、梁同书《古铜瓷器考》以及《中国陶瓷史》等所谈的，大别之有紫建、乌泥建及白建之三种。其地点则初在建安，后迁建阳，亦有说建窑在德化的。近人又有主张黑建在现今水吉县境内，白建则专指德化，而对于"建窑"二字的含义，如属广义的说法则指福建瓷窑的总称亦无不可，不过不应把德化窑建窑混为一谈云云。我此次调查晋江之碗窑乡于白釉之外有影青及青釉器，瓷灶则青釉外，又有黑釉，德化亦有影青，同安则全系青釉。是福建在以往所烧制的不只简单的白釉与黑釉，还有影青及青釉。同时某一地窑，亦不见得专烧一种釉色。可见以往的文献的缺漏与舛误很多，希望研究者勿专凭文献，拘泥旧说，尽量于实际的调查工作，予以更正或修改，实在是此后研究古代陶瓷者的责任。

此外以往对于福建窑专指水吉为黑建，德化为白建，我们已指为不当；就是仅仅满足于此次调查的结果，如发现了黑白两种釉色以外的影青器青釉器以及宋代已有德化瓷、同安实为一个极大窑场等等以外，对于福建窑的全貌，还是了解得不够的。因为就目前所得到的材料，已经知道福清与宁德两处都因建造水库而发现了古代窑址，它的作品除青釉外，黑釉的一似水吉。此外光泽、仙游、永春、安溪各地均多碎瓷片发现，希望在不久的将来，能展开一个比较广泛的深入调查，庶几对于福建窑有一个全面的视察。

（原载《文物参考资料》1957 年第 9 期）

# 鹤壁集印象

1951 年在河南安阳西南乡善应镇及天禧镇等处调查古代窑址的时候，听说汤阴县西南乡鹤壁集烧元瓷（一般人所称之元瓷，就是粗的钧釉器），而善应却发现了钧窑系的碎片，善应离鹤壁集仅三十里，因此就这样揣测说善应是受着鹤壁的影响。天禧都是白釉的碎片，也就说成一个另外的白瓷系统。

过了三年，据报汤阴的鹤壁集确实有碎片很多，当时未能立即就道。1955 年 4 月才抽出时间，约了山西省文管会吴连城以及故宫博物院的冯先铭等前往当地调查。

鹤壁集归来又将两年了，在此期间见到了杨宝顺同志所写的《汤阴鹤壁集古瓷窑遗址》一篇文章，报道得很详细，现在我再补充一点材料。

鹤壁在汤阴之西约五十里，是汤阴西乡一个大镇，镇的西门外不远，有一柏灵桥，我将先谈桥边一块柏灵桥的碑记。

碑立于乾隆三十七年，里面说道："柏灵桥者何，指柏灵翁而言也。柏灵翁者何，我汤邑尊也，后封为德应侯。其父兄子侄世历显宦，晓风气，识土性，游览斯地，知此下有五色土焉，可以陶……邑西之人藉以养生者，不啻数万家，因为庙以祀之。

年久倾圮，重修者再。又复摧崩，止留碑记……"云云，关于柏灵的记载，当我调查当阳峪窑时，曾于窑神庙内发现"怀州修武县当阳村土山德应侯百灵庙记"（见 1954 年《文物参考资料》第 4 期《谈当阳峪窑》）。后到陕西铜川黄堡镇调查耀州窑时，于当地小学校内发现宋元丰七年所立的"德应侯碑"（见《文物参考资料》1955 年第 4 期《我对于耀瓷的初步认识》）。

从这些碑记里知道：1.窑神本来是土山神，宋熙宁年间由尚书郎姓阎的作官陕西华原郡时奏封为德应侯。2.柏翁晋永和中人，名林，到黄堡镇酷爱其地泥土变态之异，就传人以制陶的方法，因此匠工的制作，愈精于前，当地人就在德应侯的庙中，为它立一祠堂，所谓"永报休功"云。

当阳峪之立庙是在宋元符三年，而在崇宁四年的碑文中有当时当阳峪的烧瓷工人，远去耀郡绘画着耀州窑神庙里的神像，回来后在当阳峪立庙诸语。汤阴鹤壁集的碑石又明明说成柏翁是汤邑尊，后封为德应侯，并且有父兄子侄都是历代做大官的等等说话，是向来以不可知的土神而崇拜为窑神的，汤阴地方把它人性化了，这是一种传说的演变。至于鹤壁集原来的窑神庙历久倾圮了，可是没有说明它的时代，我想鹤壁的窑神庙，从碑石中的传说看来，它的建立时期当较晚于当阳峪。

柏灵桥下是一条干涸的河道，由于往南及西北方有陈家庄、曹家庄、龙家庄、李家庄、邓家庄等几个村子，都是彼此距离不远，紧紧挨着的，碎瓷片的集中地点可以分为三个区域。

桥的东南及东北部分为一区，桥的南部为二区，西南部为三区，此外还有好些零星散布的地方，在东西的二里，南北约三里的一个区域里是处处可以找到碎片的。碎片的分类，大致是如此：

一、白釉的在二区，堆积甚多。釉细腻而胎骨亦薄，多小碗，碗内划细花纹。亦有较大型的有盖碗，碗的外侧印有芝麻点的压纹，此种器物胎虽较厚而别有一种端重的感觉，往年在巨鹿出土物中即有此种器物。大碗的白釉较灰，碗心划刻莲花就是一般称为磁州窑的。还有白釉的小孩玩具残片，加彩的仅仅捡得三个，是否为此地所烧造不敢断定。

二、白地有黑花的多画花鸟，器物中有大型盆洗，颇似禹县扒村窑的风格，但画风更较流利。

三、白地画赭色花纹亦以盆洗为多，画鱼藻，极生动。也有在碗心画的花纹极似安阳观台窑的作风，观台与鹤壁相距仅数十里，这是不足为奇的。

四、大小碗里面白釉，外侧黑釉，或者是黑釉而有一道白边，此种作品在以往市场上发现颇多，不加重视。另有在纯粹黑釉器物上，凸起褐黄色的细线条，多为瓶罐之类。

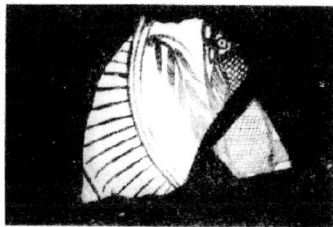

鹤壁集白釉黑花盆残片　　　　　鹤壁集白釉黑花盆底

鹤壁集外黑里白碗残片

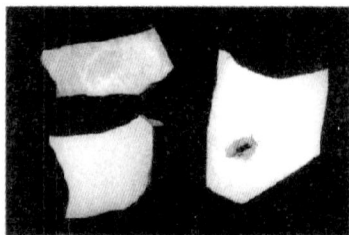

鹤壁集外黑里白碗残片

五、黄釉的大抵为壶罐，它的造型同釉色是从隋唐相沿下来的，可是有着芝麻点的压痕一如白釉器物上的作风。酱黄色都是大型的盆洗，中心划刻着水禽及兔儿之类。水纹的画刻方法仿佛是用一个划开几条竹丝的竹片，在那不曾干的胎骨上，篦几道小小的篦纹，因而看着在活泼生动之中，又显得柔和而有力的线条。鹅的长颈是一条画道所勾下，所以非常刚劲。这就可以充分看出当时工人们的技巧，是在极度熟练之下制作出来的。此种线条的力量可以称得起书法上的铁画银钩一般，而这种盆洗的用途大约就是现在北京人家惯用的绿盆之类，因其为当年人民的日常用具，同时又为鹤壁集所烧制，所以碎片的发现很不少，这也可说是鹤壁集窑的特点。

清乾隆三十七年重修柏灵桥碑记（汤阴鹤壁集窑）

柏灵桥

重修碑记

本镇岁进士潘翱撰　门生

李彬书丹

柏灵桥者何，指柏灵翁而言也。柏灵翁者何，我汤邑尊也，后封为德应侯。其父兄子侄世历显宦，晓风气，识土性，游览斯地，知此下有五色土焉，可以陶。因召是乡人而授以配合之法。时人因其法成夫器。火助之，发晶莹色。后有巧匠，因而加厉利斯普焉，邑西之人藉以养生者，不啻数万家，因为庙以祀之。年久倾圮，重修者再。又复摧崩，止留碑记。乡之父老恐残碑断碣后无识之者，因指碑之所云建之桥焉，曰柏灵桥。志开创之始也。近来桥又有将坏之势，会有儒童李永蛙，忽起善念，谋之左右数村及住持宗显，鸠工督事，补辑坚固，令往来者北望碑记，溯所由来。用志不朽，诚盛事也。是不可无以记之，为述其始终而为之序。

彰德府正堂黄公讳邦宁 （以下姓氏名略）

以下是龙家庄、陈家庄、李家庄、邓家

汤阴县正堂李公讳林　良玉村捐钱人姓名和所捐钱数

首事李永蛙施银三两　捐银多者达二两，少者仅捐钱五十。

连同刻字石匠共计一百十一人。

男彬　管事

陈日明桥西施路

时大清乾隆三十七年岁次壬辰十月吉旦　住　持　宗　显　立

（原载《文物参考资料》1957年第10期）

# 《耀瓷图录》序

## 一

1954 年夏，我于调查晋南琉璃之后，过风陵渡，进潼关，去西安，参观当时的西北历史博物馆（即现在的陕西省博物馆）。在馆中见到好些陕西出土的青瓷器，验其釉色，似较往年调查临汝窑时所得的碎片标本为淡，有时又略呈姜黄色，施釉似亦较薄，花纹与临汝窑有所不同，就是以刻划莲花纹的为多。当时的初步印象仅仅如此。以其有别于临汝青瓷，同时又多出土于关中，故假定它是耀瓷，其实我于耀瓷可说很少研究。

数日后，去当年耀瓷烧造地址调查，获得碎片不少，以碎片来印证博物馆所藏的整器，竟完全一致。

宋代的耀州窑遗址，就方志所说是在黄堡镇，黄堡向属同官县，同官的名称在不久以前取消，改称铜川。同官原属耀州，因此在同官黄堡所烧造的瓷器就称做耀州窑，正如定窑之不在定州，而在当时属于定州的曲阳县相同。据说到了明代，瓷窑由黄堡搬到陈炉镇，仍属同官，现距黄堡约三十里。

黄堡镇位在陇海铁路的咸铜（咸阳到铜川的五里铺）支线

上，北离铜川尚有三十里，南距现在的耀县亦约三十里。黄堡镇系山乡里的一个小镇，咸铜铁路在它的东面，咸宋公路（咸阳至陕北吴堡县的宋家川）在它的西面，两路之间有一条漆水从镇中心穿过，流入耀县境内。全镇南北长距约近十里，东西较狭，在此区域里，就是宋代耀州窑的地区，因此方志上有"十里窑场"之称。（参考商剑青《耀窑摭遗》，《文物参考资料》1955 年第 4 期。）

出黄堡镇，沿着公路偏西南方向走去，发现路西山坡及公路两侧田埂间的碎片很多，较大的破碎匣钵尤多。碎片中尽是青釉器，我于当地农民家中获得两件整器，只是一件的底与口部破成两截，一件破成三块而已。印花及釉色可说是耀瓷的代表作。遍找白釉片竟不得，这还不能作为耀瓷无白瓷之证，因为那次调查仅限于地面上的探集，尚未进行地下的发掘。而在地面上所采集到的，却可以知道耀瓷的生产情况，白釉器可能会较少于青瓷，换言之，也就是说耀州还是以青瓷为它的主要生产品。

## 二

关于耀瓷的烧造与品质问题，从以往的文献里，可以归纳出下列几点：

1. 烧青瓷器，仿汝而色质均不及汝。（《辍耕录》、《景德镇陶录》）

2. 出青瓷器，以其类余姚县的秘色，所以谓之越窑……然

极粗朴不佳，惟食肆以其耐久多用之。(《老学庵笔记》)

3. 耀州陶匠创造一等平底浅碗，状简古，号曰小海瓯。
(《清异录》)

4. 烧瓷白者为上 (《清波杂志》)。后烧白器颇胜 (《景德镇
陶录》)。近人亦说仿定之器，胎虽薄较定尚厚，釉虽细虽白较
定略粗而闪黄，并有飞凤、萱草、牡丹等种种暗花。(《饮流斋
说瓷》及《古今中外陶瓷汇编》)

5. 唐初已烧白釉及黑色铁锈花之件，并且在白器上施以淡
红淡绿的色彩，称为带彩耀器。(《古今中外陶瓷汇编》)

6. 耀州贡瓷器。《宋史·地理志》)

以上各种说法，我的分析是：一、仿汝的青瓷，色质均不
及汝；二、粗朴之器为食肆中所应用；三、耀瓷以白色为上，
仿定而胎较厚，釉较粗而稍黄。大约以此轮廓来说明耀州窑，
是并不至于不恰当的。

根据我那一次初步调查结果，青瓷的品质与临汝所生产的
印花等产品，并无不及之处。倘使要与后来大观年间宫廷中命
汝窑工人所烧造的汝器作一个比较，那就自然有愧色了。所以
所谓色质均不及汝，似应作此看法。至于粗朴的一种，就叠烧
而器心呈现一圈无釉的盘碗来说，胎骨虽较厚些，但是质朴可
爱，这就是所谓列入食肆中应用之物。白瓷以无碎片标本可得，
无从与之比较，大致情形如此。

究竟耀州窑的年代如何？说是宋，已经肯定的了，不过还
需要更具体些。在我于1951年去河南修武县当阳峪调查时，曾
在一座破败不堪的窑神庙里，发现了一块有崇宁四年的碑记，

名称是"怀州修武县当阳村土山德应侯百灵庙记"。原碑记中的文字，有"……造范砑器，乃其始耀郡立祠……""……遂蠲日发徒，远迈耀地，观其位貌，绘其神仪，而立庙像于兹焉……"诸语。复查《耀州志》卷二·地理："黄堡镇……镇故有陶场，居人建紫极宫，祀其土神。宋熙宁中，知州阎作奏以镇土山神封德应侯，以陶冶著灵应故也。祀以晋人柏林配享，林盖传居人陶术者。今其地不陶……陈炉复庙祀德应侯，如黄堡云。"因此确定耀州窑的所在地，有紫极宫以祀德应侯，当阳峪是继续耀州之后立祀土神的。

关于年代的考证，我在《谈当阳峪窑》（见 1954 年第 4 期《文物参考资料》）一文里曾经有这样的说法：

从这一碑记并证之其他材料，当阳峪瓷器的烧造，至晚在熙宁年间，而瓷业之盛，是在元符、崇宁之间。至耀州，已于熙宁年间立祠了。同时我们明了定窑，以政和、宣和间烧造的为最好，而宫中命汝州烧造青瓷的时间，是从哲宗元祐元年到崇宁四年（1086—1105 年）。如此说，从熙宁元年（1068 年）到宣和四年（1122 年）在此五十四年间，当阳峪与耀州两处的民间窑，非常发达，定器汝瓷也正是发展到了最高点。因此也可以说，北方瓷器，要以这个时期为最盛。

至于黄堡镇昔日的紫极宫有没有一点遗迹可寻，当我踯躅在田垄间捡拾碎片的时候，有过这样一个遐想。有时伸起腰来望望四周，并无所得，不免又有点惆怅。后在公路西侧见一区立小学，似有相当建筑，经过访问后才知过去是黄堡镇的东岳庙，乾隆以及明代碑记里的文字都是这样说法。最后在小学厨房前面的空地上，发现一块平卧的石碑，上置碗碟，是学生们用膳的石桌。就近视之，碑头"德应侯碑"四字赫然在目。这就是窑神庙的碑文，立石年月为"大宋元丰七年九月十八"，就此碑石建立的时期来推测，在熙宁以前，黄堡镇已有了窑神庙，这就说明耀州窑的烧造，远在熙宁以前了。（参看笔者《我对于耀瓷的初步认识》，《文物参考资料》1955年第4期）

碑石中有关造瓷的文字，节录如下：

（一）"熙宁中尚书郎阎公作守华原郡，粤（越）明年时和政通，奏土山神封德应侯……"

（二）"黄堡镇……居人以陶器为利，赖之谋生。巧如范金，精比琢玉。始合土为坯，转轮就制，方圆大小皆中规矩。然后纳诸窑，灼以火，烈焰中发，青烟外飞，煅炼累日，赫然乃成。击其声，铿铿如也；视其色，温温如也；人犹是赖之为利……"

（三）"……柏翁者，晋永和中有寿人耳，名林，而其字不传也。游览至此，酷爱风土变态之异，乃与时人传火窑甄陶之术，由是匠士得法，愈精于前矣。民到于今，为立祠堂在侯之庙中，永报休功，不亦宜乎！"

碑石中以有晋永和中寿人柏林来镇传授之说，因而有人把耀州窑推到晋代，这一点似有疑问。我于1955年4月间调查河南汤阴县西乡鹤壁集古代窑址时，见有清乾隆三十七年重立的柏灵桥碑石，碑文中又提到柏灵翁，说是"……我汤邑尊也"。可见所谓柏灵翁者，是一种传说上的偶像，并非实有其人。

# 三

1954 年调查后不久，邠县出土了许多青瓷，消息传来，十分兴奋。出土情形根据后来陕西省文管会同博物馆派人了解到的情况是如此的：

1954 年 8 月 19 日，邠县城西洪龙河山洪暴发，把架在这条河上的千金桥冲断，河的两岸田塍、树木湮没甚多。水退后，在桥北五百米的断崖下，露出一片碗口大的黑色陶缸盖。初被村内拾柴孩子张留留看见，随手挖了一下，陶缸破裂，从那里滚出很多不同式样的瓷质碗盏，有的已滚入河内被水冲走了。在那时，又来了村民强夏季，两人赶忙捡拾打捞，共计获得碗盏五十四件。嗣后他们俩都把这些瓷器交了出来。十九件存邠县文化馆，余存陕西省博物馆。

调查时，访问过张留留和强夏季二人。据强夏季谈，这批瓷器连打碎及被水冲走的合计在内，约有百余件之多，在陶缸旁边还有一只陶盆，也被碰破掉入河内流走了。在现场进行勘察时，崖上原坑的迹象宛然尚在。洪龙河边断崖，左方下部的黑穴，就是瓷器出土的原坑。从原坑周围的生土上层和附近的积石淤土看来，知道它不是墓葬内的东西，从瓷器的复杂而又多种的形式看来，颇不像日常使用的饮食器皿。关于这件事，当地农民有两种说法：一是掉腿佛庙（显应院的俗称，庙在千金桥旁五十步许，1940 年被蒋军拆毁）的僧人在"回回乱"时埋藏下去的；一是附近陶谷墓内的东西，被水冲流于此。但一般来说，明器总是散摆在墓内，不用陶缸装的。因之后一说显然不能成立。据《邻县县志》载，显应院建筑壮丽，僧侣众多，庙产既富，享用亦奢，是邻、长一带有名的一座大寺院。"回回乱"即指清同治元年（1862年）的回民起义，在那个社会秩序极度混乱的年月里，这般靠庙产剥削佃农的僧侣阶级的恐惧心理，是完全可以想象的，他们为了保存这批珍贵的器皿，把它装在缸内埋藏地下，是合乎情理的。可是也有人怀疑，这个断崖高约十米，当时怎会把坑掘的那样深呢？这是河床变了形的缘故。据当地老人谈：洪龙河当年河床很高，可以引水灌田，其后河水浸蚀，河床逐渐低下。1954年，这里还有丈余宽、丈余高的二层台子，可以耕种。那么显应寺僧人未尝不可以在这个台子上，靠崖掘一直坑，再在直坑内掘一拐洞，使其伸入崖里，然后将陶缸埋藏拐洞以内。不过这些说法，仍是一种推测。因为清代的僧人为什么收藏了宋代的一批瓷器，这个道理还需要解释。

后经陕西省博物馆把出土的各器照了像，又把在陕西各县出土的青瓷器也择要照了些，这就是本图录分别编列的第一部分和第二部分。现在把这两部分中重要的物品略加分析，以备研究耀瓷者的参考。

## 四

先就邻县出土的部分说，——特别要介绍的是第2图的青釉附托的雕瓷杯。此种形式在五代的越器中是常见的，后来在北方的白釉系统中，亦颇习见，那是素白的一种。越器的划刻花纹极细，亦有划刻人物的，而凸雕的座侧莲瓣尤见刚劲有力。这件瓷器最别致的是杯的式样作柳斗式，一似定窑的柳条纹鱼篓尊，它的形状，很像以前量米用的藤斛。就杯与托的全形看来，非常简朴，这正足以代表北方宋瓷的风格。其次是第 4 图的青釉雕花三足炉。炉的式样很特别，矮足，鼓腹，安置着一个圆顶的小盖，极浑朴之致。凸雕的缠枝花似葵，简单的构图，有着厚重的风格，类此作品，偶亦见于外人所编的图录中，认为是河南东窑的产品。其实东窑器皿究作何状，是一个谜，谈瓷者好以耳食之言来相互标榜，抑何可笑！

除了以上两件特别的瓷器以外，折花瓣的，六折的，葵瓣式的各种碗形，都觉得大方可爱。其中以六折形的洗（见第 9 图）矮而平的底足，为其他地方窑所不经见，而翻口形的素洗（见第 10 图、第 11 图），又是另一个格调，此种形制，我曾在早期龙泉瓷中见到，恐怕这就是耀州窑陶匠所创造的平底浅碗的小海瓯吧！

大碗中，于碗的外面雕刻莲瓣的（见第 12 图），外人所编的图谱中往往标为汝窑的作品，也可以说是失之毫厘，谬以千里了。此种雕法，粗粗看来似觉生硬，但是细细研究还是非常圆活，瓣瓣莲花，托着一个敞口碗，造型极美。但是为什么此种制作，到了后代反而少见了呢？

此外可以一谈的是碗的内面的印花，一般都是缠枝菊，枝叶相间，极流利活泼之致（见第 16 图），此又为其他地方窑所不及。就是说后来明代的丽水窑吧，花枝隐约模糊，更是相形见绌了。

邺县出土的除了青釉的器物外,有黑釉碗(见第25图),而白釉的如素渣斗(见第26图)、素碗(见第27图)、素多折洗三件(见第28图,此处选印一件),尤属重要。原来此种白釉器物,往年常见于古董市场,不为谈瓷者所重视,一般就目为普通的宋瓷。本来白釉器物之在北方,经过我所调查的,如在河北、河南各地古代窑址中,虽是常有发现,可是尚未发现的怕还不少,其中稍有胎糠釉粗的,就称为土定,其实此中还是大有区别,即如此次邺县出土的白釉器三件,胎较薄,色较白,釉亦细,这是北方仿定的上等制品,未可以普通白釉器物目之。

至于本书第二部分在陕西各县出土瓷器的造型,较邺县出土的为丰富,举例言之如次:

1. 折瓣雕花尊(见第1图),大约为唾壶之一种,但是又像酒器。在书籍文献上所见的有一种器身稍曲,腹部下身略凸,而有较高的足,那无疑的是酒器了。器身上凸雕直线纹,这是宋瓷所常用的装饰,以后一直沿用,到了清初康熙时期,就演变成为当时所制的天蓝百折罐。

2. 雕花壶(见第3图),肩部雕莲花瓣,器身凸雕着很流利的缠枝花草,非常洗练而又自然。壶的式样较矮,显出凝重的姿态,但可惜是一件残器,口部已损,壶盖已失,不能见其全形了。

3. 雕堆花瓶(见第4图),肩部堆花,器身全雕莲花叶,叶的式样两端尖长似菰叶,为耀瓷中特具风格的作品。此种制作,又像龙泉窑的龙虎瓶,本来肩部堆花的方法,在陪葬的明器上常见到,可以远溯到魏晋时期的青釉器。

4. 荷叶边碗（见第 7 图），此种式样完全与龙泉窑所烧的相似，因此以往对于此种青瓷的出产地点，非常模糊，现在就可以清楚了。

5. 印花盘（见第 13 图至第 16 图），盘的内面印花式样，分成六格，这与定瓷印花器的布局，有显著的不同。它不似定器的繁缛，而有定器的整齐，这与邻县出土缠枝菊的印花瓷器，又有不同之处。因为缠枝菊的花纹活泼生动，似有迎风招展的姿态；此则又嫌过于谨严了。第 18 图的印花碗，在汹涌的波浪中有三条游鱼，波浪的刻法，后浪推着前浪，非常生动，比起五代越器上的钱塘江波涛印花，别具一种风格。

6. 雕花碗，浅浅的形式，口部折边，犹可见到唐代邢窑的普通作风，而造型的简朴，更与晋代青釉器相似。

总之，就两部分出土的耀瓷看来，可以窥见耀瓷的真面貌。至于耀瓷的仿定、仿汝以及可能受到越器的影响并与龙泉窑有过技术上的交流，都可以从这一批出土文物中，得到深刻的印象，因此它在青瓷的历史上有着极重要的关系。至于以往东西外邦的文献上，耀瓷影片往往与临汝所生产的瓷器相混淆。而在 1923 年德国莱比锡所出版的《中国早期陶瓷》一书中第 23 图 a，有一短颈小口的画花梅瓶，白花划着黑的线条，第 23 图 b，是一个罐，地上有凸雕的黄色花纹，都是剔划的做法，出处说是从耀州来的，所以标注为疑问的耀州窑，这是唯一的一本文献登载着疑似耀瓷的图片，不过这不是青釉与白釉器，而是剔划方法的器物，那就是现在所知道的当阳峪窑的标准作品。因而耀州窑造瓷技术中的此种制作，是否还有影响到当阳峪窑的可能，那就要等待将来地下材料的证明了。

注：本文所注图号，均参见原书。

（原载《耀瓷图录》，中国古典艺术出版社，1957 年）

# 《陶俑》前言

## 一

我国现存的许多古代陶俑，都是从古墓中发掘出来的，古时叫做"明器"。"明器"这个名词最早见于《周礼》，是陪葬入圹用的器物的总名称。陶制的明器是明器中的一种，陶俑又是陶制明器中的一种。

它的来源是怎样的呢？我们知道，殷代的奴隶主死后，要用许多活人来殉葬，为的是希望死后还有人可以供给死者奴役和驱使。到了周代，从刘歆的《西京杂记》来看，还可以发现，汉代广川王所发掘的周幽王冢，里面有尸百余，纵横满地，只有一个男子，其余都是女子。而墨子的《节葬篇》里，还说到"天子杀殉，众者数百，寡者数十；将军大夫杀殉，众者数十，寡者数人"等等，可见当时用活人殉葬的风俗，是何等的惨酷！到了后来，生产一天一天地发展，奴隶主认识到被奴役者的劳动力可以利用到生产上去，于是用活人殉葬的风俗，就变成了削木以象人，用木偶来代替。"偶"的字义，据《说文解字》上说："偶，桐人也。"段玉裁注："偶者，寓于木之人也。"

现在我们把这种木偶叫作"俑"。"俑"，其实就是"偶"的假借字。

我们现在看到的木俑，发现于长沙的战国时代楚墓中，眉目衣裳灿烂清新，恐怕就是"象人"明器的开始。明器除了"削木象人"以外，还有用陶土塑造的。这种器具，从可供死者享受使用的各种生活用具，房舍车马，到小的器皿，应有尽有。这种风俗，在以人殉葬的时候就有，到了盛行用陶土塑俑的时候，其他的明器就更加多样化了。《汉书·百官表》里说，汉代有"东园匠令丞主作陵内器物"，说明统治者死后，还有专官来主持造作墓里所需要的物品。后来厚葬的风气流行，陶土烧制的明器种类更多了，在《后汉书·礼仪志》里有详细的记载。近几十年来各地汉墓中所发现的器物，也证实了历史记载的真实。把这些明器作为研究汉代社会情况的材料，实在是很丰富的。

魏晋南北朝期间的明器，由于近二十年来绍兴发现了许多西晋的墓葬，所以出土的物品很多，但人俑却很少见，不像北朝魏墓中发现了许多的人俑，包括奴隶、卫士、乐伎等等。因为在那时候，北方盛行建造佛寺洞窟，石雕与泥塑的艺术，突飞猛进，明器中的陶塑人像与兽类的塑造，受了这种影响，有了飞跃的进步。过去汉代注重塑造生活用具的风气，就转变为注重按照生活的真实，来塑造人和动物。由于有了这种变化，经过了隋代一个短短的时期，到了唐代，在塑造各种人物和动物方面，例如狩猎、饲鸟、调鹦鹉、骑马、奏乐、舞蹈、飞驰的马、起运的骆驼等等，题材更加丰富，生动的形象大大增加，因此唐代的明器，有了更进一步的成就。

取得这种成就的主要原因，是与唐代厚葬的风气分不开的。同时唐代的政权机构，在"门下省"设置"甄官署"，是专门负责制造宗室陵墓所需要的明器的。而在《唐会要》、《唐六典》几种书里，都可以考出当时的丧葬风俗以及明器的数目，如作官到三品以上的九十件，五品以上七十件，九品以上四十件等等。可是明文虽有定额，未必能够做到；而葬仪的铺张，竟至把所有的明器在入圹以前，抬着通行街衢，炫耀一时，奢侈靡费，真是达到了惊人的程度。

据古书的记载里说，唐咸通十一年同昌公主举行葬仪的时候，懿宗与淑妃曾经同到延兴门观看。明器之多，可以想见。当然其中尽多珍贵宝物，不会只是几十件陶土所塑造的明器了。

除了当时明文规定的数目之外，在尺寸上，也有限制。例如四神的高度，原来规定不得高过数公分，人物的尺寸就更小一些。但是数十年来，在洛阳唐墓中出土的明器，如文吏、武士、驼马以及镇墓神之类（镇墓神头上有角，身上有翼，都是人面或兽面的怪物。也有塑造力士的足下踏着人畜的），高至一公尺以上的很多。即如过去北京大学收藏的唐代封泰墓出土的文武俑，高度便达到一公尺余。而在唐代戴令言墓中出土的武俑，高过一公尺半，骆驼也高过一公尺。戴令言的墓中有开元二年的明确记载，可见明文所限制的是一回事，实际应用时又是一回事。过去对于洛阳北邙山附近出土的陶俑，多得不可计数，认为不易理解，其实这是可以从当时盛行厚葬和奢侈成风来找到解释的。但是唐代以后，各地墓葬中发现的明器，有了显著的不同。例如南方江西、浙江等地宋元墓中瓷制的龙虎瓶、日月瓶之类，极为常见。明代墓中三件或五件的青花炉瓶之类的器具也很多，陶俑却很少。过去在北京近郊与山西南部的明墓中，偶尔发现百余件一组的陶俑，有轿子、轿夫、骑马与仪仗俑等整套行列，都是陶胎上釉的物品（上海博物馆藏有一组）。至于元墓中的人俑，更属少见。大抵到了宋代，明器已多用纸代替（见《云麓漫钞》："古之明器……今以纸为之，谓之冥器"）。《明史·礼志》里更有明器如乐工、执仪仗、佐士、女使、门神、武士均以木造的规定（《敕葬常遇春给明器九十事》的谕旨中，有如上规定）。一般丧葬，说不定就用纸扎的冥器焚烧了事，这就是唐代以后陶制明器所以少有发现的主要原因。

二

关于明器的种类，自汉迄唐，渐次繁复起来，我们已经知道了。现在特别提出人俑以及几种兽类的俑，作一些简单的介绍。

汉代的人俑，有长衣覆地不露足部的，有的显露两足。服装很宽大，袖手端立，这种样子的俑较为常见。也有的摊开双手，或双手作握物的姿势。女的往往梳分头，挽后髻，大抵都是奴仆。男的如扫地夫、牧羊人等，也都是奴仆。汉代的大官僚地主，豢养的奴仆，多至千百人，按照他们的想法，死后也要许多奴仆来服侍自己。汉代这种人俑，多是灰黑的泥胎，有的全身涂上白粉，眉目用墨画成，上釉的极少，舞俑有两种，小的高仅数寸，扬袖举足，与武梁祠画像石中的舞蹈者的形象相似。大的高达尺余，西安出土的这种俑有极好的，但很少见。另有施以黄釉，同时加画朱彩的女俑，朱红色的彩绘，衬上黄釉的长裙，黑发挽长髻，色调非常灿烂。本书中这样的女俑是最近西安红庆村出土的（见第四图，是两件中选刊的一件）。四川汉墓中出土的人俑，有抚琴、歌唱、奏乐等题材，造型比较河南陕西出土的俑稍大，塑造方法也有所不同。

陶制的马俑，一般是红泥胎，头部是一段，躯干是一段，缺少足部，与汉代木制的马俑一样。尺寸通常较大，头部有画彩（见第十七图）。全身的马俑，也与画像砖上的马相同。犬的式样，通常所见满身绿釉是较大的，往往昂首竖耳，两目炯炯，神态极好。有所谓"银釉"的（河南灵宝出土），遍体是闪烁的银白色，尤其好看。河南南阳出土的是蹲坐的姿势，头部仰起，双目向前注视。而河南辉县百泉区东汉墓葬中所出土的，有行走的，有停步而吠的，更是生动异常（见第十四图、第十五图）。可见汉代所塑造的兽俑，能与舞俑媲美，充分显示了汉代劳动人民高度的艺术创作才能。

北朝时期北魏的一般人俑，身体扁平细长，都是模制的明器，最近全国基本建设工程中出土文物展览会上，陈列了西安草厂坡村北魏墓中出土的骑马乐俑一群，并有其他陶俑，材料极为丰富。马的塑造，属于短小精悍一类，战士与马匹全部披甲，正与敦煌北魏壁画所画五百强盗故事中的甲马相同（见第二十四图）。南朝墓葬中出土的陶俑颇少，近年南京市丁甲山、赵士冈等处偶有发现。而幕府山出土的女俑（见第二十五图），细腰圆脸，面目神情极为娟秀，与同一时代的北方女俑有所不同。

北周与北魏的塑造方法，大致相似。西安北周杜欢墓中出土的材料，是有代表性的作品。

隋代的俑，除了文士奴仆以外，有长身细腰、拂袖缓步的上釉女舞俑，往往列队成行，达二三十人之多，釉色是一般淡黄，衣裙作深赭色，也有间以绿釉的。

唐代人俑与驼马俑的塑造，可以说是精美卓绝，在艺术上达到极高的成就。唐代由于盛行厚葬，墓葬中需要明器的数量非常之多，因而各种新颖的形象，层出不穷。就女俑来说，不仅有侍女，也有贵妇。服装方面，有穿短衣、着披肩的；有束腰、短袖、袒胸、穿长衣的。又有窄袖、宽领、长衣拂地、腰带下垂的。狩猎、骑行、奏乐、舞蹈的服装，或者宽博，便于表现；或者紧束，利于行动。此外所表现的匆匆出外与闲适家居的，都各有不同的衣饰。至于头髻的变化，本来在唐代的文献里，可以查到各种异样的梳法，如所谓"半翻髻"、"百合髻"等。而在女俑的头髻上面，极容易看到的，或许是一种"抛家髻"。《唐书·五行志》里说到"京都妇人梳发，以两鬓抱面，状若椎髻，时谓之抛家髻云"。这种式样，还可以在敦煌唐代壁画的太原都督夫人王氏供养像上找到参考。这种两鬓抱面的梳法，在陶俑中，有时人们称为"胖姑娘"。另有陶俑中较为寻常的，俗称"丫叉头"，双髻左右并起，向上高耸，这种样式，可能就是唐玄宗时宫中所盛行的"双环望仙髻"，至于高髻垂鬟，唐代诗人在作品中是常常提到的，而在女俑的头上，也时常可以看见。此外，骑马的女俑，在唐代极为普遍。关于妇女骑马，在《隋书·炀帝纪》里，已经有"……上好以月夜，从宫女数千骑，游西苑，作《清夜游》曲于马上奏之"的记载。到了唐代，历史记载中有杨贵妃姊妹骑马的故事，杜甫在他的诗里所描写的虢国夫人骑马入宫，在那时候是人所共知的。因此开元天宝时期，女子骑马之风，极为流行。这一时期女骑俑的塑造，优美的作品也就特别多。除了普通的乘骑外，还有腰带弓箭，从事狩猎，以及竞赛、击球等种种马上的娱乐。唐代诗人就有描写女子策马飞驰，以致遗落了宝钗的写实诗句。此外，女子骑骆驼的俑虽不常见，但却是明器中特具风格的一种。

同时由于唐代中叶生产发展，国力强盛，艺术成就超过前代，因此音乐舞蹈也有了很大的提高。乐工歌女，往往一队的人数，多至数百，史籍上的记载历历可考。陶俑中多有此种奏乐俑与舞俑。从这些陶俑，可以看出一些唐代音乐应用的乐器，以及舞蹈的服式与姿态，是极重要的历史材料。

唐代的马俑，普通可以见到的极多。有的高举前蹄，有的昂首嘶鸣，有的平稳端立，大型而施以多种彩色釉（通称三彩与三彩加蓝彩）的比较少。马身上的鞍、鞯、辔、镫，色调都配合得非常调和美观，有的还贴上金彩。马的形象，是那样雄伟，所谓"骨相异凡马"，真是当时西域所产名驹的写真。骆驼俑有稳步向前的，有正要起身、开始踏上遥远的征途的。上釉的驼身上，垫着花色毡毯，载着厚重的行囊。不上釉的，长长的颈项，垂着柔和而纷披的毛，显出了在荒寒的北国旅途上饱受风沙侵袭的情景。

五代的陶俑，一向没有见于记载。自从发掘了南唐二陵以后，才看到了那一个时代的塑造艺术。男俑中有侍从的内臣、文吏、献技的优伶和披甲持盾的武士。女俑中有侍女、宫嫔和舞姬。此外也有驼马以及人首鱼身或者人首蛇身的怪物，男女俑的服装，已与唐代迥异。而塑造的神情，也远不如唐代的活泼生动。驼马俑的塑造，尤其粗糙。但是在人俑方面，可以考见南唐时期的服式，与塑造上的手法，显然与唐代的作风，有一脉相承的关系。所以这种陶俑，在史料上也有重要价值。

宋代的俑很少。最近在四川广汉宋墓中发现了一批上釉的陶俑，或许是成都琉璃窑的作品。种类相当多，有男仆，有持盒的侍女，有马夫，有书生样子的文人，有抬滑竿（就是用两根竹竿装成的坐轿）的劳动者，有衣冠楚楚侧卧着的人物。此外还有鬼灶、四神等等，制作虽不十分精美，但是表现了当时各个社会阶层的生活面貌，所以也是珍贵的材料（本书所选的宋俑，见第七十六图、第七十七图）。

元代的俑，近来在基本建设工程中，发现了以往所未曾发现过的材料。它的特点是黑泥胎，不上釉。在济南祝店工地所出土的俑，面貌服式，很像色目人。而在西安湖广义园工地所出土的一批元俑，也是很少见的（见第八十一图）。

明代陶俑的整套仪仗行列，就是上文所提到的山西墓所出土的，釉色都是黄绿紫的三色釉，因此可能是晋南潞安（今长治）、泽州（今晋城）、蒲州（今永济）一带当时琉璃窑的出品，行列里的骑马俑，有吹号角击鼓的。其他皂隶一类的俑，头戴高帽，腰间系带，着短靴，与清代城隍庙中塑制的皂隶一样。这种成行的俑，出土并不多。至于整所房屋的明器，也是黄、绿、紫三色釉，完全是琉璃器，发现于晋南一带。西安明墓中近年发现的人俑，有着丧服的（见第八十四图）。

三

　　各个时代的陶俑，反映了各个时代的社会生活，因而有各个时代的风格，这是很明显的。这里试行选择一些足以代表各个时代风格的作品，对于它的艺术成就略加说明。

　　汉代的典型作品，可以举出大型的舞俑作为代表，这种作品，大抵出土于陕西，如第二图汉彩绘女舞俑，高约一尺五六寸，头发分开，挽髻，着长衣，折袖，另加白色的长舞袖。右手高举齐眉，把长袖翻折，悬空飘拂在后肩部的上左方，距离后肩约有数分。由于右手高举，左肩就稍稍下倾，以适应左手拂袖的姿势，拂袖是那样轻松，整整齐齐，向下方舒展。腰肢也由于右手的高举与左手的下垂，因此自然地弯曲一些，左足随着稍屈向后，右足向前半步。这样，在造型上所表现的弯曲的线条，就非常委婉而柔和，没有生硬之感。各个部分，也调和匀称，给人以举手投足，都符合节奏，进、退、起、伏，都很动人的感觉。同时舞俑的面部表情，和蔼恬静，自然温婉，和轻歌曼舞的体态也很调和，所以从这种舞俑的造型，可以看出一些汉代舞蹈艺术以及塑造艺术的成就。

　　又如第九图两个对舞的男俑，穿着长衣，有重叠的折袖，侧身弯腰，屈膝张臂。这种姿态，可以看出对舞的两个人是或前或后，屡进屡退，步调比较快而轻，就是所谓"纵蹑"的动作。

　　第十图是对舞的女俑，折袖的式样相同，就是姿势是直立

的，舞衫覆地，衣服上画着点状的花纹，神情美妙，也有缓步轻歌之意。

第十二图的男俑，一手执箕，一手持铲，面部微笑着。这是过去在四川彭山汉墓中发现的。最近基本建设工程中出土文物展览会上陈列着在四川修筑宝成路时所出土的一件，它的造型手法，与彭山发现的这一件大体相似。这个俑表现了汉代劳动人民的朴实性格，在汉俑中是不多见的。

南北朝的陶俑，以北魏为代表，可以分为两类：一是披甲的武士，显出赳赳武夫的气概，但因为是模制，所以造型没有多大变化；一是按照当时一般劳动者的生活来塑造的形象，这是反映那一个时代的真实材料。尤其是劳动妇女方面，有执箕、汲水、簸米、哺乳种种活动，姿态、表情，都有深刻的真实感。

隋代统一全国以后，有一个短期的安定，反映到陶俑上，也就不是像北魏时代的甲士与列队的战马，代之而起的是整队的乐部俑。例如第二十七图，就是从隋墓中出土陶俑群的一个典型。图中的十一个女俑，是否整组，不得而知。其中有弹琵琶的，有弹箜篌的，有击钹吹箫的。又有两个舞俑，长衣窄袖，相向作"合盘"（左右对称）舞蹈姿势，与汉代穿着宽阔的长衣，翻折着袖，一纵一蹴的动作绝不相同。隋代的音乐与舞蹈，从这一幅照片里，可以体会到它是用悠扬宛转的乐声，与轻盈缓步的舞姿配合的。因此我们可以体会到，隋代的一部分乐舞，笼罩着一种幽静和平的气氛。

唐代明器可以特别提出来的很多，现在举出几个例子。第三十三、三十四、三十五、三十六各图的女俑，都是作伏下的姿势，头部中央分发，梳的是双高髻，画长眉，分成八字（唐代的八字眉），看来俊逸绝伦。白居易诗所谓"双眉画作八字低"以及"青黛点眉眉细长"，应指的是这种式样。因为唐代画眉大致有两种：一是深而宽广的，显得浓艳；一是淡而细长的，显得秀雅。面部的神态，也塑造得非常柔和，看来委婉动人。脸上像是薄施白粉，更显得眉目清秀。袒胸、穿长裙、宽袖，目的是便于表现各种舞蹈动作，加强姿态的美。特别是舞袖的动作，或是舒展开来，或是翻折过去，以至一扬一举、一挥一拂，配合着一起一伏、一收一放的动作，都能够不急不缓，合节应拍。有时舞袖的变化，可以增加婉转回旋的韵致，所谓惊鸿游龙一样美好的舞姿，确实是需要用这种动作来表现的。在这几页照片上，可以看出创作的中心在于着重表现这种舞袖的动作，因此塑造得非常生动和谐。

第三十七图的一组乐舞俑，有六个奏乐的男俑，两个对舞的女俑，虽有模制，可是奏乐的人，有凝神按板的，有注视舞者而击钹的，所以各有各的神情。这种乐工，都是西域人。本来西域音乐，自北齐、北周以至隋、唐，传播内地，至为广泛，龟兹乐尤其盛行一时。因此，这种乐俑的塑造，有不少采取了西域人的形象。至于两个舞俑，正是右手高举折袖，左手握着衣裾，一左一右地缓步起舞。通过这一群陶俑，可以体会到唐代社会爱好音乐、爱好舞蹈的风气。

第三十九图的持镜俑，右手持镜，左手下垂，衣服宽大，是很美的一种姿态，形象真实而简练，描写得是很自然而深刻的，使人感到平易、亲切。

第四十一图的女立俑，梳了一个高髻，圆面庞，丰满腴润，这是唐代女俑标准健美的造型。淡淡的眉，细长而俊秀的眼向前注视着，仿佛有点微笑，流露出庄重而愉快的神情。穿着一件薄薄的窄袖长衣，下摆垂地，轻飘的衣褶，构成几条非常柔和的直线，充分显示出丝质衣服的质感。她的左手握着衣带，右手平举到胸部，掩在披肩里面，神态自然，刻画了一种沉静温婉的性格。

第四十二图抱鸭壶的少女，梳边髻，分头，圆脸，颊上有两个酒涡。眉眼修长，有一种端丽而活泼的神情。抱着一个鸭式的长颈壶，窄袖长衣，着披肩，袒胸，屈着右足，放置在左膝上，衣褶的线条极流利，表现出一个纯真而健康的少女。釉色是三色釉，更增加了形态的美。

第四十五图的俑，是一个身体疲倦、打了瞌睡的女子，她侧着头，闭着眼，叉着双手，那种倦极思睡的神情，显得非常自然。

第四十九图的跪拜俑，大概是一个下属文吏，表示出那样恭顺虔诚的样子。

第五十图骑马的女俑，戴毡帽，可能就是所谓"帷帽"。这种帽式，据说是唐代永徽（高宗）以后盛行一时的装束。女俑着宽袖的长衣，上身向前微倾，正在骑着骏马向前奔驰。同时鞍韂斜向后方，表现了策马迎风的一种动态。马首略微偏向左方，正与乘马人手平举的勒缰动作相响应，因而虽然没有塑出缰绳，但也显出了对于马的控制力量。这种陶俑，活生生地表达出当时妇女靓妆露面，在长安道上纵辔驰骋的情景。

另一件是第五十一图的骑骆驼女俑，神态安详。骆驼昂头张口，缓步前进，与骑马的女俑比较，这又刻画出另外一种情态。

至于双骑飞驰的陶俑，并不常见。本书选刊的一幅（见第五十二图），马的塑造，不仅形象准确，而且把马的矫健敏捷的动作，生动地表现出来。骑马的女子，上身向前俯伏，右手紧紧的控着缰绳，左手高举，双目凝神注视，带着紧张的神态。随后骑马的男俑，穿着胡服，侧着身，动作与马的向后回顾一致，也就是勒缰向左远望的一种神情。或许在骑行的左方，有什么惊人的事情发生，因此骑行的人显出惊奇注视的神情。而前行的骑马女子，也正由于这种情况发展，因而急促地策马飞驰。这两件骑马俑，可以说是唐代陶塑艺术中的精品。

总之，唐代的俑像，主要通过统治者的需要，从各方面反映了当时的社会生活，因之题材非常广泛。更因为在艺术表现上主要从观察生活而来，又继承了民族艺术的塑造传统，因此，才有了巨大的进步。

唐代以后，元代的明器，艺术价值较高的，如第七十八图的骑马俑，马的造型，虽然不如唐代的生动，但是骑马人的扬鞭纵驰的神情，是非常矫健的。第八十一图的两个男立俑，是基本建设工程中在西安湖广义园工地出土的，神情动作栩栩如生。第八十图的两件元俑，长袍窄袖，双辫垂肩，也描写了元代蒙古族女子的形象特点。明代的俑，第八十三图的男坐俑，表现一种有地位、有权势的人物的性格，也很深刻。因此，对于元明两代陶俑的艺术价值，是需要有一定的估计的。今后，在陆续发现新的材料中，必然能够更进一步来认识这个问题。

# 四

至于陶俑在中国雕塑史上的地位，以及它与陶瓷工艺的关系，这里也提出一点看法。自从佛教输入中国以后，各处兴建寺院，石雕泥塑与壁画盛行，中国的陶塑也就随着这个趋势而发展起来。可是以往除了陶制的明器以外，其他比较大型的实物是发现得很少的。最近由于麦积山石窟的勘查，发现了在尘封已久的石窟里，还保存着许多自北魏晚期以至宋代的泥塑，泥塑和陶塑有相通的关系，因此，这是一个重要的发现。而以往几十年来从古墓中陆续发现的许多精美的陶俑，也正是这一个时期的产物。所以这种陶俑的成就，是与当时整个雕塑艺术的发展分不开的。而在描写生活的真实性上，陶俑更超过地面上庙宇中的佛教塑像。其次，从古代的文献里，我们知道，塑造与绘画，到了唐代，有很密切的关系，这就是当时所谓画塑兼工。例如大家所熟知的吴道子与杨惠之，都是画壁画的能手，同时也以塑像著名。正因为画塑兼工的缘故，所以唐代的陶俑，塑得是那样传神。陶俑的塑工，很可能同时也是画工。因之，也可以说，这种陶俑的成就，是在当时画塑兼工的情况下产生的。当时绘画的趋势，很重视描写人像、风俗画以至日常生活的片断，关于这一点，从敦煌壁画里就可以找到许多材料。因此，当时的各种艺术描写，都是要求真实。即如韩干的画马，在他回答唐玄宗的问话时，就曾经说："陛下内厩之马，皆臣师也。"可见当时绘画方面写实的风气是很普遍的。这也是为什么唐代陶俑中的人像与驼马，创作了许多新颖的作品的原因。而这种陶俑的成就，也就与当时绘画的写实风格是一致的。

从以上简单的分析，可以看出，自北朝以至唐代的陶俑，在中国雕塑艺术史上有重要的价值。而且地面上古代塑造作品的实物，已经很少；而陶俑却在地下埋藏了千余年之久，不但很完整，而且数量极多。它的题材范围，也能够表现广泛的生活。这些材料，补充了古代雕塑作品地上材料的不足，对于研究我国雕塑艺术的发展，是一种非常重要实证。

关于这种陶俑与陶瓷工艺的关系，首先值得注意的是它的彩绘。本来在陶器上加以彩绘的方法，自从上古时期的彩陶以后，早在战国时代就开始了。可是对于人俑，一方面上了釉，另一方面还要加上彩绘，即如第四图黄釉的长裙，朱彩的上衣，墨画的垂髻，这种方法，不但增加色彩的感觉，同时也克服了当时上釉方法的限制。因为汉代陶器的釉色，还停留在低火候的阶段，釉色以黄绿两种色调为主，绝不可能有浓艳的朱色釉来与长裙上的黄釉相衬托，也不能用光亮如墨的黑釉来表现乌油油的头发。所以在上釉以外，还加上彩绘，这正是汉代陶俑制作方法上的一个进步，同时也说明了制陶技术的进步。这种方法，在唐代的人俑以及其他类型的明器上，还是被应用着的。唐代的俑，除了彩绘以外，还有少数贴金的，它使俑像显得更加辉煌。因此也可以说，这种彩绘的方法，是后来釉上加彩的起源；所不同的，一是彩色描绘，较易于脱落，一是加彩以后经火烧过，可以保持牢固。

其次值得注意的是唐代明器上的色釉。唐代的三彩，是在汉代的黄绿两种色调以外，加上一种赤褐色（近于紫色）；还有加上蓝色的。因此陶器上的色彩灿烂，比起汉代，实在是提高了。这种色釉上的进步，对于唐代以后陶瓷器上应用多种多样的色釉，有很大的启发作用。

此外，我国古代的瓷器，现存的除了日常应用的器具以外，反映现实生活的作品，显得很少。汉唐以来，陶俑的塑造的方法，没有能够充分利用到瓷器的制作方面去，也是很可惜的。为此，今后的瓷器，要想塑制表现生活的题材，需要接受传统，吸取经验和寻找参考借鉴，那末古代陶俑留给我们的这一份极可贵的遗产，是值得认真加以研究学习的。

## 五

本书的材料，是就过去已经出土的一部分陶俑加以整理编成的，供今后研究陶俑作为资料之用。将来必然有许多新的材料陆续出土，更能丰富我们的认识，书中谈到的一些问题，也不是肯定的论断，只是提供一些研究资料。

书中的图片，绝大部分照片的原物早已散失了。一小部分是包括全国各地四年多以来在基本建设工程中出土的材料，其中有些是1954年在北京举行的基本建设工程中出土文物展览会上的陈列品，有的是西安西北历史博物馆的收藏品。至于本书的编排，从战国起至明代，大体可以看出在这样一个悠久的时期，所产生的具有时代特征的，不同典型的陶塑艺术，是如何丰富，以及它的变化发展与民族传统的特点。其中的题材，虽然着重在人俑，其次是驼马与少数的兽类，其他类型的明器，都没有编入；但是明器中主要的类型，却是人俑，以及唐代的驼马，所以种类虽不完全，但从陶塑艺术的优秀成就来看，这几十幅图片，尚能概括地介绍它的主要面貌。

注：本文所注图号，均参见原书。

（原载《陶俑》，中国古典艺术出版社，1957 年）

# 三件有永乐年款的青花瓷器

明永乐青花瓷器之有年款的，据《博物要览》上说："永乐年造压手杯，坦口，折腰，沙足，滑底，中心画有双狮滚球，球内篆书'大明永乐年制'六字或四字，细如粒米，此为上品。鸳鸯心者次之，花心者又其次也。杯外青花深翠，式样精妙，传世可久，价亦甚高。"但是此种压手杯，向不见于任何瓷器图录，亦不见于任何人的著作中，因此就有人怀疑说，此种作品，是否尚留人间，是一问题！

由于此种有年款的传世品之不能见到，所以除了一部分有宣德年款的青花器物，确定其为宣德时代所烧造外，其无年款的青花瓷器，就很难有一致的看法。永乐呢，还是洪武呢？也就是说十五世纪前三十年代呢，还是十四世纪后三十年代呢？

在我院藏品中，先后竟发现了三件有永乐年款的青花压手杯，"永乐年制"四字款在双狮滚球内的一件，花心内的同样有两件。造型是坦口，折腰，《陶说》里说为撇口，又说手把之，其口正压手故名，那是不错的。沙足，滑底，就是圈足垫沙烧制，底里有釉，因而称为滑底。口径9.1厘米，底径3.9厘米，高5.4厘米，足高0.8厘米，足宽0.4厘米。口部外侧有一圈梅花点纹，杯身缠枝莲，足部外侧草纹，杯的口部内侧有两道圈线。青花的颜色，球心的略深，花心的稍淡。因为胎骨较厚，所以拿在手中，有一种凝重的感觉，可是一点也不嫌笨拙，依然是玲珑可爱的。

这三件有永乐年款压手杯的发现，使得对于永乐青花瓷器的鉴定方面，有了一个确实可靠的依据。从来有好些青花瓷器向来被人们妄断为宣德，或是左右于宣德、永乐之间的，至此也可以比较确定了它的时代；要是再进一步分析，就是既非永乐，更非宣德，有鉴定为洪武的可能。

本来自从有元至正十一年题记的（1351年）两件青花大瓶肯定以后，据近来研究瓷器的文献记载（参考约·阿·帕布著《伊斯坦布炮台门宫所藏中国瓷器之14世纪的青花》，1952年版；赫来·卡尔纳著《东方青花》；约·阿·帕布著《阿尔达比圣庙之中国瓷器》，1956年版等书），认为一种瓷胎厚重，底部无釉，中心画着云龙、莲池水禽、萍草游鱼、双凤穿花、蕉石花果之类的大盘，器身青花有鸳鸯戏莲、缠枝牡丹的大型梅瓶以及左右有兽面或是双龙耳的广口大壶等等的造型作风，都与以后的宣德青花截然不同，而与至正十一年的大瓶，是一脉相承的，因而确定为十四世纪后半期的作品。另一部分无款的，从造型花纹种种方面来比较分析，以为是十五世纪早期的作品。所谓十四世纪后半期（1351—1400年），包括了元至正十一年以后的元代十七年（1368年正月洪武元年，八月元亡）。明洪武的三十一年及建文的二年，其间以洪武的时代，占了后半期的五分之三；十五世纪早期（1401—1435年姑以宣德一朝为止），是建文二年、永乐二十二年、洪熙一年、宣德十年，亦以永乐的一朝为最长。就此判断，似乎明初的洪武跟永乐可以有了一个初步的鉴定范围，但是洪武与永乐以至永乐与宣德间，更能鉴定得稳当些、明了些、确切些，还不能做到，因为在这一段时间里，没有有年款的实物可以作为佐证，为此发现在此时间内的有年款的青花瓷器是极为必要的。这三件有永乐年款的压手杯，就在这一点上应该肯定地说有它的重要性了。

（原载《故宫博物院院刊》1958 年第 1 期）

# 谈瓷别记

## 1. 斗彩高士杯（成化）

明代成化窑烧制了很多的茶杯与酒杯（程哲的《窑器说》，说是成杯茶贵于酒，彩贵于青），而酒杯的种类也是多种多样的，如《景德镇陶录》及梁同书的《古铜瓷考》里所说的："成窑有鸡缸杯，为酒器之最，上绘牡丹，下绘子母鸡，跃跃欲动。五彩蒲萄撇口，扁肚靶杯，式较宣杯妙甚。次若人物莲子酒盏、草虫小盏、青花纸薄酒盏，名式不一，深浅莹洁而质坚。"而张宗柟《带经堂诗话·附读曝书亭集词注》里说："……《成窑鸡缸歌注》：成窑酒杯，种类甚多，有名高烧银烛照红妆者，一美人持烛照海棠也。锦灰堆者，折枝花果堆四面也。秋千杯者，士女戏秋千也。龙舟杯者，斗龙舟也。高士杯者，一面画周茂叔爱莲，一面画陶渊明对菊也。娃娃杯者，五婴儿相戏也。满架葡萄者，画葡萄也，其余香草、鱼藻、瓜茄、八吉祥、优钵罗花、西番莲、梵书各式不一，皆描画精工，点色深浅，瓷色莹洁而质坚"云云。

成窑鸡缸杯是素负盛名的一种酒杯，此刻我不谈，我所要谈的是高士杯。根据以上的记载，高士杯所画的是周茂叔的爱莲与陶渊明的爱菊，那是故宫一向陈列的一件酒杯。画人物花卉俱用青花，仅莲花与菊花点上几点彩色，所以严格地说起来不能说是斗彩。最近在鉴定故宫所藏瓷器时，在过去认为雍正仿制的瓷器里竟发现了向来载籍上所没有提起的一对高士杯。

所画的王羲之爱鹅跟伯牙携琴访友：

（1）王羲之爱鹅　王羲之头部手部及下身衣着俱系青花，上身衣服轮廓青花填以矾红。僮儿头部足部手捧图书均青花，衣服填浅浅水绿色。鹅的全身用青花勾画后再加赭彩。水系青花加绿色。垂柳一株，树干青花轮廓，复加赭色，苔点用青花，柳枝青花后再敷绿彩。坡石均青花，石边草竹俱加染绿彩。

（2）伯牙携琴访友　伯牙头部青花，衣服用青花勾轮廓后全加水绿彩，但袖部领部丝绦及足部均露出原来青花。僮儿头部足部两手及所夹的琴都是青花，衣服矾红，结带加黄色彩，松树的着彩一如垂柳，松侧野菊五株全系青花画好后再加以绿色的干，黄色的石。坡石加彩情形同另一面。

由于此种加彩的方法有好几种，所以《南窑笔记》上所说成、正、嘉、万俱有斗彩、五彩、填彩三种；如欲细细区别，并不如此简单（关于成窑的加彩方法拟另谈）。因此这一对高士杯，却不同于一般之葡萄杯，而与鸡缸杯亦显然是两样的。可惜这一对高士杯湮没在雍正仿件中数十年，直到最近重加鉴定时，才得发现。此件原藏"奉天行宫"，后藏古物陈列所宝蕴楼，由郭世五辈鉴定为雍正仿件，以致数十年之久不能与世人见面，由此亦可见郭世五辈的鉴定能力。

## 2. 钟进士饮酒瓷像（康熙）

距今五十八年前光绪二十六年，义和团起义失败，帝国主义者组织了八国联军侵占北京之后，清宫及各王公府第遭到了帝国主义者军队的抢掠，古代文物蒙受一次浩劫，并且有一部分文物流散在市上。据传说东四北大街沿街摆了很多摊子，什么珍贵的东西，应有尽有。自然古代的名贵瓷器也就在这些摊子上出现，是不足为奇的。当时有个内务府当司官的庆宽（小山）是一个出入于奕劻（庆亲王）家的门客，他建议奕劻收购散出来的瓷器，藏的人只要拿出来卖，可以不追究来源。奕劻支持他的办法，派他主持其事。他于是派出人办理收购，价款由四恒银号（如恒元恒丰等）垫拨。隆福寺街的福全馆，为临时收购站。有一天庆宽到三和公去闲逛（三和公也在隆福寺街，是一个嫁妆铺兼营文物的），看见一个瓷像，就连忙下跪口称："老佛爷您受屈了！"三和公的伙友们见了非常诧异，不知究竟，庆宽说：这是宫里库房的库神爷，怎么也会流落出来呢？他就招呼店主人，一并与其他收购的瓷器送进宫去。当时三和公有个大徒弟名叫张子泉，曾把那个库神画了一张，二十六年后，张开了一家全兴信记的古玩铺，向前门大街德泰瓷器铺代烧了九件瓷像，大致还是照原样的，只是红袍上没有加金罢了。此种仿造的像在以前还能见到。

民国初年，溥仪还没有出宫，曾有过几次名义上出卖破碎瓷器的事情，当时溥仪的伪朝廷中总管内务府的是世续，管库的是多润州，当时古玩行里人藉此进过库房，现在还活着的郭静安，是其中之一。他亲眼看见过放在洋瓷匣上的一尊瓷像，斜倚着身，穿着红袍，管库人说是库神爷，庚子年曾流落到外面，后来回来的。

去年本院鉴定库藏瓷器，在宁寿门库房中找出一件瓷造像，堆在一批乾隆的瓷器里，经过详细审定，才看见瓷像所倚靠的山石上有"康熙年制"的四字款。孙瀛洲先生想起了过去有关库神爷的传说，并张子泉所烧过的那件瓷像，大体上与此件无异，最后还参证了郭静安所目见的情景，肯定了这件瓷像，就是当年流落到三和公经过庆宽跪接回库的所谓库神爷。最后又经过郭静安看过，证明就是当年在瓷库看见过的。

瓷像的本身是怎样的呢？大体姿态可以参考照片，它的色彩是红袍加金花云龙纹，系黄丝绦，玉带，朝靴，背靠在青色山石，山石上有一瓶，画云蝠，像的后身，有描画着哥纹片的小坛，这是一件五彩的瓷像。像的脸部带桃红色，黑髯，右手举杯，两眼惺忪，真是一种醺然微醉的绝妙神态。

康熙时原有各种形态的饮酒像，素三彩的居多，此则五彩，像亦较大，为康熙瓷像中的精品，过去以此为库神爷是很可笑的。

（原载《故宫博物院院刊》1958 年第 1 期）

# 磁州窑的过去及未来

磁州窑不是一个陌生的名词。自从四十年前，先后在河北省巨鹿县，清河镇发现了许多白地画黑花、铁锈花以及白地刻花、划花等等瓶、碗、盆、洗之类的器皿以后，磁州窑为一般谈瓷者所熟知。同时远至山西黄河沿，陕西的神木、榆林，都也不断地发现此种白地画黑花或是刻花的瓶罐一类的东西，因而东西洋研究瓷器的人，又都以所谓磁州窑型的作品称之。

解放后，故宫博物院在这方面做了些调查工作，发现了古代窑址数十处，其中类于烧造磁州窑作品的，可说很多。尤其是在河南方面，如安阳县的观台镇，是在漳河南岸，河的北面冶子镇，就属磁州（这是古代磁州窑遗址之一，据说离彭城镇不远，有许多碎片处，尚未调查）。他处所烧造的大致相同。而一向为研究北方陶瓷者所注意的陶枕，就在此两处发现了碎片及完整的实物。因而传世的所谓"古相张家造"，以及"漳滨逸人制"的陶枕，也就证实了是在漳河南北的两个窑里烧造的。

由安阳而南，到了西乡鹤壁集镇，也发现了白地画黑花以及铁锈花的碎片很多，其中尤以白地画赭色花的大型盆洗更为特别。画鱼藻纹的最生动，深黄地划刻水禽的简单泼辣，是一种别开生面的作品。

修武县的当阳峪窑，远在二十余年前就被人们发现了。完好的器物，到了北京市场，仍以磁州窑目之。当阳峪窑的作品，除了在胎上施以刻花、划花以及半划半刻的方法外，又有一种特殊制作。最简单的例子，就是胎上施了白化妆土以后，进行刻花，没有花纹处，把白色部分剔去，然后上釉，这样烧成后，花纹是白色，地是原来胎上的本色——灰色，这就显出了白与灰两种相对照的色调。同样的处理，可以得到白的地，黑的花；或是黑的地，白的花以及较为复杂的处理结果，可以得到灰色的地，白色的花朵而有黑色或赭色的轮廓；或是白花，黑的轮廓，而有一部分绿色，一部分黄色的地。还见到一个梅瓶，上口部、颈部白釉，肩部白地刻黑花，叶茎花蕊俱划白线，腹部灰色地，刻白色花朵而有灰色的叶茎及花瓣的轮廓，下部又是白釉，这更需要高度的技巧。此种方法我称之为剔刻法。所刻划的花纹，以缠枝牡丹为多，极飘丽活泼之致。就以一件在图录上所常见到而在两年前磁州瓷厂所仿制过的缠枝牡丹瓶来说罢，瓶的全身画满了缠枝牡丹，并不显得过于繁密，花花叶叶，互相牵绕，也不觉得琐屑散漫，只看见许多欣欣向荣的花叶，迎风飞舞地布满在瓶身上，十分雅洁，健康而优美。黑白的对照处理得非常适宜，黑的光彩，如漆如墨，白的釉色，如脂如玉，这是以往磁州窑型瓷器中的典型作品。

还有在白色地上，先刻花纹，去掉不需要部分填以别种色彩如黑色、茶色、蟹青色等，这叫做刻花填色，因此也可以说是刻填法。凡是以上的作品，在以往外文出版的图录里，都称为磁州窑或是磁州窑型的瓷器。

以上几处是在河南省的神前镇、宝丰县的青龙寺、鲁山县的段店以至禹县的扒村，在那几处的古代窑址，都有许多所谓磁州窑型的碎片。更值得重视的，禹县扒村窑所遗留下来的作品还不少，白地画黑花的花纹，画得虽是比较草率，却有一种不假雕琢、自然成趣的风格。当然，跟当阳峪的熟练中自有一种雍容自如的作风大不相同了。

除了河南省所发现的烧造磁州窑型瓷器的古代窑址外，虽然有好些以往出土的东西是在山西与陕西的沿黄河地区发现的，但是到今天还未曾发现它的窑址所在，因而暂时说它是磁州窑型。这些作品的装饰画，往往是一枝牡丹花，枝条画得非常柔和，有随风飘拂的风致。

根据几年来对于磁州窑以及烧造磁州窑型瓷器的古代窑址调查情形，大概如此。关于此种宋代所烧制的作品说，本来在一种单色釉下面所用的刻花、划花、印花的方法（如定瓷、耀州瓷），创造了剔刻法、刻填法，使得器物上的装饰画，与瓷器本身的胎色或釉色，有了两种不同色泽的制作方法。尤其重要的，在宋代的瓷上加彩，还在萌芽时期，这是开辟了后来一个釉上加彩的新途径。同时也还广泛应用了白釉上面用黑色或赭色等绘画的方法，可以由绘瓷艺人运用他们熟练的技巧，精练的手法，把他们在日常生活中所接触到的如马戏（故宫藏有马戏枕）、扑蝶、赶鸭、儿童骑竹马（见本人所编陶枕的封面）等事物；所常见的花卉鸟兽水禽；以至所熟闻的故事，作为瓷器上装饰的一部分，完成了具有高度艺术价值的工艺品。这种新的成就，在我国陶瓷工艺的发展史上是有划时代的意义。

一般说来在那时候瓷器上的绘画，都是非常生动的。简单的几笔竹叶，或是仅仅一个儿童的拍球，都能反映出作者的生活感情。题材是那样丰富，这实在是我国瓷器装饰画上值得重视的，因此在今天谈古代的磁州窑，或是磁州窑型的作品，不能不先了解这种卓越的成就。由此来研究这份宝贵的遗产，从里面吸取它的精华部分来复兴磁州窑，为今天的人民服务是很必要的。

几年前磁州瓷厂曾经花了不少功夫来试制，大都是模仿宋代的制作，从这一段试制的经过中，看出在磁州方面，确有很大的潜在力量，足以承继这个优良的传统。最近见到梅健鹰先生在磁州所烧制的作品，更足以证明从模仿走向创作，是有无穷的希望。因而我觉得磁州窑，在现今景德镇以外可以另放出一朵灿烂的花，是可能的，并且是为期不远的。

现在问题摆在我们面前的，第一磁州的瓷胎怎样可以经得起一定需要的高温。其次是釉色，怎样可以做到白净达到以往如脂如玉的程度。最后在装饰花纹方面，怎样可以发挥以往的优良传统——就是以简练的手法，鲜明地表达出独特的地方色彩来反映现实生活的磁州窑风格。尤其值得注意的，在今天的社会里处处有新人，时时有新事，题材的丰富，可以说俯拾即是。怎样可以天衣无缝地（指的不是牵强的硬搬，如敦煌飞天以及汉画人像的那样滥用），融化在新磁州窑的作品上，表现出新社会的蓬勃气象，或许是此后应该努力的方向。

（《装饰》第 2 期，1958 年 11 月）

# 谈谈成化窑的彩

成化一代瓷器上的用彩，一般都称为斗彩。斗彩的说法，是以青花为轮廓，彩就加在轮廓里面，更因为青花与彩色是这样的并用，就有所谓相互斗妍争艳之意。其实成化瓷的施彩，并不如此简单。同时斗彩这个名词，在明代谈瓷器的文献里是不见的。如隆庆间的《清秘藏》，崇祯间的《长物志》以至《博物要览》《敝帚轩剩语》等等都是说成化五彩或说青花间装五色。只是《南窑笔记》里有这么一种说法：

> 成、正、嘉、万俱有斗彩、五彩、填彩三种。先于坯上用青料画花鸟半体，复入彩料，凑其全体，名曰斗彩。填彩者，青料双钩花鸟人物之类于胚胎，成后，复入彩炉，填入五色，名曰填彩。其五彩则素瓷纯用彩料画填出者是也。

不过《笔记》里对于鸡缸杯、高士杯、锦卉堆各种却又说成"成窑淡描五彩，精雅绝伦"。这与所谓素瓷纯用彩料画填出来的话，又自相矛盾了；同时，所说斗彩的制作方法，说什么以青料先画半体，复入彩料，凑其全体云云，那就根本不同于后来所谓斗彩的一种说法。

《南窑笔记》这本书的写作年代，大概在清代康雍年间。到底成窑的用彩是怎样的呢？既不是一个斗彩的名词所能包含一切，又不是《南窑笔记》所称仅仅三种的说法，现试就实物上所表现的几个用彩方法来谈一谈：

1. 高士杯（故宫博物院藏）上所画陶渊明一面的菊花，枝叶全系青料，只是花朵点着几点矾红。另一面周茂叔爱莲，也仅在池塘里画几片绿彩的荷叶，以及几点淡淡的红色，表示着盛开的莲花。这种用彩的方法，只可以说彩是一种附加的点缀品，而全部的主要色彩却全是青花，因而我以为可以给它一个用彩的名称叫做点彩。

2. 在有的小杯上，画有两三株草菊，枝叶及花朵均以青料画成，另于花叶上罩以红彩及绿彩；同样的，在地上或石坡后面的一丛杂草都是青花罩上绿彩。这种方法是在原来已有的青花上添盖一层彩，也可以说是额外地披复一层彩的做法，其例甚多，因此就直截地说它是覆彩。

3. 在一件有海水飞马的天字盖罐（故宫博物院藏）上，重叠的波涛画好青料再加绿，仍是复彩的方法，而表现白浪滔天的浪花，却是青料画线，并不加彩，显出本色的白，另在青花边外，施以深浅不同的绿彩，这样做，更能表现出白浪的白色来。这种施彩有着烘托的作用，手法是采用画家的渲染。因为这种彩能浓淡深浅如晕，在这里我称它为染彩。

4. 所谓先用青料双钩花鸟人物之类，经入窑烧成后再施彩绘，也就是所谓在青花轮廓线内施彩的方法，这就是俗称的斗彩。其实用《南窑笔记》里的说法称之为填彩最为恰当。这种例子在成化窑的彩绘中是极多的，如高士杯上青花轮廓填以红彩的衣服等是。不过填的彩，有的只用一种彩，有的用黄绿两种，加上青花，极素朴，宛似素三彩，有的黄绿二彩外加矾红以及深绿、赭色等种种，那就更为多种多样了。

5. 另有一件如缠枝莲盖罐，莲花俱用青料渲染，缠枝则用青料双钩再加绿彩。全器色彩只此两种，极静穆之致。青料双钩缠枝后施加绿彩，固可称为填彩的一种，但莲花用青料而不再加以彩饰，却又是成为完全青花的一种烧制方法。这件盖罐，称之为青花或称之为填彩，都不相宜。原因是不在缠枝上填彩，也无妨于全器的青花，这种填彩并非一定必要，实际上不过附加彩的一种，所以不妨命以青花加彩。

几种施彩方法是可以同时并用的，如高士杯的人物衣着用填彩，野菊、松针以及垂柳都用复彩。又如海马盖罐，两马均青花，一马身加黄，一马身加矾红，云全是青花，白浪是青花钩线外染淡绿彩，海水青花加绿，蕉叶纹加黄，因而这件盖罐是用染彩、填彩及加彩等三种方法绘成的。

由于以上的分析，成化窑的用彩方法是相当复杂的。笼统的给它一个斗彩的俗称，实在是极不恰当，如欲归纳出几个简称的名词，那么填彩及加彩似乎可以概括了。这种施彩，也就是文献上所谓青花间装五彩的说法。至于成化窑的素瓷上纯用彩料画填的作品，传世的绝少，故宫博物院藏有缠枝芙蓉罐一件，这就是文献上所称的成化五彩。

（原载《文物》1959 年第 6 期）

# 我对"青白瓷器"的看法

　　文献上所记载的"青白瓷器"是什么？有人说就是青器与白器，又有人说带青绿的白，或竟说是青瓷，也有人说是影青，可以说是众论纷纭的了。

　　关于"青白磁器"这一名词，在费信的《星槎胜览》中提得最多，现就冯承钧校注本（以罗以智校本为底本）及所附记录汇编本中作为货用的瓷器各名称列表如次：

| 条别 | 冯校本 | 附记录汇编本 |
|---|---|---|
| 交栏山条 | 货用青碗 | 同 |
| 暹罗国条 | 货用青白花瓷器（朱本〔国朝典故本〕、景本〔天一阁本〕均无花字） | 同 |
| 旧港条 | 货用青白瓷器　大小瓷器 | 货用青白瓷器　大小瓷瓮 |
| 满剌加国条 | 货用青白瓷器 | 同 |
| 苏门答剌国条 | 货用青白瓷器 | 同 |
| 花面国条 | | 货用瓷器 |
| 龙牙犀角条 | 货用青白瓷器 | 货用青白花瓷器 |
| 锡兰山国条 | 货用青花白瓷 | 货用青花白瓷器 |
| 柯枝国条 | 货用青白花瓷器 | 货用青花白瓷器 |
| 古里国条 | 货用青花白瓷器 | 同 |

| 条别 | 冯校本 | 附记录汇编本 |
|---|---|---|
| 忽鲁谟斯条 | 货用青白花瓷器 | 货用青花瓷器 |
| 剌撒国条 | 货用瓷器 | 同 |
| 榜葛剌国条 | 货用青白花瓷器 | 货用青花白瓷器 |
| 淡洋条 | 货用瓷碗 | 货用瓷器 |
| 吉里地闷条 | 货用瓷碗 | 同 |
| 琉球国条 | 货用瓷碗 | 阙 |
| 三岛条 | 货用瓷器 | 阙 |
| 苏禄国条 | 货用瓷器 | 阙 |
| 大呗喃国条 | 货用青白花瓷器 | 同 |
| 阿丹国条 | 货用青白花瓷器 | 同 |
| 佐法儿国条 | 货用瓷器 | 同 |
| 竹步国条 | 货用瓷器 | 同 |
| 木骨都剌条 | 货用瓷器 | 同 |
| 溜洋国条 | 货用瓷器 | 同 |
| 卜剌哇国条 | 货用瓷器 | 同 |

从这一表里可以看出有三点是值得注意的：

一、暹罗国条：在冯注的附记中说朱本（国朝典故本）、景本（天一阁本）均无"花"字，而冯氏所根据的罗以智本及记录汇编本都有"花"字，可见所谓"青白瓷器"，是有时把"花"字省去了的。这是"青白花瓷器"的简称，也可以说是省称，同时还可以说朱本、景本是漏了一个"花"字。罗本在龙牙犀角条下也漏了一个"花"字，这是一方面。另一方面就是根本有"花"字与没"花"字并无关系，因为说成"青白"也好，或是"青白花"也好，本来是同样一种瓷器。

二、罗本与记录本所用"青花白"或是"青白花"的地方，如柯枝国条、榜葛剌国条跟天方国条所记载的，恰恰是两个相互颠倒的用法，就是罗本用"青白花"时，记本用"青花白"，而罗本用"青花白"时，记本却又用"青白花"，这可证明"青花白"或"青白花"，在那时候是一种通用的说法，说成"青白花"，或是"青花白"，都是一回事。

三、在忽鲁谟斯条下，罗本是"青白花瓷器"，记本是"青花瓷器"，可以清楚的看出，罗本多一"白"字，成为"青白花"，而记本少了一个"白"字，说成"青花"。

由此可以得出这样三个简单的说法：

1. "青白瓷器"就是"青白花瓷器"的简称。

2. "青白花瓷器"与"青花白瓷器"是可以通用的。

3. "青白花瓷器"也可简称为"青花瓷器"。

根据以上的分析，当时所称的青白瓷器，完全可以理解为青花瓷器，并且从事实方面看，元代青花瓷器的烧造技巧，已经达到了一个十分成功的阶段，因而郑和下西洋时，用以易货的瓷器中，青花同样地跟龙泉的青瓷器占着极重要的地位。至于影青一路的物品，在当时已成强弩之末，宋元间的影青，胎质粗松，釉色糙黄，为我们所熟知，自然这种瓷器绝对不会用以易货的了。同时，现在我们所知道的几个中东国家的博物馆里，大量地保存着十四世纪中国元代、明代的青花瓷器，足以证明那一时代里的中国青花瓷器已经到达了这个地区，并且为数很多。在这一点上也可以说明郑和下西洋时的"青白瓷器"就是"青花瓷器"无疑。

同时，跟随郑和下西洋的使者马欢所著的《瀛涯胜览》书中举出为交易用的瓷器计有五处，其中统称"瓷器"与专指

"青瓷盘碗"的各两处，而爪哇条之特别指出"国人最喜中国青花瓷器"一点是极重要的。

再就元代至正间曾附海舶往南海，到过数十国的南昌人汪大渊所著《岛夷志略》一书来看，其中涉及货用陶瓷部分颇多，并且名称也不统一，兹特列表如次：

| 条别 | 内容 |
|---|---|
| 琉球条 | 货用……粗碗处州瓷器之属 |
| 三岛条 | 货用……青白花碗…… |
| 无枝拔条 | 货用……青白处州瓷器瓦坛 |
| 占城条 | 货用……白花碗 |
| 丹马令条 | 货用……青白花碗 |
| 日丽条 | 货用青瓷器粗碗…… |
| 麻里鲁条 | 货用……瓷器盘（丁本"瓷"上有"青"字，处州瓷水坛大瓮 |
| 遐来物条 | 货用……青器粗碗之属 |
| 彭坑条 | 货用……瓷器…… |
| 吉兰丹条 | 货用青白花瓷器…… |
| 丁家庐条 | 货用青白花瓷盖…… |
| 戎条 | 货用……青白花碗瓷壶瓶…… |
| 罗卫条 | 货用……青白碗 |
| 罗斛条 | 货用青器（《星槎胜览》青白花瓷器）…… |
| 东冲古剌条 | 货用……青白花瓷…… |
| 苏洛隔条 | 货用青白花器…… |
| 淡邈条 | 货用……粗碗青器（即青白花瓷器） |
| 尖山条 | 货用……大小埕瓮 |
| 八节即间条 | 货用青器……埕瓮…… |
| 啸喷条 | 货用……瓷……瓦瓮粗碗之属 |
| 爪哇条 | 货用……青白花碗…… |
| 这诞条 | 货用……青瓷器之属 |
| 苏禄条 | 货用……处器…… |

| 条别 | 内容 |
|---|---|
| 龙牙犀角条 | 货用……青白花碗之属 |
| 旧港条 | 货用……处瓷……大小水埕瓮之属 |
| 班卒条 | 货用……处器 |
| 蒲奔条 | 货用青瓷器粗碗……大小埕瓮之属 |
| 文老古条 | 货用……青瓷器埕器（瓮）之属 |
| 龙牙门条 | 货用处瓷器…… |
| 灵山条 | 货用粗碗…… |
| 花面条 | 货用……粗碗青处器之属 |
| 淡洋条 | 货用……粗碗之属 |
| 勾栏山条 | 货用……青器之属 |
| 班达里条 | 货用……青白瓷 |
| 曼陀郎条 | 货用……青器…… |
| 喃哑哩条 | 货用……青白花碗之属 |
| 加里那 | 货用青白花瓷 |
| 千里马条 | 货用……粗碗…… |
| 小呗喃条 | 货用……青白花器 |
| 朋加剌条 | 货用……青白花器 |
| 万年港条 | 货用……瓦瓶之属 |
| 天堂条 | 货用……青白花器…… |
| 天竺条 | 货用……青白花器 |
| 甘哩里条 | 货用……青白花器瓮瓶 |
| 乌爹条 | 货用……青白花器 |

归纳上表所列举的许多名称，可以有这样的看法："青白花器"与"青白花碗"各见七处，其次"青白花瓷器"与"青白花瓷"都见一处，这不过异名同样以及少个把字的关系，应该都看作是"青白花瓷器"的一种。此外，所谓"花碗"，应是漏了"青白"二字，"青白瓷"与"青白碗"都是漏了一个或省去

一个"花"字。从这个归纳可以看出绝大多数都是明白地指出了"青白花瓷器"的这个名称。至于名称的不一致,正如青瓷器方面有"青器"、"青瓷器"、"青瓷"、"青盘"等等;同样的,提到处州瓷器的也有"处州瓷器"、"处州瓷"、"处瓷"、"处瓮"、"处瓷器"、"青处器"等种种名称,这就可以明显地见出《岛夷志略》书中对于瓷器上所用的名称是很驳杂而不统一的。

其次,我更要谈一下编入《浮梁县志》的蒋祈《陶记略》中所谓"若夫洎之东西,器尚黄黑,出于湖田之窑者也。江湖川广,器尚青白,出于镇之窑者也"数语,有好些人对此"青白"二字,就有如上文所提及的不同的见解。我以为蒋祈也是至正年间的人(他的三件仿作釉里红,都是至正元年的年款:1.灵和窑至正元年蒋祈仿第一百零九,现藏英国维多利亚尔培脱博物馆;2.宣和窑至正元年蒋祈仿第一,以及政和窑至正元年蒋祈仿第二,均藏北京故宫博物院),至正间的《岛夷志略》固已证明有青白花瓷器,那么蒋祈的所谓"尚青白"不可能是指影青一类的瓷器,何况此时景德镇所烧造的青花瓷器,已极精美,如寺庙中所用青花的供器,极为盛行,流传到今天的有至正十一年年款张文进供奉的一对花瓶,那是极重要的证明材料。

此外,赵汝适的《诸蕃志》里提及为博易用的瓷器部分,统称"瓷器"的有十一处,称为"青瓷器"、"白瓷器"以及"青白瓷器"的各一处。赵汝适写序的时间是南宋宝庆元年(1225年)距宋之亡,只五十四年,距有至正十一年款青花大瓶的时代,也只一百二十六年。在这一段时间里,正是青花的成长及发展时期,因此《诸蕃志》中所说的青白瓷器也是青白花瓷器。

从以上这些文献看来，所谓青白瓷器，实在就是青白花瓷器的省称或简称，有时可以说成青白花瓷器或青花白瓷器，甚至称为青花瓷器，更有所谓青白花器、青白花碗、青白花瓷等种种名称，而现在的简称是青花，因此"青白瓷器"之绝对不能称为影青是可以深信不疑的。

（原载《文物》1959 年第 6 期）

# 1949—1959 年对于古代窑址的调查

## 一　引言

　　1949 年以来由于基本建设工程，修建水库、公路以及普查文物等工作，发现古代窑址不少，所有调查文字，陆续散见于《考古学报》、《文物》（1959 年以前名《文物参考资料》）及《考古》（1959 年以前名《考古通讯》）等刊物中，所记详略不一，有的仅有简单报道，尚未见有详细记录，就烧造陶瓷器的时代说，从仰韶时期烧陶窑址以至湖南湘阴乌龙嘴的明代窑址，不下近百处之多，其中大多数的窑址，是烧造唐、宋两代陶瓷器的。这些窑址的发现，不但可以补以往文献的阙略，并且对鉴定传世的与墓葬中出土的陶瓷器以至中国陶瓷发展史方面，都提供了极珍贵的实物资料，所以这十年的窑址调查是有很大的成绩的。

## 二 各地窑址概况

### （一）江苏省

宜兴均山窑　窑址在宜兴鼎蜀镇附近汤渡的均山。均山离镇约三公里。山上古代窑址计有四处，最足珍贵的是均山西麓的青瓷遗物，时代是魏晋之间或以前。[1]

### （二）安徽省

繁昌窑　窑址在繁昌城南二公里柯家冲村，1958年4月由省文化局文物工作队人员发现，计有窑址十一座，所有碎片均属宋代影青瓷器。[2]

### （三）浙江省

1. 杭州市郊台下官窑　杭州市郊台下官窑窑址自从发现以后，曾经过好些人的调查，后以该处在建厂范围以内，遂于1958年间经由浙江省文物管理委员会发掘，发掘报告尚未发表。

2. 萧山县古代窑址

（1）上董窑　窑址属萧山县戴村区振庭乡。碎片尽系青釉器，其中莲花瓣纹样的盘、碗、天鸡壶最多，有带铺首的盘口壶及有规则的褐色斑的小碗等。时代是东晋以至南朝。[3][4]

---

[1] 刘汝醴：《宜兴均山青瓷古窑发现记》，已见原稿，尚未发表。

[2] 《试掘繁昌瓷窑遗址》，《文物参考资料》1958年第6期第74页。

[3] 党华：《浙江萧山县上董越窑窑址发现记》，《文物参考资料》1955年第3期第66页。

[4] 陈万里：《最近调查古代窑址所见》，《文物参考资料》1955年第8期第111页。

（2）石盖村窑　窑址距离上董窑址不到一公里，所烧的青釉器中以大小平底碗为多，与上董窑的时代相仿佛。[5]

（3）进化区窑　窑址在萧山县东南部的进化区，计有临江茅湾里、欢潭乡四州村唐子山脚及马面上脚三处。遗物有印纹硬陶及青黄色薄釉器碎片。[6]

3. 余姚上林湖窑　上林湖窑址中所发现的碎片，早已宣传中外，最近的调查结果，知道散在于上林湖附近的窑址，如勤子山、沈家门前山（又名狗头山），以至在上澳湖附近的上西村、上一村、碗窑山等处。碎片的数量极多。[7][8]

4. 上虞县窑　窑址在寺前，为五代钱氏所烧造的窑。

5. 黄岩窑　窑址分布于离县城十五公里的沙埠、高桥和秀岭三乡之间的凹形山地中，范围非常广阔。比较典型的窑址有兰家岭、门堵山、瓦屑堆、金家香、下山头、双桥、俞成庙及麻车等八处。遗物以盘碗为多，色釉以青绿为主，淡青色及青黄色为次。绝大部分器物上有划花及印花，时代可能早到五代，晚到宋代。[9][10]

6. 温州古代窑址　窑址的碎片都集中于西山护国岭一带，

[5]《萧山县石盖村发现古窑址》,《文物参考资料》1957 年第 4 期第 48 页文物工作报道。

[6] 王士伦 :《浙江萧山进化区古代窑址的发现》,《考古通讯》1957 年第 2 期第 24 页。

[7] 陈万里 :《最近调查古代窑址所见》,《文物参考资料》1955 年第 8 期第 111 页。

[8] 王士伦 :《余姚窑瓷器探讨》,《文物参考资料》1958 年第 8 期第 42 页。

[9] 浙江省文物管理委员会 :《浙江黄岩古代青瓷窑址调查记》,《考古通讯》1958 年第 8 期第 45 页。

[10] 浙江省文物管理委员会 :《黄岩秀岭水库古墓清理报告》,《考古学报》1958 年第 1 期。

所以俗称西山窑。窑址的范围一直从护国岭延展到乌岩头、包公殿等处，碎片堆积很多，西山窑的时代，从魏晋南北朝以至唐代，相当悠久。除了市区以外，在罗浮乡的蒲垟、坦头、南澳、滩头、所里前山、兴国岭等处都有古代窑址。蒲垟、坦头两处所烧淡青釉器都是黄色。短嘴、长柄壶等等都属唐代风格。滩头等处都与坦头同一系统，只是南澳的系仿龙泉作品，时代还是在元、明之间。[11][12]

7. 德清窑　窑址即在德清县城东焦山以及城西南的戴家山和陈山三处。所有碎片的釉色为青、黑两色，在青釉的器物上，往往有排列得很整齐的褐色斑点。器物以天鸡壶、盘口壶以及碗、罐为多。时代约在东晋以至南朝期间。[13][14]

## （四）江西省

1. 景德镇附近古代窑址　景德镇附近古代窑址颇多，经过调查确有碎片及烧窑工具同时出土的，如：

（1）石虎湾窑　窑址即在湘湖与古田之间的公路附近。此处碎片，大都青釉，颇似湖南的岳州窑，亦有白釉的，年代断定为唐，烧造时期延续到宋。过溪不远，青釉碎片也还很多。

（2）胜梅亭窑　离湖田约三公里，进南山后第一个村落，就是胜梅亭。碎片有青釉及白釉二种，年代亦系唐代。

---

[11]　陈万里:《最近调查古代窑址所见》,《文物参考资料》1955 年第 8 期第 111 页。

[12]　邓白:《东瓯缥瓷纪实》,《文物参考资料》1956 年第 11 期第 1 页。

[13]　汪扬:《德清窑调查散记》,《文物参考资料》1957 年第 10 期第 60 页。

[14]　陈万里:《景德镇几个古代窑址的调查》,《文物参考资料》1953 年第 9 期第 82 页。

（3）湖田窑　窑址在河西上的山坡上，碎片全系标准的宋代影青。

（4）南山里窑　从景德镇往南过河，约一公里处进山。沿路碎片成堆，尽系白釉，颇似枢府，年代在宋、元之间。

（5）董家坞窑　从景德镇去四图里五公里是董家坞。此处尽是明代民窑所烧造的青花碎片，碗底有"食禄万钟""玉堂佳器"等文字。[15]

2. 吉安永和镇窑　即文献上所称之吉州窑。窑在镇外，散布着十八个堆积碎片的遗址，当地人称为窑岭。吉州窑除一般所知道的玳瑁碗、双凤梅花碗外，有类似现代的剪贴印花方法的印花器。此外，青釉、影青及白釉的器物碎片亦多。[16]

### （五）湖南省

1. 岳州窑址　窑址在邻近岳阳的湘阴县十五区所属的铁罐嘴窑头山一带。碎片有米黄、红棕及靛青三种，都与近年来在唐墓中所出土的器物相同。[17]

2. 长沙窑　窑址在现由长沙划分出来的望城县。此处碎片多贴花及有斑的壶罐之属，完整器物在长沙附近墓葬中颇多发现。自从这个窑址发现后，才知道是长沙窑。

3. 湘阴乌龙嘴窑　由湘阴县城沿河岸往北走，仅四公里到

[15]　陈万里：《最近调查古代窑址所见》，《文物参考资料》1955年第8期第111页。

[16]　何国维：《吉州窑遗址概况》，《文物参考资料》1953年第9期第88页。蒋玄怡：《吉州窑》（单行本）。

[17]　湖南省文物管理委员会：《岳州窑遗址调查报告》，《文物参考资料》1953年第9期第77页。

了乌龙嘴。当兴建工厂时曾发现遗物，都为陶器表面大多数施有黄釉及黑釉，少数表面并有白色陶衣。碗内花纹多为模印菊花纹，并有剔花制作，年代据说明初。[18]

## （六）四川省

1. 广元窑　窑址在广元县北门外约六公里处，地名瓷窑铺或瓷陶堡。此处堆集许多碎片及匣钵。碎片以宋代黑釉器为最普遍，此外亦有绿釉陶片、黄釉绘绿花似琉璃厂窑的残盘，以及白瓷碎片等等。[19]

2. 成都市青羊宫窑　成都西城通惠门外青羊宫后院西北角的院墙内外有很多碎片及匣钵等堆积，碎片都为盘、洗、四系罐之类，也有似隋卜仁墓中的高足盘等，因此这个窑的时代可以上溯到南朝。[20]

3. 华阳县琉璃厂窑　窑址距成都约五公里的华阳县胜利乡一村，从前一般人叫这个地方为琉璃厂。此处散布着碎片及窑具所堆集的小丘，计有二十一处，当地人称为窑包。遗物有盆、罐及儿童玩具之类，式样甚多，时代是五代以至宋代。[21]

4. 新津窑　新津县邓双乡石厂湾附近新（新津）蒲（蒲江）

---

[18]　《湘阴发现明代民窑遗址》，《文物参考资料》1957 年第 5 期第 87 页。湖南省文物管理委员会：《湖南湘阴乌龙嘴明代窑址调查记》，《考古通讯》1957 年第 3 期第 37 页。

[19]　王家祐：《四川广元黑釉窑初探》，《文物参考资料》1955 年第 3 期第 74 页。

[20]　江学礼、陈建中：《青羊宫古窑址试掘简报》，《文物参考资料》1956 年第 6 期第 53 页。

[21]　林坤雪等：《四川华阳县琉璃厂调查记》，《文物参考资料》1956 年第 9 期第 47 页。

公路上以及玉皇观北麓，各发现窑址一处，碎片与邛窑器物略同。时代断为唐代，玉皇观山麓一处或在唐代以上。[22]

5. 邛崃窑　遗址在邛崃县西门外过河约三公里处，地名十方堂。窑址在三十年前已为四川军阀所破坏。此处所烧器物的种类甚多，釉色也很丰富多彩，为四川省古代窑址中最负盛名的一个遗址。在距西河甚近的地方，地名尖山子，有窑址。约距西河乡二公里处冲土耙桥，也有一处小窑址，遗物都跟十方堂的相近。固驿镇窑的青釉碎片，时代当在魏晋之间。[23]

6. 崇宁县铁砧山窑　在崇宁县西北部，地名俗称"古窑包子"，遗物有黄褐色釉的四系罐之类，时代可能是五代至宋。[24]

## （七）福建省

1. 浦城县古代窑址

（1）碗窑背窑　窑址在离浦城四十五公里的九牧区棠溪乡东山下村，因为堆积碎片及窑具甚多，当地人称为"碗窑背"，遗物纯系青色，器形以碗为多，年代除宋代的以外，可能还有明代的。

（2）大口窑　窑址位于浦城南约十三公里观前乡大口窑村后门山，此处发现窑址有三十六处之多，因而碎片的分布区亦极广。遗物多为灰青色釉的壶盘碗盒之类，亦有影青小盒等。

（3）碗窑村窑　窑址在离城八十五公里之水山乡碗窑村，

---

[22] 《新津县邓双乡发现古代窑址二处》，《文物参考资料》1957 年第 1 期第 83 页。

[23] 徐鹏章：《川西古代瓷器调查记》，《文物参考资料》1958 年第 2 期第 38 页。

[24] 支沅洪：《四川崇宁县铁砧山的古窑址》，《文物参考资料》1956 年第 3 期第 49 页。

烧青花瓷器，调查时断为明代窑址。

2.松溪窑　窑址在松溪西南三公里的泅场附近，有大小窑堆不少。碎片的种类甚多，有黄绿、青绿及黑色三种，年代系宋代。

3.崇安县古代窑址

宋代的：

（1）苑梗窑　窑址在离城仅三公里的苑梗村。碎片系青黄釉为主，赭色次之，黑的最少。器里有绘双鱼的。

（2）碗厂岗窑　窑址在仙店村附近。碎片有青、灰白及淡黄的三种，均系素瓷，不加纹饰。

（3）毛原垅窑　窑址离仙店村仅一公里半，碎片为青色釉。

（4）星村窑　窑址在豆村东北约五公里的玉林亭，此处离县城约十五公里。碎片完全黑釉，与水吉窑的完全相似。

明代的：

（1）主树垅窑　窑址位于仙店村西约一公里处，系烧青花器物的瓷窑。

（2）老鹰山碗窑　窑址亦在仙店村附近，烧青花瓷器。

（3）郭前窑　窑址在县城西四渡村附近郭前村，系烧青花瓷器的瓷窑。此处规模较大，延续烧造一直到民国时。[25]

4.水吉窑　即一般文献上所称之建窑。窑址在水吉县县南七公里之池墩村，县现属建阳专区，原为建瓯县的一个街镇。调查到的窑址有十一个，分布在芦花坪、大路后门及牛皮岔三处。釉色黑，有兔毫纹，符合于文献上的记载。碗底有"供御"

---

[25]《福建省最近发现的古代窑址》，《文物》1959 年第 6 期第 64 页。

二字的不少，另外还有"进琖"二字的。[26]

5. 福清县古代窑址

（1）石坑窑　亦称东门窑，窑址在福清县东张区过桥乡石坑村后面的厝后山、宫后山、石马头山上，东离福清县城十五公里（距石坑窑址仅二公里）。山上地表散布匣钵和碎片，范围断续约有一公里左右。碎片散布情况，靠山脚下的一段都是青瓷碎片。山上的都是黑釉碎片，堆积层都极厚。

（2）半岭窑　从福清东张沿公路西行约四公里，再向左沿小路进去就是窑址。破片有青瓷与黑釉器两大类。青瓷有的极简单的划刻花纹，此外器物以碗类为多。

（3）碗原乡窑　窑址在东张西南一个小山丘上，当地人称为碗窑山。破片仅有青瓷一种，釉色以灰青为主，制作一般较粗糙，范围亦不若半窑岭之广。[27]

6. 闽清古代窑址　普查文物时先后在离城约十至二十五公里的安仁溪一带发现窑址四处。即：义窑，在离城十七公里的义窑村；湖里窑，距城约十八公里；青窑，距城约二十五公里；安仁溪窑，距城十五公里。此四处窑址里的碎片大体相同，釉色以灰白为主，青褐次之。[28]

7. 连江古代窑址

（1）浦口窑　从连江县城门外沿岱江东北航行约两小时即浦江湾，在镇北名叫西山的地方，有许多残器里划花的青瓷碗

---

[26] 宋伯胤：《"建窑"调查记》，《文物参考资料》1955年第3期第50页。

[27] 福建省文物管理委员会：《福清县东门水库古窑调查简况》，《文物参考资料》1958年第2期第34页。

[28] 《福建省最近发现的古代窑址》，《文物》1959年第6期第62页。

形碎片。此外在附近地方如锦山尾、加它山、外厝山等地都有碎片及匣钵，瓷片同属一个青釉系统。

（2）魁歧窑 在连江县岱江北岸，魁歧是一个小村落，村东原有一条小溪叫"水津浦"，直通岱江，据当地人说，过去在津浦的两岸都是窑场，明代以前就有，到清初才停烧的。现在村后的山上堆积碎片极多，器物主要烧碗类，有葵瓣口釉作黄绿色的青瓷。[29]

8. 光泽县茅店窑 窑址在鹰厦铁路的辅助公路上，此处碎片的釉色极复杂，有黑釉而且有酱色斑点的，有的釉外黑釉、釉里褐黄色的，有黄色釉，有灰青釉以及釉色滋润的影青釉，有双鱼、双凤及花卉纹。此外从光泽的地名上看，有所谓碗窑村、山窑村、上碗村，窑厂等等，看来都是古代的窑址所在，但尚未经过调查。[30]

9. 德化县古代窑址 德化窑址很多，其间已经调查到的，如：（1）新厂，系在建厂平地时发现，此处碎片全系影青作风，白釉微微带黄。（2）屈斗宫，堆积碎片颇多，其中以白釉洗形的器物为多，时代是宋。（3）十排格及后所，传系何朝宗烧窑所在。（4）龙祖宫。[31]

10. 晋江县古代窑址

（1）碗窑乡窑 窑址属晋江县第四区，出泉州东门往东北

[29] 宋伯胤：《连江县的两个古瓷窑》，《文物参考资料》1958年第2期第27页。

[30] 曹凡：《光泽茅店宋代瓷窑址》，《文物参考资料》1958年第2期第36页。

[31] 宋伯胤：《谈德化窑》，《文物参考资料》1955年第4期第55页。陈万里：《调查闽南古代窑址小记》，《文物参考资料》1957年第9期第56页。

沿公路约五公里改走小道又三公里即是。此处碎片有白釉、影青釉及青釉的三种，时代为宋。

（2）瓷灶窑　从泉州西门外经公路往西南约十公里转入小道仅二公里即是瓷灶镇。在许山、宫仔山、蜘蛛山及堁庵等四处都有碎片及窑具发现。碎片中有青釉及黑釉的器物。此处烧瓷时间，自宋一直到今天都未停过。[32]

11. 南安县石壁窑　窑址在南安县石壁水库东北部碗匣山。遗址规模很大，是南安县南部的一个瓷窑中心。碎片有米黄釉、黄绿釉、黑釉、灰白釉、青釉、影青等多种。[33]

12. 同安县古代窑址　有两处，全系宋代窑址。

（1）许坑窑　窑址是在修建同安汀溪水库渠道工程许坑段时发现的，地属许坑村章厝山。破片有青绿釉、灰黄釉及浅灰釉三种，划花花纹有卷草、篦纹、篦点等，器形以碗及小足杯为多。

（2）新民乡窑　窑址分布于大墩、桥头、寨仔内及山坪四处，离同安城仅五公里，破片中有灰黄、灰青、浅灰等数种色釉，器物亦以碗碟为多。[34]

---

[32]《华东文物工作组福建组调查晋江德化等处古窑址》，《文物参考资料》1954 年第 5 期第 98 页。陈万里：《调查闽南古代窑址小记》，《文物参考资料》1957 年第 9 期第 56 页。

[33] 庄为玑、吕荣芳：《南安、同安二县发现新石器时代及唐代遗物》，《文物参考资料》1957 年第 4 期第 84 页。黄炳元：《福建南安石壁水库古窑址试掘情况》，《文物参考资料》1957 年第 12 期第 53 页。

[34] 陈万里：《调查闽南古代窑址小记》，《文物参考资料》1957 年第 9 期第 56 页。福建省文物管理委员会：《同安县汀溪水库古瓷窑调查记》，《文物参考资料》1958 年第 2 期第 32 页。《福建省最近发现的古代窑址》，《文物》1959 年第 6 期第 62 页。

## （八）广东省

1. 广州市西村窑　窑址在广州市西郊，土名皇帝岗，碎片及工具极多。碎片中有凤头壶的头部，淡青釉的碗，外侧划莲花瓣的碎片，以及青釉划花碎片都很不少。亦有白釉器以及种种玩具，造型种类极为繁复，研究资料亦极丰富。广州市文物管理委员会经发掘，编成专册，可供参考。[35]

2. 潮州市水东窑　窑址在潮州市东门外，过了湘子桥的韩山上，从许多碎片中证实了早已出土四尊佛像的所谓潮州水东窑的所在。此处碎片大体上可分为白釉、影青、黄釉及青釉等四种，每一种里还有几个不同的类型。其中以白釉及影青两种为主。碎片窑具堆积极多。[36]

3. 惠阳窑　窑址在惠阳白马山碗窑村，青釉碗的碗心有"福""清"等文字，似仿明代龙泉窑。[37]

4. 高明窑　窑址在高明县塘尾村。

5. 新会窑　窑址在新会县瓦片岩。

6. 佛山市石湾窑　窑址在石湾。

7. 南海窑　窑址在南海县镇龙墟。[38]

8. 阳江石湾村窑　窑址散布在村的东北瓦窑岗上，此处有

---

[35]　广州市文物管理委员会：《广州西村古窑遗址》，1958 年 9 月文物出版社出版。

[36]　陈万里：《从几件瓷造像谈到广东潮州窑》，《文物参考资料》1957 年第 3 期第 36 页。《广东潮汕市郊发现宋代窑址》，《文物参考资料》1954 年第 5 期第 104 页。

[37]　《广东惠州发现宋代瓷窑遗址》，《文物参考资料》1955 年第 2 期第 157 页。

[38]　莫稚：《一九五七年广东省文物古迹调查简记》，《文物参考资料》1958 年第 9 期第 60 页。

碎片及匣体，色泽和胎质都类似广州墓葬中出土的青釉器，以上各窑仅见简略报道。[39]

### （九）河北省

1. 曲阳县定窑　县北约二十五公里是灵山镇，以镇为中心东去五公里是涧瓷村；西去四公里是东西燕山村，两处白瓷片及窑具堆积都很多，这就是宋代名窑定窑的所在地。除白釉的标准定瓷外，有黑釉片不少，就是所谓黑定。紫红色的，地面发现绝少，也就是所谓红定。还有一种绿釉龙纹碎片。除宋代的外，唐代器型的亦有相当数量。[40]

2. 磁县古代窑址　文献上所谓的磁州窑，现已发现三处。

（1）冶子窑　冶子村在漳河北岸，与安阳县观台镇隔河相对，东距磁县二十五公里，北距彭城镇二十公里。瓷片中有半刻半画的白地黑花片，也有赭石色珍珠地划花的素白釉的碎片，并出瓷枕，这是在磁县最南边的一个窑址。[41]

（2）青碗窑　青碗窑村距彭城镇约十五公里。此处旧有窑神庙，现无踪迹可寻，村边发现窑址，所出全系元代钧窑釉系统碎片。

（3）贾壁窑　距青碗窑村约一公里半。此处窑址所发现的碎片全系隋代青釉碎片。以上两处窑址为最近发现，尚未正式

---

[39]《广东阳江石湾村发现古代窑址》，《文物参考资料》1955年第3期第161页。

[40] 陈万里：《邢越二窑及定窑》，《文物参考资料》1953年第9期第91页。陈万里：《调查平原、河北二省古代窑址报告》，《文物参考资料》1952年第1期第56页。

[41] 同上。

发表调查报告。

（4）邢台古代窑址　在距邢台市区约一公里的曹演庄的商代遗址中，在此遗址中发现陶窑三座，可能附近还有陶窑。[42]

（5）武安古代窑址　窑址在武安县午汲古城中，计发现二十一座。其中春秋战国时代陶窑有两座，有灰烬及陶豆残片等。战国末至西汉时代陶窑有十座，窑内除盆罐等陶器外，还有大量带着印记的陶片和器物。西汉晚期至东汉的陶窑计九座，残片有陶豆附加堆纹陶片、菱形回纹陶片以及瓦片等。[43]

### （十）山西省

1.介休窑　窑址在县城南十五公里之洪山镇，碎片中以黑白瓷碗为多，白釉黑花碗、青釉、黑釉印花碗以及紫釉刻花大洗等次之。当地有源神庙祀窑神，时代可能从五代一直到宋末。[44]

2.侯马窑　窑址位于现在侯马镇以西西侯马村的东南隅，计发现六座窑址。堆积层厚而丰富，碎陶片数以万计，除陶片外有窑具、雕工精美的铜范及制范的母范，时代是东周时期。[45]

---

[42]　云明、罗平、明远：《邢台商代遗址中的陶窑》，《文物参考资料》1956年第12期第53页。

[43]　河北省文物管理委员会：《河北武安县午汲古城中的窑址》，《考古》1959年第7期第338页。

[44]　吴连城：《山西介休洪山镇宋代瓷窑址介绍》，《文物参考资料》1958年第10期第36页。

[45]　山西省文物管理委员会侯马工作站：《侯马东周时代烧陶窑址发掘记要》，《文物》1959年第6期第45页。

## （十一）河南省

1. 修武当阳峪窑　当阳峪离修武县二十四公里，离焦作镇极近，只有六公里，是一个山口的小村落，有极小的一座窑神庙，崇宁四年的碑记还存在着。此处碎片素白的不少，白地黑花或黑釉白花用刻剔或剔填的手法来作装饰的是此处作品的特点。黑釉如漆，白釉如脂，还有绞胎的作羽毛纹饰，也是他处所没有的。[46]

2. 安阳古代窑址

（1）观台窑　此处距安阳水冶镇十五公里，即在漳河之南，靠近渡口。白釉素地碎片中以大碗为最多，其次是黑釉带斑点的。白釉划花的也不少。[47]

（2）善应窑　离水冶镇西南十公里，有北善应及西善应两个村，中间距离有五公里，两处都有碎片及窑具，系元代钧釉系统。

（3）天僖窑　离水冶镇六公里，窑址在镇的南岗上。碎片、工具堆积积丘，此处碎片全系宋代白釉。[48]

3. 汤阴县鹤壁集窑　鹤壁集在汤阴西北二十五公里，是汤阴县西的一个大镇，窑址在镇的附近地区，碎片可分为白釉素件，磁州窑作风的划刻着莲花瓣略带灰色的白釉大碗，画赭色花纹的盆洗，黄釉的壶罐，也有钧釉系统的碎片。总之此处制

---

[46]　陈万里：《谈当阳峪窑》，《文物参考资料》1954年第4期第44页。

[47]　陈万里：《调查平原、河北二省古代窑址报告》，《文物参考资料》1952年第1期第56页。河北省文物局文物工作队：《观台窑址发掘报告》，《文物》1959年第6期第59页。

[48]　同上（平原、河北二省报告）。

作的品种是很复杂的。[49]

4.临汝县古代遗址

（1）南乡的严和店窑　离县城十二公里，此处系青瓷窑址，有印花及素地的。另有钧釉片亦多，1958年3月曾由河南省文物局文物工作队在大堰头做过发掘工作。

（2）陶墓沟窑　严和店南约八公里，进山先到陶墓沟，在此附近五公里内外，就是枣园、刘庄、冈窑、陈沟等处，都有古代窑址，全系钧釉碎片。

（3）东北乡大峪店窑　离县城东北三十二公里之大峪店，是一个处在群山中极偏僻的山乡，附近二三公里的东沟、叶沟、黄窑、龙王庙沟等处都有青釉碎片，全系素地，色泽比之龙泉为深而带葱绿，为汝窑的前期产物。

5.宝丰县青龙寺窑　由临汝严和店往东南约二十二公里到大营，再由大营去四公里就是宝丰县所属的青龙寺。此处碎片除印花青瓷外，有三彩的、白釉的以及黑釉的，种类颇多。

6.鲁山县段店窑　此处离大营二十公里，寨墙上及大沟中全是碎片，想见当年窑场范围之大。碎片有白釉、黑釉等，种类极复杂。[50]

7.禹县古代窑址

（1）神垕窑　在离神垕镇约五公里的野猪沟，此处有古代

---

[49]　杨宝顺：《汤阴县鹤壁古瓷窑遗址》，《文物参考资料》1956年第7期第36页。陈万里：《鹤壁集印象》，《文物参考资料》1957年第10期第57页。

[50]　陈万里：《汝窑的我见》，《文物参考资料》1951年第2期第46页。河南省文化局文物工作队：《汝窑址的调查与严和店的发掘》，《文物参考资料》1958年第10期第32页。

烧钧釉窑址。

（2）扒村窑　离县城西北约二十二公里，碎片有白釉、黑花、三彩、黑花罩绿釉、黑釉，以及孔雀绿小碗等，当年窑场之大几乎与现在的神垕镇相似。[51]

8. 巩县窑　窑址在县城南沿黄冶河、白冶河两岸，有小黄冶、铁匠炉村及白河乡三处。碎片有白釉、三彩、蓝彩、黑釉及褐绿釉等种种，时代是唐代。[52]

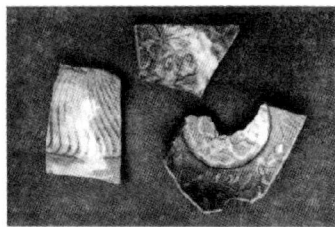

临汝印刻花青釉瓷片　　　　　临汝青釉瓷片

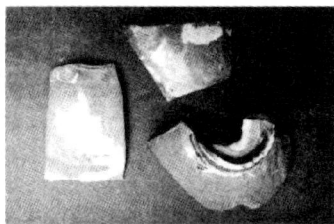

9. 郑州古代窑址

（1）仰韶期窑址　在郑州市西郊林山砦西彩陶文化遗址中发现窑址一处。

（2）商代以前窑址　郑州市西郊洛达庙发现窑址两处，为早于郑州商代时期、晚于龙山时期的古代烧窑所在。[53]

（3）商代窑址　在郑州市铭功路西侧商代遗址清理中发现窑址十四座。

[51]　陈万里：《禹州之行》，《文物参考资料》1951 年第 2 期第 53 页。
[52]　冯先铭：《河南巩县古窑址调查纪要》，《文物》1959 年第 3 期第 56 页。
[53]　《郑州洛达庙发现两座古代窑址》，《文物参考资料》1956 年第 11 期第 71 页。马全、毛宝亮：《郑州发现的几个时期的古代窑址》，《文物参考资料》1957 年第 10 期第 58 页。

（4）商代末期窑址　在郑州市碧沙岗发现窑址两处。

## （十二）陕西省

1. 铜川县耀州窑　文献上所称之耀州窑，在现在铜川县的黄堡镇，碎片全系青釉器，有刻花、印花及素地三种。附近有窑神庙遗址，现为区立小学，有窑神德应侯碑记。时代可以上溯到唐代。离镇十五公里有陈炉镇，亦烧青釉器。[54]

2. 西安半坡村中的窑址遗址中的窑址　半坡村遗址里，在居住区的东边，有烧制陶器的窑址六处，其中有火炉呈袋状的竖穴窑一处，火炉呈筒状的横穴窑五处。[55]

# 三　总结

1. 本文所列窑址，计江苏省1处、安徽省1处、浙江省9处、江西省6处、湖南省3处、四川省6处、福建省31处、广东省8处、河北省6处、山西省2处、河南省17处、陕西省2处，共计92处。其实总数还不止此，例如浙江温州市古代窑址中除西山窑外，还有蒲埕、坦头、南澳、滩头、所里前山、兴国岭等六处；四川的邛崃，也是除了十方堂外，还有固驿镇窑；此外如浙江余姚的上林湖以及河南汤阴县鹤壁集，都有好些窑址包括在一个窑名之下，因此如照这样分别来命名的话，至少

---

[54]　陈万里：《我对于耀瓷的初步认识》，《文物参考资料》1955年第4期第72页。商剑青：《耀窑摭遗》，《文物参考资料》1955年第4期第75页。

[55]　考古研究所西安半坡工作队：《西安半坡遗址第二次发掘的主要收获》，《考古通讯》1956年第2期第23页。

也在百数十以上。

2. 此92处窑址中，早在1949年前，经由人们调查过的是：浙江的杭州市郊台下官窑，余姚上林湖窑、德清窑，江西景德镇湖田窑，吉安永和镇窑，福建的水吉窑，广东的潮州水东窑，河北的曲阳定窑，河南的修武当阳峪窑，临汝的严和店窑等计有11处。

3. 在此92处窑址中，福建省最多，占31处。其次是河南省的17处。福建省的发现，由于鹰厦铁路、公路、水库的修建，以及各地文物的普查，而河南省方面则完全由于派人调查所致，因而此后窑址的调查，恐怕还需要着重在这两方面。

4. 窑址的发现，以江苏、安徽两省为最少，山西、湖南二省次之。就现在所发现的江苏宜兴均山窑的魏晋青釉器来看，这种器物，对南京、芜湖一带墓葬中所发现的青釉器物是否完全来自浙江的问题，已经得到了解答，即江苏也是烧造这种器物的，不过总不会仅仅限于宜兴均山一处，这也可以推想而知的。安徽的繁昌窑系影青系统，那么早于影青的青瓷系，甚至唐代的寿州窑，到今天还没有发现。山西方面，在文献上所称道的平定窑、霍州窑，以及以前泽州、潞安等处的窑，到今天都没有发现过。湖南也只有岳州窑及长沙窑两处的发现是很重要的，而墓葬中出土的许多富于湖南地方色彩的陶器，尚不能知道它的烧造所在，这些不能不寄托于以后的努力。

5. 福建省是最突出的一个省。黑釉的不止水吉一处，发现的地方很不少，同时也有许多烧青釉的窑址，还有黑釉与青釉器在同一窑址地方发现的。此外福建之特多古代窑址，恐与当时外销瓷有很大的关系，虽不在本文讨论之列，可供专题研究。

6. 在河北省邢台、武安，河南省郑州，陕西省西安等地发现烧造早期陶器的窑址，为以前所从未发现过的。

7. 在这 92 处窑址中，极多重要的发现。例如在河北省磁州的贾壁发现一处早期烧造青釉器的窑址，与隋代卜仁墓中出土的器物相近，这在北方是第一次。

本文所有窑址的报道，具见附注的参考文献中。文中所列举的窑址，容有遗漏错误，望读者来函纠正为幸。

（原载《文物》1959 年第 10 期）

# 故宫博物院十年来对古窑址的调查

## 一

我院调查古代窑址开始于 1950 年冬天，地点是河南的临汝县。由于这次调查的目的，仅仅在于要复核一下近来所谓刻花汝窑的作品，希望能够得到一点实物的碎片，来证实它的烧造地点。可是此行的结果，竟在临汝县境内发现了好几处窑址，并且在宝丰、鲁山两县境内又发现了窑址两处，可以确切认定已往所不能明了出处的出土器物，因是感觉到这种调查工作有它的必要。到了第二年仍在河南及河北两省内选择几处进行，都能得到意外的收获。除了为帮助鉴定古器物的这个最初目的以外，以为这种调查对于将来编写中国陶瓷史的时候，可以提供许多实在的资料。同时惊异于各地方古代窑址的分布区域，又是如此之广泛，可以补正已往文献上所提到仅有几十处窑址的疏漏。调查的目的虽是扩大了，但受一般工作时间的限制，因此每年在调查方面花费的时间有一定限度。现在，回想十年来调查工作的时候，深感到调查时间的不足，因而调查得不够细致深入，是无可讳言的。同时在地面上搜集材料，更不能避免片面的缺憾。当然这些是初步的调查结果，如果对于某一地点的古代窑址要作详尽的研究，须作进一步的发掘工作。

今将十年来所调查过的古代窑址列表如次：

### 十年来古代窑址调查表

| 调查年月 | 县市名称 | 窑址所在地点 | 附记 |
| --- | --- | --- | --- |
| 1950.11 | 河南临汝县 | 严和店 | 日人原田玄讷于 1931 年曾到此处调查。 |
| | | 陶墓沟 * | |
| | | 冈　窑 * | |
| | | 刘　村 * | |
| | | 叶　沟 * | |
| | | 黄　窑 * | |
| | | 东　沟 * | |
| | 河南宝丰县 | 青龙寺 * | |
| | 河南鲁山县 | 段　店 * | |
| | 河南禹县 | 野猪沟 | |
| | | 扒　村 * | |
| | 河南新安县 | 云梦山 * | |
| 1951.4 | 河南修武县 | 当阳峪 | 英人司瓦罗（Swallow R. W.）于 1933 年曾经调查过称为焦作窑。哈布逊（Hobson）及凯尔倍克（Karlbeck）均有文章发表。 |
| | 河南安阳县 | 善应镇 * | |
| | | 天僖镇 * | |
| | | 观台镇 * | |

| 调查年月 | 县市名称 | 窑址所在地点 | 附记 |
|---|---|---|---|
| | 河北磁县 | 冶子镇 * | |
| | | 青碗窑 * | |
| | | 贾壁村 * | |
| | 河北曲阳县 | 涧磁村 * | 日人小山富士夫于 1941 年曾到此处调查，报告发表于日本《陶磁》第十三卷第二号。 |
| | | 燕山村 | |
| 1953.3 | 江西景德镇市 | 石虎湾 * | |
| | | 湘湖窑前山 * | |
| | | 湖　田 | 英人倍克司登（Brankston）于 1937 年曾到此处调查过，见所著《明初景德镇》一书。 |
| | | 朱家岭 * | |
| | | 董家坞 * | |
| 4 | 广东广州市 | 西　村 | 据广州市文管会报导。 |
| 1954.4 | 山西高平县 | 八义镇 * | |
| 5 | 陕西铜川县 | 黄堡镇 * | |
| 10 | 江西景德镇市 | 胜梅亭 * | |
| 11 | 浙江永嘉县 | 西　山 | 陈万里于 1937 年曾到此处调查，记载见《瓷器与浙江》。 |
| | | 南　岙 | 以下三处均经温州市文管会调查过。 |
| | | 蒲　垟 | |

| 调查年月 | 县市名称 | 窑址所在地点 | 附记 |
|---|---|---|---|
| | 浙江余姚县 | 坦　头 | |
| | | 上林湖 | 此处经过日人中尾万三等人调查，并有报告发表。 |
| | 浙江萧山县 | 上　董 | 1954年浙江省博物馆发现。 |
| | 浙江杭州市 | 乌龟山 | 此处经过日人米内山庸夫等调查，并有报告发表。 |
| 1955.3 | 河南汤阴县 | 鹤壁集 | 此处经汤阴文化馆调查。 |
| 4 | 江西吉安县 | 永和镇 | 英人倍克司登于1937年调查，报告见英国东方陶磁协会年刊1939。 |
| | 广东潮州市 | 百窑村 | 英人麦康（Farly M. F.）曾到此处调查过，报告见《亚细亚》杂志（1940年）。 |
| 1956.10 | 福建泉州市 | 碗窑乡 | 据吴文良、李硕卿诸人报导。 |
| | 福建德化县 | 瓷灶 *屈斗宫等 | |
| | 福建同安县 | 汀溪水库 | 据福建省文管会报导。 |
| 1957.3 | 河北曲阳县 | 涧磁村 | 第二次调查。 |
| | | 燕山村 | |
| 6 | 陕西铜川县 | 黄堡镇 | 第二次调查。 |
| | | 陈炉镇 * | |
| 7 | 四川邛崃县 | 什方堂 | 根据已往报告。 |
| | 四川新津县 | | 据四川省文管会报导。 |
| | 四川成都市 | 青羊宫 | 同 |
| | 四川华阳县 | 琉璃厂 | 同 |

| 调查年月 | 县市名称 | 窑址所在地点 | 附记 |
|---|---|---|---|
| | 湖南长沙县<br>河南巩县 | 铜官镇<br>小黄冶 *<br>铁匠村 *<br>白河乡 * | 据湖南省文管会报导。 |

附注：有 * 记号的窑址，都是经由我院调查发现的。

## 二

各处调查情形，依省别叙述如后：

### 一、河北省

（一）曲阳县（定窑） 定窑向来说在定州，因而有好些研究中国陶瓷的人们到河北省定县去寻找窑址，都没有结果。近人叶麟趾老先生在他所写的《古今中外陶磁汇编》里首先告诉我们说：曲阳县剪子村以及仰泉村均有白瓷碎片绝类定器云云，这是一个重要的发现。日人小山富士夫于 1941 年根据了这个线索以及参考了《曲阳县志》（卷一舆地条第六山川古迹考，第十、第十一土宜物产条）去曲阳涧磁村（叶氏所谓剪子村，亦即《县志》所称的涧子里、涧子村）以及东西燕山村（叶氏所谓仰泉村）调查；同年在日本《陶磁》第十三卷第二号上发表了他的调查报告。我们于 1951 年及 1957 年两次调查过，当然都还是地面上的调查，现在把我们对于定窑年代的看法以及获得的结果分别说明如次：

1. 首先关于定窑的年代问题：在《曲阳县志》卷十一记载着有一块王子山院和尚舍利塔的碑石，说在王子山（《县志》说：王子山在涧磁岭西北，下有王子山院）法兴院之西数十步。（现在涧磁村东约一里半路，有法兴寺遗址，寺毁于日本帝国主义的三光政策之下，已无一间房屋留存。）当然这块碑石在今天是没法寻找的了，可是《县志》里又明明记载着这块碑石，额篆大周王子山禅山院长老和尚舍利塔，而在立碑人的姓名中有"□□使押衙银青光禄大夫检校太子宾客兼殿中侍御史充龙泉镇使钤辖瓷窑商税务使冯翱"的题名，碑石是建立于大周显德四年二月。那么，在五代后周的时候，曲阳龙泉镇（现在涧磁村东二里地名北镇，过大溪即南镇，南北镇合起来就是志书上的龙泉镇）已有规模相当大、出产相当多的瓷窑，所以在那里设有瓷窑商税务使。由此不难推测到至晚是晚唐已有定窑的存在，第二次调查时，这一点得到了证明。

2. 曲阳县志里另有一段记载：就是在天成元年（后唐明宗时，926年）乡贡进士马夔重修王子山院碑石的右侧有一个在宣和二年（宋徽宗时，1120年）"中山府贩瓷器客赵仙重修马夔碑记"的碑文，可见定瓷从五代以至北宋末期的一段长时期里，不仅专供宫廷中的应用（《宋会要》里记载着在建隆坊的宫中瓷器库有定瓷），而且也供应着社会上的需要，所以有着广大的市场，成为那个时期的重要商品之一。

3. 定窑碎片所堆积的小丘，东一个西一个地散布在涧磁村的东西北三面，碎片的数量真是惊人，除了南方龙泉大窑的碎片可以与之匹敌外，再没有像定窑碎片那样丰富的了。所以要是全面研究定瓷的胎、釉、器型、花纹以及制作方法，这个遗址的发掘，实在是很需要的。另外单就定瓷的白釉说，从向来传世的定瓷来看是带有牙白色的，此种色调自有一种温润柔和的感觉，它与唐代的邢瓷有着同样的色泽，就是后来的明代德化瓷以及景德镇明瓷上的白釉，都是沿着这条路线下来的，是否此种白釉的色调是中国瓷器上的优良传统，因此定瓷的白釉是否可供现代烧瓷者的研究参考，这是值得注意的一点。

4. 在定窑遗址的碎片里，经过我们两次调查，获得极珍贵的资料。所谓黑定，小山氏报告拣得五片，我们拣拾有数十片之多。白的胎，漆黑光亮的釉，非常精美。向来黑定不但整器传世的绝少（即如项子京的《历代名瓷图谱》里亦仅有一件黑定凫尊），就是残器破片肯定它为黑定的也不易见，现有不少此种碎片存在，提供了研究黑定的丰富材料。其次所谓紫定，根据项谱的釉色是"烂紫晶彻，如熟葡萄""紫若茄苞"等等说法，但是此种紫色的碎片却没有找到，所能捡得的是一种宛如未成熟西红柿的淡红色，或是红中带一点淡褐色，此种碎片亦不少见（小山氏报告拣得三片，拟为红定），而最重要的在第一次调查中，竟拣得酱红色的碎片一小块，可以假定为红定。在第二次调查中又获得有龙纹及光素绿色碎片各一块，绿色的定为任何文献所不载，这是一个极有价值的发现（两片的胎，完全是定瓷的胎骨，龙纹跟白定龙盘上的无异）。同时我们知道黑定的釉（所谓柿釉以至红定亦然），由于三氧化二铁，而绿色的定却又有铜的关系。将来如能发掘，获得此种碎片的大量材料，可以进行研究，当能说明定瓷色釉的几种不同的化学成分以及由于火度不同程度所发生的变化。

5. 关于定瓷上有金花的制作，如北宋宣和间徐兢《高丽图经》中说："金花乌盏，翡色小瓯，银炉汤鑫，皆窃效中国制度。"南宋末周密的《志雅堂杂钞》中亦有"金花定碗，用大蒜汁调金描画，然后再入窑烧，永不复脱"的说法，是定器上有金花之证。不过在这两次调查中，都还没有发现这种碎片。

6. 在碎片中我们拣得的盘底或碗底划刻铭文的有"尚食局""五王府"和"官"字三种，而当地人曾在法兴寺附近掘得完整的龙纹盘十件中，亦有一件是划刻着"尚食局"三字的[1]。

（二）磁县

1. 冶子村　磁州窑的器皿，似乎一般都认识，但是是否都是磁县彭城镇所烧造？还有古代的磁州窑遗址究竟在磁县哪里？也是言人人殊。我们在河南安阳的丰乐镇调查之后，过漳河，北岸就是磁县的冶子镇。此处发现有古代窑址，碎片与观台相同。出瓷枕，枕面上的图画有半刻半划的一枝黑花，有赭色珍珠地划花的，也有书写一首西江月或其他词句。此外亦多素地及划花的白釉碎片，不易与观台相区别，因而可以说观台与冶子是烧造同一类型器物的。

冶子北距彭城镇四十里，东距磁县五十里，为当年磁州窑场之一。磁州窑的种类相当复杂，其非烧造在磁州的亦概以磁

---

[1] 参考陈万里《调查平原、河北二省古代窑址报告》(见《文物参考资料》1952 年第 1 期 ) 及《邢窑及定窑》(见《文物参考资料》1953 年第 9 期 )；冯先铭《瓷器浅说——定窑》(见《文物》1959 年第 7 期第 67 页 )。

州窑称之，或者各外文瓷器图录里往往以磁州型来概括一切，未免太含混笼统了。据闻离彭城镇西北五里处颇多碎片，未去调查，不能知其究竟。

2. 青碗窑　在彭城镇西二十五里，在以往的中外陶瓷书籍及志书里未见过有关它的任何记载。顾名思义，青碗窑村是以烧青釉碗而得名的。调查结果判明，它是一个烧制元钧釉系统的瓷窑。青碗窑遗址面积不大，散布的碎片标本不很多，以直口浅碗居多，这种碗是元钧釉瓷器中最常见的。此外尚有大碗及盘子一类器皿。釉色以月白及灰蓝两种为多，带红斑点的较少。

3. 贾璧村窑　在彭城镇西北三十五里，近人曾提到过它是一个北朝的瓷窑。贾璧村窑址在北贾璧村北贾璧河西岸寺沟口内，碎片散布地点在寺沟口西约七十米的沟北山坡上。调查判明贾璧村窑是一个隋代青瓷窑，它烧制的器物以碗为主，此外尚有高足盘、钵形器等类器皿。它的特点为胎厚重，胎土多黑色斑点；釉以青褐色及淡青绿色为多，多有细小纹片，垂釉现象较普遍，器身下部多聚有透明小珠。隋瓷以往出土过很多，以河南安阳殷墟及山东曲阜两地为主要出土地。对于这些青瓷的窑口多年来未能判明，贾璧村窑调查后，初步解决了两地出土瓷器的具体烧制地点[2]。

河北省境内的古代窑址除了定窑、磁州窑以外，需要我们努力寻觅的就是邢窑。邢窑遗址，向来说属于邢台（以前顺德府）的内丘，我们也曾派人到内丘、临城相接壤的瓷窑沟去寻

---

[2]　参考冯先铭《河北磁县贾璧村隋青瓷窑址初探》，见《考古》1959年第 10 期第 546 页。

找碎片，由于只是表面的搜集，未能向深部挖掘，同时闻之当地人的传说，碎片不少已没入河道的底层，因而邢窑碎片，至今尚未发现。其实瓷窑沟是一处极有希望的调查地点，只得留待异日的发掘了。此外在邯郸县西武安、涉县二县烧造一种四耳油罐，罐身上有黑色及赭色的彩画人物飞鸟花卉等图画，也还不知道它的烧造所在。石家庄以西地区亦有窑址多处，这许多地方都需要等待以后的调查。

## 二、河南省

河南省的黄河南北各县，在宋代可以说是普遍地烧瓷器的，所以为方便叙述调查情况起见，分为豫西北及豫西南两个部分。

（甲）豫西北这一地区先就安阳谈起，以次及于汤阴、修武两县。

（一）安阳　现在安阳县人委会所在地，是在以往安阳西乡的水冶镇。以此为中心，西南离县二十里有北善应及西善应两个镇，两镇距离约十里。镇的山坡上发现钧窑系的碎片不少，但是整个窑地的面积并不大，碎片的色釉要比临汝南乡的为胜。在离县仅十二里的天僖镇南岗上，亦发现碎片与工具堆积层颇厚，可是此处碎片都是白釉，竟没有一片属于钧窑系的。善应距离汤阴的鹤壁集三十里，鹤壁集一部分烧钧窑系的物品，所以可能善应是受着鹤壁的影响，而天僖离善应近，却又是白釉系，此中关系值得以后的研究。水冶往北三十里是观台镇，即在漳河之南，过漳河是冶子村，就是磁县了。观台在以往二十年内出土过不少宋瓷，所以北京琉璃厂古董行中人知道这个地方，可是有窑没窑，向来就没有人注意过。我们经过漳河之前在离渡口不远的地方（约半里）竟发现了许多碎片，范围非常广阔。碎片中以所谓磁州窑的划花碎片为最多，白釉素地的也不少，其次黑釉而有斑点的到处都能拣得。最重要的就是以赭石色彩画故事图画的陶枕，向来底有"古相张家造"一个长方形阳文印记的就生产在观台。安阳原为相地，故称"古相"。在图籍里所见到的写着"漳滨逸人制"的陶枕，此处靠近漳河南岸，故称"漳滨"。而张家所烧造的陶枕，竟是观台窑的出品，这是一个极重要的收获。

此外在天僖西南出产俗称"碗药石"的地方，实即县志上所记载的宝山长石。其他古代烧窑的地方，在西善应之西南还有石板、羊圈、猪窝、三仓、史家沟等处。北畿专烧小型人、马、鸡、犬以及盒罐等小玩具，为我们所常见。平常只晓得出在安阳西乡，不知道是在北畿 [3]。

（二）汤阴　我们在安阳调查时就知道汤阴的鹤壁集有窑址（《汤阴县志》有简单的记载）。1954 年河南省文化局、县文化馆以及鹤壁集文化站都曾派员勘查过，越年我们才能抽出时间前去调查。鹤壁集在汤阴县城西北五十里，是汤阴县西乡一个大镇。镇西门外不远有一柏灵桥，桥边有一块柏灵桥的碑记。碑立于清乾隆三十七年，碑文说道："柏灵桥者何，指柏灵翁而言也。柏灵翁者何，我汤邑尊也，后封为德应侯。其父兄子侄皆世历显宦，晓风气，识土性，游览斯地，知此下有五色土焉

---

[3]　参考《安县县志》；陈万里《调查平原、河北二省古代窑址报告》，见《文物参考资料》1951 年第 1 期。

可以陶……邑西之人藉以养生者，不啻数万家，因为庙以祀之，年久倾圮，重修者再。又复摧崩，止留碑记……"云云。关于柏灵的记载，我们在调查修武当阳峪时，曾于窑神庙内发现崇宁四年立"怀州修武县当阳村土山德应侯百灵庙记"（立庙时是宋元符三年）。后到陕西铜川黄堡镇调查耀州窑时，于当地小学校内发现宋元丰七年所立的"德应侯碑"。从碑文里知道：（1）窑神本是土山神，熙宁中由尚书郎姓阎的作官陕西华原郡时奏封为德应侯。（2）柏翁说是晋永和中人，名林，到黄堡镇酷爱其地泥土变态之异，因传人以制陶方法，当地人就在德应侯的庙中立一祠堂，所谓"永报休功"云。当阳峪之建庙立石以及黄堡镇立石的年月都能证明两个窑的大概时间，而从鹤壁集碑记中的文字看来，已把向来以不可知的土神而祀之为窑神的，到了鹤壁集就把它人性化了，这是一种传说的演变，因而它的建立时期会较晚于当阳峪。

柏灵桥下是一条干涸的河道，由于往南及西北方面有陈家庄、曹家庄、龙家庄、李家庄、邓家庄等几个村子，都是彼此距离不远，紧紧挨着的，碎瓷片的集中地点可以分为三个区域。

板灵桥的东南及东北部分为一区，桥的南部为二区，西南部分为三区，此外还有好些零星的地方。在东西约二里、南北约三里的一个区域里是处处可以找到碎片的。碎片的分类大致是：

（1）白釉的一区，堆积甚多。釉细腻而胎骨亦薄。较大型的有盖碗，碗的外侧有芝麻点的压纹，胎虽较厚，别有一种端重的感觉，往年在巨鹿出土物中即有此种器物。还有一般称为磁州窑的碗心划刻着莲花的白釉较灰大碗。加彩的仅有三片，不敢断定为此地所烧。

（2）白地黑花的多画花鸟，其中有大型盆洗，画风较禹县扒村的为流利。

（3）白地画赭色花纹的盆洗，其中画鱼藻的极生动。

（4）大小碗里面白釉，外面黑釉，或是黑釉而有一道白边，此种器物向不为市场上所重视；另有一种黑釉上凸起褐黄色的细线道，多为瓶罐之类。

（5）黄釉的大抵为壶罐，有着芝麻点的压痕。酱黄色的大型盆洗，中心划刻着水禽及兔儿之类。水纹的划刻方法，仿佛是用一个划开几条竹丝的竹片，在那不曾干的胎骨上，篦几道小小的篦纹，这些线条，在活泼生动之中又显得柔和而有力。鹅的长颈是一条画道所勾下，所以非常刚劲。这种盆洗的用途，大约就是现在北京人家所惯用的绿盆之类，因它是当时人民的日常用具，所以碎片的发现甚多，这也是鹤壁集窑的特点。

（6）钧釉碎片散见于第一区以内，天蓝釉的色极夺目，又有贴花的碎片，因此时代方面可以说从金人占领期间到早期元代，也可以说钧釉器物中的优秀作品。

从以上这么多的碎片看来，鹤壁集的产品是非常复杂的，同时却又是并非粗糙的，正可以从许多为人民日常生活所应用的陶瓷之中，看出它的朴素的本质以及装饰画上具有优美的地方风格，这在今天古为今用的原则之下，似可在现代人民广泛应用的地方陶器上吸收这种作风来丰富它的装饰图画。至于窑场的范围之广，实在河南所已经调查过的各窑之上，为河南最重要的古代窑址之一。据说碎片的散见区域，还要延伸到鹤壁集往西二三十里以外，那末当年窑场之广是可以想见了 [4]。

（三）修武　窑址在焦作以东约十余里的当阳峪，是修武县的一个小村落。最早调查这个窑址的是 1933 年在焦作煤矿公司的英人司瓦罗（R.W.Swallow），当时就称为焦作窑。有几本英国的刊物上 [5]，曾先后提到过这个窑址所发现的碎片。此地在宋时已称当阳村，因此这个窑址的命名似以修武当阳窑为宜，或者简称为修武窑。

远在二三十年前的河南古董商，就在该处搜购出土器物，因而当阳峪的瓷器当时已在北京市场上发现，但是古董商隐蔽了它的来源，有的竟诡称是巨鹿或是清河出土。于是当阳峪的物品在好些以往出版的图籍方面，往往说成是磁州窑或是磁州型的东西，根本上除了少数的记载里提及焦作窑外，不知道有所谓修武当阳峪窑。我们在七年以前的访问，至少把宋代一个极重要的北方瓷窑所生产的惊人物品，向国人作了初步的介绍。

1. 首先要说的是这个窑的年代问题：我们在当阳峪村外发现一座破败不堪的小庙，在庙外壁间有一块断裂为二的宋崇宁四年的碑石，名称是"怀州修武县当阳村土山德应侯百灵庙记"，碑文后，附了一篇"江南提举程公作歌并序"，却无年月。碑文中关于叙述当地造瓷的话有："……造范砑器，乃其始耀郡立祠……""……遂镯日发徒，远迈耀地，观其位貌，绘其神仪，

---

[4]　参考《汤阴县志》；《汤阴县鹤壁古瓷窑遗址》，见《文物参考资料》1956 年第 7 期；陈万里《鹤壁集印象》，见《文物参考资料》1957 年第 10 期。

[5]　英国不列颠博物院季刊 1933、1935 年合订本第八卷及英国 1948 年第一册的《东方美术》。

而立庙像于兹焉……"等语。又从碑文知道盖庙的年月是元符三年七月十五日，立碑石的年月是崇宁四年闰二月十五日。后来我们证实了耀郡就是陕西耀州的黄堡镇，又从那里发现了一块德应侯的碑石，从而确定了当阳峪窑的造瓷年代当在耀州窑之后，又证之其他材料，至晚也在熙宁年间。而瓷业之盛，就是在元符、崇宁之间。在这一段时间里，也正是北方几个民间窑发展到了最高点的时候。还有从碑记里知道当阳瓷窑有百余，赖以生活者万余口，那末窑场的范围，差不多等于现在磁县的彭城镇。

2. 关于当阳峪窑的特点：第一就是刻划花纹的一种特殊的方法。经过一层上面淡或深的釉，下面胎身上是一层较深的或是较淡的，然后把上面花纹以外不需要部分巧妙地剔去，使得烧成以后的作品，有着两种色彩，显现着强烈对比的色调。这样处理，可以有不少样的方法。除了最常见的白地黑花以外，有的在黑色花纹上刻划出白色的线条，有的在黑色的花纹上罩以绿釉，普通称为绿地黑花，也有在深绿色的地上，绘出浅绿色的花朵。最复杂的是用多种色釉的刻划与剔除，因而需要有高度的技巧。此种方法日本人称它搔落法，外文书上叫做sgraffiato 或 sgraffits，我们拟称它为剔划法。还有在剔去不需要的部分上面，填以别种彩色如黑色、茶色、蟹青色等，这叫做刻花填色，因此在剔划法以外，又是一种处理，我们又拟称它为刻填法。第二特点是在于装饰花纹的洒脱活泼，一个瓶身上满满地剔划着缠枝牡丹，充分表现出迎风飘动、婀娜多姿的一种作风，这是在宋代北方瓷器中最突出的作品。第三特点是黑釉的色泽如漆如墨，白釉的光彩如脂如玉，这又是别处瓷窑所烧不出的。另外还有一种黑白两种颜色的绞釉作品，却不是普通所称的木理纹，而是极美丽生动的羽毛纹。白釉的小玩具，三彩的小人，也都是当阳峪窑里所出的可爱的作品。总之当阳峪窑的特点，决不是一次地面上的调查所能完全了解得到，据说现在当阳峪村里的街道房舍下面尽是多当年废弃的碎片，如能获得一个发掘的机会，必然可以得到许多更可宝贵的资料[6]。

大约河南西北区从现今漳河以南的观台镇起往南，京汉铁路线以西及至黄河以北这一个地区，就是安阳、汤阴、淇县西乡以至辉县、获嘉、修武、沁阳各县境内，在当年是一个极大的窑场，大量生产着为广大地区人民生活上所必须应用的陶瓷器。为此对这地区似可作一个比较长时期的调查规划，因为这是解决河南北部自宋迄元所烧造民间陶瓷的一个重要地区。

（乙）豫西南的地区里调查过的是临汝、宝丰、鲁山、禹县、新安、巩县等处。

（一）临汝　即汝州，汝窑为宋代四大名窑之一，是谁都知道的。究竟现在临汝县境有无它的遗址？同时在汝窑烧出汝瓷以前有怎样一段发展的道路，也就是说临汝境内有无烧造青瓷的窑址？还有在好些外文出版的瓷器图录里有许多刻花印花的青瓷称之为北方青瓷，也有标指为汝瓷的，是否为汝州所烧造？日本的大谷光瑞于1934年派了西本愿寺在汉口布教的原田玄讷去临汝实地调查，以为从来所谓北方青瓷以及一般市场上

---

[6]　参考陈万里《谈当阳峪窑》，见《文物参考资料》1954年第4期；陈万里《宋代北方民间瓷器》1955年出版。

所指的北方丽水窑，是汝窑的主要作品。我们于未曾出发以前，检查过《汝州全志》，在村庄部分见了许多窑名的地名，其中或许有煤窑或窑洞的地名在内，但在以往或现在依然烧窑的恐亦不少。及至到了临汝，得到了好些有碎片地点的线索以后，因而去过南乡及东北乡的几个古窑遗址的地方如：

1. 南乡的严和店，离县城二十五里，恐即原田氏所调查的南乡归仁里。窑址在北面岭下，印花青瓷片极多。印花碗的外面多素地，也有划刻直线纹的，这是与后来发现耀州窑的碗外划刻较深而极生动的花纹不同的地方。素地的大碗较多，青釉的色泽也比较淡。此处除青瓷碎片以外另有钧釉碎片的堆集处，可见当年青釉以后又烧钧釉系统的器物。附近现有土窑一处，专烧黑白两种粗碗，瓷土釉药就产在岭西不远的地方。

2. 由严和店往南约十五里进山到陶墓沟，由此附近十里内外就是刘庄、冈窑等处，都有古代窑址，全系钧瓷系统的碎片。

3. 县城东北六十五里大峪店，是一个偏僻的山乡。在大峪店附近四五里内就是东沟、叶沟、黄窑等处，尽是青釉碎片，尤以东沟的区域为大。碎片的色釉极润泽，色调较之龙泉深而带葱绿，没有纹片的较多，全系素地无花纹。原来原田氏以印花青釉器说是汝窑的代表作，殊不知此处所发现的青釉素瓷，实为汝窑的主要出品，也就是后来宫中命在汝州烧造青瓷器的后期产物，而在汝瓷发展到登峰造极的灿烂历史上，占着一个极重要的过程。

由于以上几处碎片的发现与证实，解决了汝瓷的前期作品，以及有花纹青瓷原不过是汝州窑中产物之一种。至于传世的汝官窑器的烧造地点，竟不能得到任何线索。我们以为命汝州工匠烧造此种宫廷用器是否一个时期在汝州，一个时期在宫中，或竟全部在附近宫中所烧，均不得知。同时烧造此种专为宫廷所用的器皿，为时甚短，到了大观—宣和之间就正式烧造官窑瓷器了（就是北宋官窑）。最后，关于汝窑发展到这般成熟的作品，是经过了怎样一个阶段，汝窑究竟以何因缘而烧造青器，能否在临汝境内还可发现更早期的青釉碎片，这是此后应当注意的。

有花纹的青瓷，后来在宝丰大营镇的青龙寺发现不少，据说宜阳县城外有一古代窑址也是烧造印花青瓷的，尚未经过调查。嗣后如能进行一次深入的调查以后，把临汝、宝丰、宜阳以至铜川黄堡镇各地所获得的碎片排比研究，得出一个北方青瓷的具体鉴别标准，庶几可以认识北方青瓷的真面目。

（二）宝丰　由临汝的严和店往东南约四十五里到大营，再八里就到宝丰县所属的青龙寺。此处碎片除印花青瓷外有：（1）三种碎片，以绿地划波浪纹的陶枕可以作为代表。（2）白釉素地、白釉划花以及白釉画彩等三种。（3）黑釉素地，有起凸线的，有俗称的芝麻酱边以及芝麻酱斑的，以调查时间匆促，所获碎片不足以概括青龙寺出品的全貌。遗址范围颇不小，大部分尽在田间。

（三）鲁山　临汝的大营镇往东北四十里是段店，此处属鲁山县。在镇外北面土沟中以及土沟坡上两侧田地里碎片遍地，甚至段店镇的围墙上都粘满了碎片，街道上、屋墙边也到处都是，想见当年窑场之大还胜过青龙寺。所见碎片有（1）白釉素地、白釉划花以及画花的三种。白的色调厚处显着极光亮，有赭色或绿色的图案花纹，别有一种趣味，亦有画黑花的极流利，一般又以磁州窑目之。（2）黑釉并芝麻酱釉碎片。此处碎片极丰富，我们因为事前并没有知道有这么一个地方，仅仅在过路的时间采集些碎片，所以有第二次详查之必要。由此往东北二十里的梁洼店，有窑场四十余处，其中以烧缸窑为多，粗瓷的色釉就是寻常所用的黑釉大碗，有极细匀的油滴，当地人称为铅点[7]。

（四）禹县神垕镇　神垕镇在禹县县城西北约六十四里，我们是从大峪店去的，约计七十里。在离神垕约十里左右的乱山中地名野猪沟，据说二十年前曾经大规模地挖掘过，发现了许多钧釉的整器，碎片是多极了。现在田野里还能拣到当年挖掘遗留下来的天蓝、月白以至葱绿等色釉的小片，还有一种先在胎上浅雕着菊花的花纹，这在钧瓷中是最少见的，不过此处是否为当年烧造钧釉器物的遗址不能断定。至于神垕镇附近，据说须挖掘丈余以下，才能发现旧瓷的碎片，因此当年的钧窑遗址究在何处，还须作进一步的调查。现在神垕镇土窑专烧粗青花瓷器，当地有老艺人卢氏二弟兄能仿烧钧釉器并能仿烧宋代油滴瓷口碗。

（五）禹县扒村　此处在禹县西北乡，离城二十五里，往年所出宋瓷甚多，村中各处随地都可掘得碎片，民间传说宋时窑场有八里之广，几与现时之神垕镇相等。所见碎片有（1）普通习见的白釉划花，白釉画黑花的有牡丹、鱼藻、胖娃娃等也还

---

[7]　参考《汝州全志》；陈万里《汝窑的我见》，见《文物参考资料》1951年第 2 期。

生动，画赭色的虎枕可以为代表。（2）三彩碎片中如妇女像或骑马人等，也有素三彩雕花或划花的。（3）绿地画黑花的，还有孔雀绿釉印花小碗残片，胎骨亦薄。（4）黑釉片往往外黑内白，以小型盘碗为多，胎骨甚薄。此处还有一个特点就是制品中大型的很多，如在一尺外至二尺直径的大盆，三尺以上三截分烧的翻口大瓶，底径尺外，高二尺以上的大罐以及各种色釉的陶枕等等。扒村窑是在一个偶然的机会之下得到线索而被发现的，由于扒村窑所烧造的种类极繁复，因而在宋瓷的鉴别方面解决了不少问题，即如白釉画黑花的，已往只说磁州窑，最近才知道有所谓当阳峪窑，除此就别无所知了。所谓宋瓷加彩的人象玩具一般只知道山西的高平八义镇，现在发现扒村窑亦有此种作品。大型件的烧造来源，由此亦得到证实，这都是发现扒村窑的收获 [8]。

（六）新安　新安县北三十五里的云梦山是一个极偏僻的山乡，专烧钧釉器，遗留碎片亦不少，附近五里的山中现仍烧造粗瓷。

（七）巩县　窑址位于县南白冶河两侧，计发现小黄冶、铁匠炉及白河乡三处窑址。碎片标本大致情况为，小黄冶以白釉为主，三彩蓝彩次之。铁匠炉村主要为白釉盘碗之属。白河乡亦以烧制白釉为主，黄绿单彩次之。

采集的标本中白釉的绝大部分是壁形底足的碗，碗身都较浅。属于罐类的，它的口都外卷，短颈，平底。三彩类和日常所见者同属一个类型。从这些特点看，可以肯定巩县为唐代古

---

[8]　参考《禹州志》；陈万里《禹州之行》，见《文物参考资料》1951 年第 2 期。

窑场是毫无问题的。

调查主要解决了两个问题，一个是证实了古文献的记载，《元和郡县志》和《新唐书》所记载的"开元中河南贡白瓷"，巩县至少就是贡白瓷的贡地之一。另一点是解决了唐三彩器皿的具体烧制地点，以往唐三彩器皿在洛阳出土最多，可是多年来一直还没有发现窑址，巩县调查后使我们可以肯定，在丰富的传世的唐三彩器物中，有一部分是属于巩县窑的作品[9]。

### 三、陕西省

（一）铜川县黄堡镇（耀州窑）　耀州窑烧青器的记载，最早见于北宋陶穀所著的《清异录》，后来的《清波杂志》《老学庵笔记》《辍耕录》诸书都有记载。窑址说在耀州的黄浦镇。但是从北宋以来经过这样一段长的时期，究竟黄浦镇所烧的耀瓷是怎样的；同时黄浦镇方面能否找到一些残片，可以证实耀瓷的真面目，丝毫没有记载的材料。我们在这几年里经过两次调查，所得结果如下：

1. 黄浦镇即黄堡镇，旧属同官县，同官的名称不久前才取消，改称铜川。同官原属耀州，因此同官黄堡镇所烧造的瓷器就称为耀州窑，正如定窑之不在定州而在当时属于定州的曲阳县相同。

2. 现在黄堡镇南的公路两侧田埂间以及东西山坡上，到处都能觅得青釉碎片及烧瓷工具极多。碎片中刻花、印花的都有，刻花的大都是莲花、菰草之类，极流利生动，印花的以花卉为

---

[9]　参考冯先铭《河南巩县古窑址调查纪要》，见《文物》1959 年第 3 期。

多，灰胎，极坚硬。此种青釉器在已往东西洋谈瓷的图籍里，大抵说是北方青瓷而不能明白指出它的烧制所在地，现在可以分辨出来，其中确有不少是属于耀州窑而无疑的了。还有好些误指此种青瓷为汝窑或是东窑的更可以得到了纠正。同时由于此种碎片的发现，确定了耀州窑的胎、釉及其花纹，因而鉴定了邠县1954年8月间洪龙河山洪暴发所发现的一缸青瓷（现藏陕西博物馆），鉴定了我院几年来征集收购的近百件青釉器，鉴定了三年前在北京彰仪门外所发现的许多印龙凤纹的青釉瓷片。

3. 关于耀州窑的年代问题，我们于1951年调查河南当阳峪窑时在一座破坏不堪的窑神庙里，发现了一块有崇宁四年的碑记。从碑记里的文字，知道了当阳峪百灵庙所祀的德应侯是远从耀州窑神庙中"观其位貌，绘其神仪"而立的庙象。又从《耀州志》里知道黄堡镇的陶场有紫极宫祀土神，熙宁中知州阎作奏以镇土山神封德应侯，那就是后来当阳峪人民所模塑的窑神。由于结合这个当阳峪窑神庙碑记的发现以及《耀州志》里的记载，我们就留意于耀州窑所在地——黄堡镇附近——的昔日紫极宫遗迹的寻觅。结果竟在公路西侧区立小学厨房前面的空地上，发现了元丰七年立石的德应侯碑，证实了《耀州志》里所记载的熙宁中把土山神奏封为德应侯的一个事实，也就此可以推测到在熙宁以前耀州的窑神庙已经存在，而耀州的烧造瓷器固早在熙宁以前无疑的了。但是早到什么时候，我们从已往的文字记载，结合着第二次调查时所获得的碎片，可以找到答案。

文字记载里最早谈及耀州窑的是北宋初（开宝间，968—975年）陶穀所著的《清异录》。陶穀，新平人，历仕五代、晋、汉、周数朝。在《清异录》里曾两次提到耀瓷，可见耀瓷之在当时是盛行的了，因此耀州的烧造瓷器时代可以从北宋早期上溯到五代。而我们在第二次调查时所搜集到的碎片中有好些是具有唐代作风的，那末耀州窑的最早时代又可以推溯到了唐代。以这样有悠久历史的北方青瓷，后来的《辍耕录》竟说成仿汝而色质均不及汝，就不可信了。

最后关于耀州窑烧白瓷一点，南宋绍兴间周𪸩所著的《清波杂志》里说："尝见北客言，耀州黄浦镇烧瓷名耀器，白者为上，河朔用以分茶。"可惜两次调查时均未获得白釉碎片，此后必须再作进一步的调查。至郃县发现一缸青瓷中有三件白釉器（见《耀瓷图录》第 26、第 27、第 28 等三图），就其中白釉多折洗一件（第 28 图）跟图录中几件青釉十折、六折碗、洗来对照，具有同一类型的作风，这也是值得参考的 [10]。

### 四、四川省

（一）成都市青羊宫　在成都西城通惠门外，青羊宫内后院以及院墙外面有许多碎片的堆积，1955 年秋当人民医院在院墙外修建院屋时也发现窑址的遗物，四川省文管会曾派人去试掘过。我们去调查的只是青羊宫后院部分，所见碎片中以四系罐器形的为最多，釉呈酱褐色，又有高足豆形盘的残片，此外盘、碗等碎片大都是平底的。这个窑的烧造年代，有上溯到南朝其

---

[10]　参考《清异录》《清波杂志》《辍耕录》；陈万里《我对于耀瓷的初步认识》，见《文物参考资料》1955 年第 4 期；《耀窑摭遗》见《文物参考资料》1955 年第 4 期；《耀瓷图录》；冯先铭《略谈北方青瓷》，见《故宫博物院院刊》第 1 期第 56 页；冯先铭《瓷器浅说》耀州窑，见《文物》1959 年第 8 期第 72 页。

至到东晋的，当然还需要较多的材料来研究。

（二）华阳县琉璃厂　琉璃厂离成都约十里，属于华阳县的胜利乡，此处是一个丘陵地带，以琉璃厂镇为中心，四围都有突出在地平面上的大堆，当地人称它为窑包，散布着不少陶器碎片及工具，这就是一般人所称的琉璃厂窑了。碎片的器形以双耳壶、四耳罐以及盆碗等为最多，已往在成都古董铺中所见到的所谓黄釉省油碗、绿釉平底浅盘、多种多样的陶玩具，都说成为邛窑的出品，其实是琉璃厂所烧造的。碎片中还有画着一枝草样的纹饰，跟王建墓中出土的一件盘口双竖耳壶是同样的。四川文管会还藏有一把短嘴有柄壶，以及文管会派人调查琉璃厂时曾征集到几件黄绿两种色绘双鱼、牡丹的大盆，都可以说明这个琉璃厂窑的年代，就是从晚唐、五代以至陆放翁《老学庵笔记》里所提到的省油灯，那是到了南宋的时期了。四年前四川文管会在成都外西瘟祖庙清理出一座明嘉靖二十一年太监丁祥的墓葬墓志中曾说到"……屡命于琉璃厂董督陶冶"的这句话，更就宋墓中出土了不少黄釉的陶俑来看，那末琉璃厂从晚唐以至明代一直没有停烧过，这样历史悠久的一个窑场，是值得予以清理的。

（三）新津县　这个窑址的调查在时间上比较局促，从邛崃返回成都途中必须经过新津县，因之顺便调查了这个窑址。

窑址位于山坡上，碎片堆积面积长约二十一米，厚一米。碎片标本多为青釉碗，有深深的墩子形碗，有比较浅的，都是小小的平足，碗外釉都不到底，叠烧。从造型上判断，新津窑是属于南朝比较晚期的一个窑址。

（四）邛崃　邛崃西门外过河约五里，地名什方堂，就是邛窑的所在，此处于三十年前为四川军阀在邛崃的驻军所破坏。抗战期间在邛崃当地还见到邛窑经过破坏后所遗留下来的残器，而当时成都华西大学的博物馆里收藏着许多邛窑的标准器物。此次调查，地面上已难找到碎片，所以现时如欲研究邛窑的作品，恐怕除了发掘窑址以外，现存在成都许多的物品，是很好的资料。离邛崃二十里固驿镇的瓦窑山，在地面上捡到很多匣钵残片，所烧器形有四系壶、高足豆及浅碗等，时代与青羊宫的相仿，为四川早期的产物。

关于四川省陶瓷方面最重要的一个问题，就是大邑窑的废址到今天还没有被发现出来。其次像成都市青羊宫以及新津那样早期的四川作品，据说绵阳一带也有这种类似的碎片，这都是值得重视的。至于乳白色釉而有斑点的元瓷，所谓川东窑；质地比较粗松的影青瓷，所谓蜀窑，以至广元瓷窑铺所发现的黑釉器都在这次调查期间见到了各窑的实物。其中广元瓷窑铺窑址的发现已有记载，川东窑、蜀窑等窑址尚未发现。另外值得我们注意的一点就是未曾经过正式发掘诡称为出土的器中，尽多伪造年代的东西，如有太和款的坛、建隆款的琉璃造像以至后加天宝款的陶枕、崇宁款的油盏等等都是，这在鉴定上是不能不审慎的[11]。

---

[11]　参考：《青羊宫古窑址试掘简报》，见《文物参考资料》1956 年第 6 期；《四川华阳县琉璃厂调查记》，见《文物参考资料》1956 年第 9 期；《四川广元黑釉窑初探》，见《文物参考资料》1955 年第 3 期；《川西古代瓷器调查记》，见《文物参考资料》1958 年第 2 期。

### 五、湖南省

（一）长沙窑　窑址位于长沙西北四十里的铜官，铜官属长沙县治，因之称它为长沙窑是比较恰当的，共有都司坡、挖泥段、兰家坡、长坡垅、胡家垅和廖家屋场六处窑址。碎片标本可归纳为四类：

1.青釉褐绿斑点类，这一类碎片以都司坡为多，用褐绿斑点排列成各种图案纹饰，器物以壶、罐、钵、碗为多。

2.贴花类，这一类碎片以挖泥段为多，在罐和壶上贴人物、兽和花叶等纹饰，贴花部分褐色，余为青釉。

3.白釉绿花类，此种碎片发现于长坡垅及挖泥段，标本以壶瓶和枕为多，在白的地上画花叶纹或用绿斑点排列图案纹饰。也有绿釉的器皿，多属于瓶壶之类。

4.青釉褐斑点，以廖家屋场为多，器皿比较多样化，一般的多为三个或四个较大褐斑点。

长沙窑的发现，在判断长沙附近墓葬里所发现的许多唐代瓷器方面，有着极重要的关系。因为以往对于此种陶瓷，以为是岳州所烧造的一部分，或者说还要存疑待考，现在这个问题解决了。湖南文管会曾派员调查过，此次本院去调查，适逢雨季，道路泥泞，未能尽量搜集碎片，作比较深入的考查。此后如能将已往许多墓葬里所出土的物品跟窑址发现的碎片结合研究，对于长沙窑的具体面貌，就可以完全认识清楚了。

## 六、江西省

（一）景德镇市附近各窑　两次去景德镇市郊外调查都有很重要的收获，虽说被发现的还不过一小部分而已。现在照时代先后简述各个窑址如后：

1. 唐代的　景德镇之开始烧制陶器，是在陈至德二年，到了唐代，《浮梁县志》里说："唐武德中镇民陶玉者，载瓷入关中，称为假玉器，且贡于朝，于是昌南镇瓷名天下……"《县志》里又说："唐武德四年诏新平民霍仲初等制器进御……佳者莹缜如玉，当时名为霍器。"云云。可见景德镇之在唐代，确属烧过火度较高的器物，只是它的被称为假玉器，或器质如玉等等说法，究竟是怎样的，到今天就很难说了。我们于第一次去景德镇时在石虎湾的公路边，发现了唐代的碎片及工具不少，第二次则在胜梅亭及盈田村两处也都有发现。

石虎湾是在湘湖与古田之间，公路正穿逾碎片的堆积层。碎片的釉色略似岳州窑，但青的程度较深，已接近艾色，胎灰厚的多，薄的少，有极细的裂纹，湘湖附近的窑前山，亦见此种青釉碎片。

胜梅亭距离湖田约有五里，是进南山后的第一个村落。在一处靠山坡的断面，堆积着许多成叠粘住的盘碗。此处所见的青釉色泽与石虎湾的大体相同，不过有的青色微微带点绿色而已。由此往南过溪，有青釉碎片的地方还很多。另外在湘湖过溪不远。盈田村附近也有青釉碎片，可见在湖田、湘湖附近二三十里间是当年盛烧青釉器的地区。

近人有以石虎湾等处所发现之唐代青釉器残片，说成就是陆羽《茶经》上所指的洪州窑，因为直到现在南昌方面还没有发现唐代烧青釉器窑址的原故，其实新旧《唐书》上已经有了明确的说明，就是洪州隋豫章郡……武德五年置洪州总管府，管洪、饶、抚、吉、虔、南平六州……洪州领豫章、丰城、钟陵三县，饶州隋鄱阳郡……武德四年置饶州领鄱阳、新平、广晋、余干、乐平、长城、玉亭、弋阳、上饶九县（《旧唐书》）；洪州领县七，南昌、丰城、高安、建昌、新吴、武宁、分宁……饶州县四、鄱阳、余干、乐平、浮梁（《新唐书》）。由此可见洪州窑不在景德镇是毫无疑问的。同时洪州窑之不在现在的南昌，亦犹定窑之不在定州，耀州窑之不在耀县，是不足为奇的。可能在现在的丰城境内，或许在高安，当然也可能在南昌，这要等待以后的调查发现了。

2. 宋代的　湖田往南山一条小路的山坡上，（水碓对面）地名河西土，发现宋代标准影青的碎片很多。有胎质颇薄划花极生动的，釉作淡月白色，而器皿的制作也颇有定窑的作风，这是景德镇北宋时期的作品。胎土极洁白，恐怕还是附近的瓷土。色釉有作淡淡的水青色，非常匀净，这该是景德镇瓷器的优良传统。划花的花纹在灯光下照之，丝丝透明，极美观。这种碎片应当尽量搜集，分析它的胎土与色釉化学成分，研究它的制作方法，使得这种为祖先所创造的优秀作品，能为今日的生产服务。我们相信如继续调查，决不止湖田一处，一定有许多宝贵材料可供今天的参考与吸取。还有一种敞口的瓷碗，底足内部的凹陷部，显现着一个渣饼填烧的痕迹，以往的说法，以为这是北方影青的特征，亦就是说这是北方所烧的影青瓷器（巨鹿出土不少）。其实这种有渣饼填烧痕迹的残片，在湖田山坡古窑址处发现不少，岂能说是北方影青的特征。何况所说北方烧造影青的遗址究在何处，到今天还是一个谜呢！湖田之外在湘湖的窑栏山以及董家坞等处都有影青碎片及窑具。

3. 元代的　在南山下，比之湖田为粗。其中颇多所谓枢府的制作，碗的里面有印花的。

4. 明代的　从景德镇去四图里，十里到朱家坞，为镇去浮梁县的公路所经过的。这里独多明代嘉、万时期的青花碎片，有各种不同的文字，如平常习见的富贵佳器、玉堂佳器、食禄万钟、万福攸同等，画片山水、人物、花卉都有，极洒脱有致，这是一处明代民窑的遗址，有着丰富的民窑青花的标本材料。

在两次短促的时间里所进行调查的成绩是如此，据说远到婺源县境，偏僻到景德镇的南山里，到处都能发现古代窑址。因此我总觉得进行一次对于景德镇市郊以及附近数县的普遍调查，有它的必要性。

（二）吉安永和镇（吉州窑）　自来文献上所记载的吉州窑为一般人所熟知的，只是它的所谓鹧鸪斑、玳瑁斑等等黑碗，而此种黑碗又是在二三十年间充斥于上海古董市场上器物。究竟吉州窑是否如此简单，有实地调查的必要。

永和镇离吉安二十里，是一个小镇，市街东靠赣江，西南各村落间散布着高矮大小不等的土丘，当地人称为窑岭，那就是古窑遗址。江西文管会曾经派人调查过，在他们的报告里有十八个遗址的编号，以镇中市的地名萧家为界，分为南北两区，我们去调查取得的碎片是：

（1）黑釉　有玳瑁斑、虎皮斑等等为一类，有花纹的如双凤、梅花及金玉满堂文字等为又一类。而最重要的就是应用一种跟现代剪纸印花相同的方法，来烧出一种在黑釉上露胎的花枝，并且还能现出花蕊与叶茎来，这是一种多么神妙的技巧呀！这是在这次调查中最有意义的收获（据说这种贴印的黑釉器整件发现不多，因而南昌的古董商有作假的）。黑釉器中有通体黑釉的如四系罐、莲心碗等碎片，而外黑里白，或黑碗有白边的，恐系从北方传来的方式，褐色的胎尚薄，毛边。

（2）白釉　有素地的，有划花印花的，似为仿定之器。亦有画褐色花纹如鱼、鸭等画片，并有稍作刻划的，又似磁州窑的作风。

（3）绿釉　有绿釉高足碗的碎片，绿色较淡而薄，但极匀净，也有刻花印花的小碗碎片。

（4）影青釉　碗洗之类，都是毛边。

（5）青釉　在窑岭上都未发现，只是在离镇约六里处的赣江沙滩上发现极多，这是窑岭经过大水后所冲刷下来的碎片无疑。碎片的特点，釉薄而带绿色，底足露胎暗褐色，口无釉，为其他青釉器所未见。英人伯兰司登氏于1937年调查永和镇时曾拣得一块有凤纹的青瓷片，从这一块碎片的花纹，因而鉴定向为欧慕浮波乐司所藏的一件凤首壶（现在伦敦英国博物馆）是吉州窑的作品，更由此肯定了吉州窑的开始烧造实在唐代，这一点还值得我们以后的研究。[12]

## 七、浙江省

（一）萧山上董　属萧山县戴村区，近浦阳江。窑址的被破坏是在抗日战争前建筑小学校舍的时候。1954年8月浙江省博物馆曾去调查过，我们是同他们一起去的。这里所见到的碎片，大抵密集在现今第二中心小学校舍附近，碎片与窑具随处都是，如挖掘一米，即可见到厚厚的堆积层里充满了这些遗物。碎片中独多划刻着莲花瓣的碗，其次是有三个矮足形似熊足的盘以及立柱形盆式的灯盏。在浙江省博物馆的调查材料中有天鸡壶，有四耳双铺首衔环壶，以及有规则的褐色斑的小碗等等。这种完整的器物，二十年前见于杭州市场，在绍兴九岩窑发现以后都说是九岩窑的作品，到今天我们才知道是上董窑，从器物残片来判断这个窑的年代是两晋。碗外碗心的划刻莲花瓣花纹非常刚劲有力，是它的特殊风格。

（二）温州市　温州市三角门外约四里路就是西山，从北面起乌岩头，中经护国岭，南面到包公殿，绵延数里，在这一带的山坡下，田垄间，处处都散布着大量的碎片同窑具。因其在西山之麓，所以人们称为西山窑。此处碎片的种类极多，胎质的粗细，釉色的深浅，以至器物的形式，都很复杂。其中需要

---

[12]　参考：《旧唐书·地理志》;《新唐书·地理志》;《吉州窑遗址概况》，见《文物参考资料》1953年第9期；陈万里《最近调查古代窑址所见》，见《文物参考资料》1955年第8期；《关于唐代洪州窑问题》，见《文物参考资料》1958年第2期；英人伯兰司登氏《明初景德镇窑器》1938年出版，英国东方陶瓷学会1939年刊。

特别一提的就是一种折边的浅皿，宽底，矮底足，全身满釉，只是皿的里面及底面有几块积烧的痕迹，釉色青中带淡黄色，酷似唐代元和五年王叔文夫人墓中出土的越窑壶。西山窑的时代可能从西晋一直到唐代，至于是否为晋代烧造缥瓷的遗址，当难肯定，还需要在全面调查之后，经过进一步的详细研究，或可解决这个历史上的重要问题。

西山窑之外，又承温州市文管会的介绍，同到罗浮乡去调查，从温州下瓯江，进楠溪，在滩头上岸，不远进山，就到了罗浮乡。在附近五里内已发现古代窑址的有南岙、蒲垟及坦头三处。南岙的碎片完全是仿龙泉的作品，时代在元明之间。从已往文献以及实地调查的证明，知道浙江龙泉青瓷的烧造，先在龙泉南乡的大窑，后来沿着大溪（瓯江上游）东下，到了宝定、碧湖及丽水城外南山边各处，更进一步沿着大溪以至温州，自属意料中的事。坦头的碎片多为大型的壶碗之类，青釉极淡，往往短嘴，长柄，细颈稍收敛，宽底，因此形式极美。碗心有简单的划花，外面有压痕，蒲垟及坦头的都与此相同。离坦头约有七八里的所里、前山以及兴国岭等处的亦与坦头相接近。

（三）余姚上林湖　过去到上林湖访问窑址的有过些人，抗战前沪杭古董商勾结土劣挖掘，因而上林湖碎片之在杭州的一时很多，而且一块碎片往往可得善价。这次调查在湖西勤子山、狗头山（俗称）、沈家门前山、上村几处，都有很丰富的材料，这是当年上林湖窑场的集中点。碎片中颇多为《越器图录》中所不见的，如有一个盏托的边上划刻着四只鹦鹉，口衔花草，一如唐代漆器及铜镜上的花纹。在上岙湖的附近上四村以及由此往东的上一村及碗窑山等处都有碎片，胎骨较厚，青釉近灰，花纹亦多草率。据当地人说湖的西边浅滩底下，碎片极多细花纹的，若能组织发掘，必能于唐及五代所烧越器上的花纹提供丰富的资料。

（四）杭州市　市郊乌龟山的南宋郊台下官窑，抗战前经过多少人的调查，当时伪中央研究院的陶瓷研究所曾经做过化学上的分析。碎片之发现在遗址上的亦极多，当时日本在杭州的领事米内山庸夫尽量搜罗，号称有碎片万块，浙江省博物馆亦曾采集不少。此次我们去调查，遗址大部分属当地水泥厂厂址，所以碎片已不易得，只是坡下的浅塘尚在，早年听说塘里碎片颇多，此后如须发掘，此处似可注意。

南宋郊坛下官窑的发现，是近三十年来一件大事。此外浙江古代窑址在抗战前已经发现的有绍兴的九岩窑、王家渎窑、庙下窑，余姚的上林湖窑，吴兴的钱山漾摇铃山窑，德清的德清窑，金华的古方窑，温州的西山窑，处州的宝定窑、南山窑以及龙泉方面的许多窑址。新中国成立后发现了萧山上董窑，可以解决一部分两晋时代所烧造的青釉器的问题。可是仅仅上董、九岩、王家渎窑庙下四处遗址，还是不能够解释从三国的孙吴以至南朝这一段时间里大量生产青釉器的问题。因为新中国成立后清理墓葬的结果，自南京以至安徽芜湖各处发现这种青釉器很多（同时这种随葬品，尤其是南朝的，远至湖北、广东、四川都能发现同样器形与色釉的器物，这一点暂且不谈），那末烧造这种器物的一定不止此四处了。

其次温州方面听说瑞安、乐清都有窑址，尚未调查。靠近余姚上林湖的上虞，浙江省文管会已经发现窑址。龙泉的东乡安福一带也还没有去人调查过，而南宋赵成章所主持的万松林官窑依然毫无踪迹可寻。可见浙江古代窑址之有待于我们调查的还很多，所以说古代窑址的调查工作，浙江是一重点。[13]

## 八、福建省

（一）泉州　自从泉州吴文良、李硕卿几位先生在泉州东门外碗窑乡（泉州成立了市以后，属于晋江县第四区，但从一般习惯说，总是说泉州东门外，而不用晋江县第四区），发现了古代窑址以后两年，我们才去调查。出泉州东门沿公路往东北约七里，改走小道又六里余，就到了碗窑乡。乡有一条溪，溪北名碗窑村，溪南名后路村。溪水由此约八里到集美港，会洛阳江出海，就地势言，这里在古代有成为一个海口的可能。村中碎片极多，居民往往以匣钵残件砌成墙基。溪北碎片较集中，溪南的露出在地面上的不甚多。就两处所得碎片大别为：

（1）白釉　素白釉带灰色的有大型宽底、板沿洗残片。墩子式的有盖碗，碗身及盖上划有双层莲花瓣，胎极细。其他器式的碎片亦很多。

（2）影青釉　浅形洗子色较淡，洗里有两朵莲花的印纹，毛边。有盖盒的一种色釉为淡湖色，盖边有直道纹，盖中央印花纹，发现于路后村遗址。

---

[13] 参考：陈万里《越器图录》《瓷器与浙江》；《最近调查古代窑址所见》，见《文物参考资料》1955年第8期；又参考《浙江萧山县上董越窑窑址发现记》，见《文物参考资料》1955年第2期；《东瓯缥瓷纪实》，见《文物参考资料》1956年第11期。

（3）青釉 深灰青色有碗洗之类，碗里有圈垫的烧痕。另有一种色釉深绿，一般人称为土龙泉。

根据所见材料，可以确定为宋、元二代制作。至于在1953年前后在泉州发现的青中带黄的唐代作品，在我们的调查中未曾拾得，是否还是墓葬中的东西，尚须等待以后的调查。

《晋江县志》上仅有碗窑乡的地名，并不称道它的烧瓷。而于瓷灶一条里，却记有烧些瓷罐之类的记载，因而我们又去瓷灶进行调查。

出泉州西门过浮桥，经公路往西南约二十余里，转入小道不过二三里路就到了瓷灶镇。全镇现在从事陶业的有五百人左右。现在，生产瓦筒、水管、菜硼，以及销售于菲律宾的琉璃栏杆等器物。镇的周围有小山环绕，有一条溪，就叫瓷灶溪。在俗称许山、官仔山、蜘蛛山及垾庵山等四处都发现许多碎片，计有：

1.青釉 有撇口式碗，作茶青色，器身外面的釉，仅达器物的边缘，圈足，底部不高，有宽边，为碎片中最标准之件。带黄色的青釉小碟，平底无釉，碟里印花似石榴花、颇别致。碗里有箆形纹，亦有印"福""禄"等字及其他花纹，似仿龙泉制作。

2.黑釉 有长嘴、长柄的壶形及小碗残片。

此处所烧的器物，自宋至明以青釉为主，黑釉为辅。从清代一直到今天还继续造粗陶外销。乾隆年刊《晋江县志》物产条瓷器项下有"出瓷灶乡，取地土，开窑烧大小钵子缸瓷之属，甚饶足，并过洋"云云。所谓过洋，就是运销海外的意思，那就证明此种粗货，乾隆时还运销海外。上溯到元代周达观所著的《真腊风土记》中所谓泉州青瓷器已行销于现今之柬埔寨，可能就有瓷灶乡一部分的青釉器在内，这是值得我们注意的一件事情。

（二）同安　同安汀溪水库修建时发现窑址，1956 年春曾经福建省文管会派员到现场勘察过。我们由公共汽车自泉州到同安，汀溪水库离县十六里。当年发现碎片的地方有 1. 坝头，2. 汀溪山，3. 指挥部后山等处。1、2 两处就在现今拦洪坝的左侧，碎片的堆积，从坝下直到坝的顶部，数量之多，实在惊人，据说还有许多都被压在工程里面了。除了三处以外四周山中，烧过窑的地方还不少，可见当年窑场之广，至于此处碎片的大概情形是：

（1）青釉　有种种深浅不同的色泽。普通的碗胎极厚，碗心凹印双鱼，颇草率，这是与龙泉的双鱼洗不同处。还有印着屈前肢的小鹿以及其他简单的花纹。碗的外面大都有直线的箆形纹，碗里外侧有浅刻的草花纹，花草间有用竹签或箆所划成的线条样的连续细点，此种制作在日本的陶瓷书里以为这是宋代汝窑工人南渡后在南方所烧造的划花器物，给它取了一个"珠光青瓷"的名称（见日文《陶器讲座》第 12 卷第 138 页）。又说是浙江省德清后窑的作品（小山富士夫《中国青磁史稿》第 309 页及 310 页并有插图）。

（2）黄釉　为青釉未经烧得成熟的作品。

（3）灰白釉　有平底无釉而略现折腰形的洗子，洗中央有像波纹样的划花，极简单而活泼。小底足的撇口碗，釉虽带灰而极细润，碗里同样有简朴的箆形纹，此外另有圈形纹间以箆形似波浪的划刻，这是同安的特点。

以上几种式样，在以往虽有整器发现，但不多见，想系当年外销之瓷。

（四）德化　德化是一个山城，抗战前年产瓷器五万余担，嗣经衰落，新中国成立后逐渐恢复，我们去调查时知道已经超过了以往的数字。全县产瓷石及釉石的矿山以戴云山为主脉，从西北方向着东南。烧瓷地点据当地人的调查，从明到清末不下有数十处。此次调查目的不在于明、清，而在于寻觅明以前的碎片，果然我们竟发现了堆集宋、元碎瓷片的地方多处。

（1）新厂　在新厂建厂平地时发现，据说已搬去了或掩没了不少，我们去时还多遗留。此处所发现的白釉碎片全系影青作风，残片以寻常所见的扁形影青匣为多，匣盖侧面以及盖面，大都堆着线条简朴的花纹，白釉微微带黄。

（2）屈斗宫　在路边山坡有大可两人围的古树甚多，碎瓷片即可在树根下发现，堆积颇厚。碎片的特点有一种形似俗称铜锣洗的白釉洗，底稍凹陷，是浅挖的关系。洗有大中小三型，胎土白而坚洁，釉汁白净中亦略带黄。有一件浅碗，外侧堆花是莲花瓣，釉不到底，口部不挂釉，是覆烧的。器形均极玲珑，这里所见材料极丰富，在屈斗宫往东南不远的小山上也发现这种碎片。

此外，我们还调查过十排格、后所，此处传说是明代何朝宗烧窑所在，但地势颇狭仄。德化窑场外观上颇特别，都作馒头式，一个一个联结起来，其实仍旧是阶级窑。

福建的古代烧窑在一般文献上的记载有紫建、乌泥建及白建三种。而紫建与乌泥建二种又统称为黑建。黑建的烧造地点，已往文献记载是初设建安，后迁建阳，白建则在德化，最近经过宋伯胤的调查，证明黑建在现今水吉县的池墩村附近，因而我们也可以这样说：建窑是在水吉，专指所谓黑建，德化窑则专指白建极为妥善。不过向来谈福建烧瓷的只说黑建与白建，那就有修正必要了。因为从我们短短的一段考察里知道了：1. 除了黑釉与白釉外，还有烧青釉的，并且充分可以看出其中有一部分是模仿宋龙泉的双鱼洗以及元、明间龙泉印花的作法，这在当时是外销瓷之一种。2. 青釉外还有影青，如在碗窑乡所发现的。3. 德化方面发现了介于白釉与影青之间的一种作品，花纹以堆花为多，且用覆烧，又沿袭了从定窑到江西影青的一种传统的方法，这又是不为一般文献所称道的。4. 在泉州瓷灶发现了黑釉器物，可见已往文献所谓在某一地区的窑，专烧某一种色釉的，又有错误了。

另外就泉州港的当时情况说，是极繁盛的，为此经泉州港外运的瓷器，其中自然包含着泉州碗窑乡以及瓷灶的物品，还说不定包含在《晋江县志》舆地都里条下所记载的如后窑顶、窑前、窑后等地所烧造的，更不用说在泉州附近当年所烧的粗细窑货，即如现已发现的同安汀溪青瓷之类。广义的说，所谓"泉州青瓷器"实际上它的烧制地区是相当广泛的，一定还不止同安汀溪等几处。

此外已由福建省文管会派员查勘过的，如福清与宁德两处都因建造水库而发现了古代窑址，它的作品除青釉外，黑釉的一如水吉。光泽县的茅店，由于修建鹰厦铁路辅助公路而发现了窑址，有黑釉及影青等。连江县内有两处烧青釉及灰白釉的古代窑址。其他仙游、永春、安溪、龙溪各处都先后发现过碎片。所以希望不久的将来，能开展一个对于福建古代窑址的广泛的深入调查，对于福建窑可能有一个全面的观察。[14]

### 九、广东省

（一）广州市西村窑　广州市西郊西村土名皇帝岗，有一土阜，发现碎片及窑具极多，附近自来水厂中亦多发现。就地面所见的碎片中有一种最为特别的是淡青釉凤头壶的凤头碎片，此种造型的发现还不少，广东省文管会有一把白釉完整的凤头壶，就是这里的出品。查凤头壶的整器，向来出土于北方，时代断为唐代，辽瓷中也有此种造型，盘口细颈，已属变形的了。这里所发现的鼓腹而全形较矮，亦与北方的不同。此外淡青釉的碗，外侧划莲花瓣的碎片极多。1956年10月广州市文管会进行发掘，所获碎片的材料中有黑釉的似仿河南的制作，时代当早于黑建。淡青釉外面划莲花瓣的高足杯，凤头壶残片中有少数的青釉，烧得已极润泽。瓜棱式壶、葵瓣边小盘洗、有压痕的碗，都属唐代风格而稍变其形。长嘴的壶以及仿邢窑的宽边盘，有影青碎片但不如景德镇的细致，外面划莲花瓣的直筒式平底杯，此为他处所不见的造型，还有似临汝窑的印花青釉

[14]　参考：《晋江县志》；《德化县志》；周达观《真腊风土记》；《建窑调查记》连江县的两个古窑址，见《文物参考资料》1955年第3期；《谈德化窑》，见《文物参考资料》1955年第4期；陈万里《调查闽南古代窑址小记》，见《文物参考资料》1957年第9期；福建省文管会《同安县汀溪水库古瓷窑调查记》《福清县东门水库古窑调查简况》《光泽茅店宋代瓷窑址》，均见《文物参考资料》1958年第2期。

器。总之这里碎片极丰富，广州市文管会已编写发掘报告出版，对于西村窑有较详细的记录。

（二）潮州水东窑　潮州水东窑的被证实是这样的：在 1922年，由于当时军阀内战，挖掘战壕，而在潮州城外西南约十里土名羊皮岗的地下一个小石室中出土了四尊瓷造像，都有年月（一尊治平，三尊熙宁）、工匠的姓名（工匠名周明）以及明白指出烧造的地方是潮州水东中窑甲。造像之外还有一件完整的满雕花瓣的高足碗。这些出土物品，为一个官僚兼豪商饶某所得，在第五卷第一期的《岭南学报》里有道在瓦斋所写的《谈瓷别录》，曾经详细介绍过。事隔多年，也不知道流落到何处去了。1956 年广东省文管会探听到这批出土物的所在，经过相当时间，居然收购回来。同时又报导说潮州东门外，过了湘子桥的韩山上，发现了许多碎瓷片，并经商锡永、顾铁符先生勘查属实。由此线索，我们就去实地调查一次。

由于我们在这韩山上的碎片堆积层里，拣得像那造像的影青碎片独多，就是高足碗的莲花瓣造型也很不少，因而证明了这就是宋代潮州水东窑的遗址所在（韩山在韩江东岸，因此窑名水东）。

同时从乾隆刊本的《潮州府志》里知道这个宋代的水东窑，也就是后来的白瓷窑，山的南面还有南窑云云，由此可以推知中窑之北定有北窑，而中窑甲的方位是在韩山中部，距离现在的湘子桥当不甚远，此处碎片最多，正是水东中窑的遗址。

此处碎片的种类，饶宗颐所著《潮瓷说略》中引 1940 年 9月《亚细亚》杂志福州教会麦康氏《一个中国古代窑址》文中的分析，而我们所调查得到的碎片，可分白釉、影青、黄釉及青釉等几种。每一种还有几个不同的类型，其中以白釉及影青二种为主。造型与釉色颇多与景德镇所发现的北宋时代的影青相似，是否当年的水东窑就是仿景德镇的，证以程哲《窑器说》里"广东窑出潮州府，其器饶饶器类"的说法，有点可以相信。今后应该就两处的影青碎片，与以比较研究，或可解答这个问题。至于潮州窑的作品，传世的整器绝少，是否系外销之故。潮州距泉州近，宋代的泉州对外关系，为我们所深知，那末此种作品，经由泉州港输出，是一极自然之事，此点亦可供日后的研究。

此外我们在潮州调查中获得下面一些资料：1.潮州除水东窑外还有好多处的古代窑址尚未经过调查（北郊窑上埠附近发现皇祐二年及治平丁未年文字的压锤，现存潮州市文化馆）。2.早期唐代青釉带黄的器物，出土不少，是否亦系潮州烧造，还是当地墓中的明器，尚待研究。

总之潮州窑方面，待考的问题尚多，因而需要进一步的调查，是没有疑义的。此外惠阳白马山碗窑村已经发现了青釉器，碗心有"福""清"等文字，似仿龙泉。潮安县赤凤乡及紫金县中澄乡、水寨亦均有窑址发现。而尚未发现窑址的，如文献上所称的阳江窑以及记载上所说的汕头窑等等，更须此后的调查与注意。[15]

---

[15]　参考：《潮州府志》；程哲《窑器说》；道在瓦斋《谈瓷别录》，见《岭南学报》第 5 卷第 1 期；饶宗颐《潮瓷说略》；陈万里《从几件瓷造像谈到广东潮州窑》，见《文物参考资料》1957 年第 3 期。

# 三

综上所述，可以概括地得出几点结论。

（一）经过多年来的调查，发现了已往文献所不载的许多古代窑址，即如在景德镇唐代窑址的发现，就是一个重要的例证。因为从这件事，可以说明景德镇自从南朝陈的时候，烧造过陶础以后，隋唐时代究竟如何，史阙记载，自从唐代窑址发现后，对于景德镇的陶瓷发展史，有了直接的补充资料。

（二）对于已往传世的器物而未能确切明了其烧造地点的，经过多年调查的结果，可以鉴定其为某处古代窑址所烧造的了。这种事例，如耀州窑在不少东西洋记载上谈及中国瓷器的，对于这种器物，往往以北方青瓷称之，或者说是记载上所称道的东窑，到了今天耀州窑地点以及大量碎片发现了以后，就可以纠正已往鉴定的错误。又如巩县窑的发现，对于已往洛阳唐墓里所出土的一部分蓝彩的器物，可以确定了它的烧制所在。

（三）关于古代窑址的烧造时期，除了检查文献、提供材料外（如定窑之与《曲阳县志》），而古窑址方面得到碑记的史料，足以肯定烧窑时期的，如修武当阳峪窑神庙碑记、耀州窑德应侯碑记等，是极重要的收获。

（四）有许多偏僻地区，如河南宝丰县青龙寺、鲁山县段店等地，都发现了占有很大面积的窑址。其中所发现的碎片，又是那么丰富多样，为我们所不能想象的。同时在这许多碎片里，可以发现已往所不能鉴定的物品甚多，这是普遍调查古代窑址所获得的重要事实。

（五）在河南方面发现的古代窑址最多，黄河以北可以说从安阳西乡起经过汤阴的西乡以至修武的当阳峪成一条线，其间已经得到线索而尚未调查的有汲县、林县等县境内的窑址，其在黄河以南的，沿陇海路东至巩县，西迄新安、洛阳以南临汝、宝丰、鲁山一直到禹县等处，其间亦有尚未调查的还有登封、伊阳等县。在此广大地区以内的古代窑址，都是没有文献足征的。烧窑的年代判断，很多是有北宋年代的证明，大抵在那个时代里，河南各地的陶瓷业，最为发达。或许经过金人的蹂躏而衰落下来。但是后来又盛烧钧釉瓷，这在各处窑址方面所获得的元代钧釉片可以证明。总之河南到处都有古代窑址，是一个值得重视的地区。

（六）向来在谈瓷的文献里，一般承认南青北白的原则，其实并不如此。北方之临汝、耀州、磁县都盛产青瓷，至于北方所烧造的虽则未曾发现其烧青器的窑址，但也不过时间问题而已。南方的景德镇，在胜梅亭的唐代青瓷窑址方面，却也发现了白釉器。至于福建方面向来认为黑建在福建北部的水吉，白建则在德化，最近发现黑釉碎片的地方很多，即远至四川已有人调查过广元瓷窑铺，尽是烧黑釉器的。可见这种调查的结果，对于已往文献记载的纠正，是有极大的帮助。

（七）经过这一番调查，在各处窑址方面所获得的材料里如鹤壁集陶盆上大胆的划刻花纹，修武窑的剔划及刻填方法，定窑及耀州窑碎片上图案的丰富，宋代景德镇影青瓷胎的细致洁净，吉州窑的宛如现代剪纸贴花的处理，以至宋、元时代德化瓷器上的精致的堆花，潮州窑的种种造型，都可以作为今天陶瓷烧制上的参考，也就是说有许多优良传统的釉色、图案、造型，怎样为今天应用，为今天服务，是有无穷尽的宝贵遗产，可供吸取的。

最后从这些实地的初步调查，对于此后重点调查或发掘，提供了一些可以参考的意见。即如：1. 毫无疑问，河南是一个重点，其间如巩县窑可以说明一部分唐三彩的烧制，宝丰青龙寺、鲁山的段店，因为窑址的区域大，碎片的多种多样，可以解决关于鉴别早已出土的所谓河南陶瓷以及各该窑究竟烧制了哪些器物等等问题。此外如汤阴的鹤壁集、修武的当阳峪、禹县的扒村，都可以说明河南窑的种种面貌，进而研究北宋以及金人统治下的河南时代政治经济各方面影响到河南陶瓷的盛衰关系。2. 是景德镇，由于明清以来，它是中国陶瓷业中心，对于已往景德镇的烧造陶瓷史料，还不够充实，应该有一个系统的调查来说明它的发展经过。3. 是浙江，除了余姚的上林湖、龙泉的大窑各处以及永嘉的西山窑以外，还需要对九岩窑、王家溇窑、庙前窑、吴兴钱山漾摇铃山窑、德清窑、金华古方窑，以及上董窑、上虞窑等等近来继续不断发现的古代窑址，作继续调查，来说明早期浙江陶瓷大量生产的情形，因为可能还有许多窑址，尚未发现之故。同时对于已经发现的许多窑址，须再作深入调查，或须予以发掘，应该有一详尽的计划，庶几对于浙江的古代烧造陶瓷，有一全面的了解。4. 是闽粤方面的继续调查，为的是要充分明了宋、元时代甚至明代早期在那一个地区生产着许多为外销目的的陶瓷器，来弥补对于这方面的空白点，是一件极重要的工作。

（《故宫博物院院刊》总二期，1960 年，与冯先铭合著）

# 谈谈河北省唐山市的陶瓷

唐山烧造陶瓷历史并不很久，同时它的出品不见重于市场，灰溜溜的胎质，造型设彩都是模仿外来的洋瓷，有浓重的舶来品色彩。全国性展览会在唐山出品的品种有限，没有受到人们的注意。同时受人注意的总是提到景德镇，景德镇瓷就代表了全国的水准。可是士别三日，便当刮目相看，今日之唐山陶瓷，已一变向日的面貌，而且创造性地出产了许多新的品种。

我所看到的今日之唐山瓷，除了我国传统的青花及釉上粉彩以外，增添了蓝彩、雕彩等种种花色，还有许多特出的新产品受到国人一致的称赞。唐山瓷的粉彩出品的画面，颇有景德镇刘雨岑老艺人的风格，就是设色较清雅，画面的布景格局极为简洁，因而令人有一种清新的感觉。许多釉下彩的作风完全取法于醴陵瓷，设色亦极素朴而清雅，花卉鱼虾的取材虽有点白石老人的遗意，却不是在整器上完全抄袭老人的一幅画，而是在繁简的取舍之间有分寸的布局，如淡淡的一枝牵牛花或是疏疏落落的几个小虾米，令人萧然意远。造型方面，亦是经过苦心的研究，如一个有盖的茶杯，显得玲珑可爱，不像市场上所通行的那种笨重相；一把茶壶或酒壶，都有此种特点。就新品种说，我特别欣赏所谓雕彩的手法，它是在素胎施加刻划花纹以后再行上金彩或银彩的。其实此种作法在我国手工艺品上，如宋代瓷器的剔填以及明代嘉靖、万历时期所盛行的雕填。于此我倒有一种想法，是否可以先加釉彩，然后施雕，再加彩色？如此在一朵金色的牡丹花下，可以衬着豆青色的地彩，比之白釉的地更要来得美观。同时此种加金加银的雕彩图样花纹，可以参考唐代攒金银器上的图案，还可以地上施以锦地，仿照明代锦地丝织品的作法，也就是清代康、雍、乾三朝瓷器上的锦地，更要增加瓷器的富丽。这不过是我一时想到的一个不成熟的意见，提供唐山瓷设计人员的参考。

　　还有唐山陶瓷不同于其他地区的是除了注意日用细瓷外，还努力于日用粗陶的创作。如为北方可以蒸烧面食用的笼屉、陶制饭幢，以及陶饭罐等等作品，都是别出心裁的好产品。我想单提那种陶饭罐，是一个体积相当大的陶器，造型颇像搪瓷或钢精制的手提饭幢，罐上放有一个盛菜的小型盘碗，盖是一只覆盖的小碗，这个器的作用是用以盛饭的。此种造型，远在两晋时代的晋瓷制作上已有盛水用的四系罐，由两晋而南朝，而隋唐，都沿用着此种用具。有的除了四系之外加上一个小柄及一个小流，便于把握住罐而倾注茶水。直到今天此种造型，如在山西介休洪山窑以及山东博山窑各处都有此种陶器的烧造，专供农村田间工作时需要喝水之用，为农民所喜爱的日用必需品。因而唐山市创作此种饭罐，是吸取了我国陶瓷工艺的优良传统，就这一点值得各处瓷厂对于设计日用陶瓷器方面深切注意的一件事情。本来陶瓷器是一种实用艺术品，第一任务是在为日用服务，造型之适用与否就不能脱离了生活，脱离了生活的陶瓷是一无用处的。至于陶瓷器上所附加的装饰，如划刻花纹、雕剔、雕填后所施加的彩色，镶嵌贴附一个装饰小件，不等同于一件雕塑作品；器物上的图案花纹甚至有山水、人物及花鸟等等画面，决不等同于一幅绘画。一切造型及附加的装饰加工都是服务于实用，所以陶瓷器是实用艺术品。在欣赏一陶瓷作品时，除了注意它的实用外，还要欣赏它的造型美、装饰美；在欣赏一件陶瓷器上所表现的造型美及装饰美以外，还要密切结合着它的实用价值。现就各个地区所创作的陶瓷器来说，可以见到许多不必要装饰的堆砌，加彩方面，往往大红大绿的色彩往器身上涂抹，成为一种东施效颦、丑态百出的东西，或者竟成了戏剧里涂脂抹粉的丑旦，不但不能引起人们的美感，反而会嫌丑恶而令人头疼厌烦，心神不愉快起来。在唐山市的陶瓷器上找不出此种情况。

还有吸取兄弟瓷厂的先进经验一层，一定要吸取人们的精华而遗弃人们的糟粕，同时还要熟习自己的历史，能够取人之所长来补我之所短，这与当地的生产上所特定的物质条件是不能分离的。以往见到磁州瓷，却不生产古代磁州窑的传统作品，而生产大红大绿的作品。又如德化瓷却不生产古代乳白色的白瓷，偏偏要生产青花瓷。其他如禹县神垕镇各地都有此种情形，抹杀了自己地方传统而盲目的抄袭人家，结果是应了我乡所谓"顶了石臼唱戏，吃力不讨好"的一句俗话，这又何苦来呢？唐山瓷知道自己的特点，同时又能善于吸取兄弟瓷厂的优点，如仿醴陵的釉下彩以及创造性地制造出新的品种，这是一条正确的生产大道。我想唐山瓷之所以取得如此辉煌成就，完全与烧制唐山瓷的领导部门的正确领导以及艺人们的辛勤劳动分不开的。唐山瓷是新兴的，凡是新兴的事物总是欣欣向荣向前发展的，老大的自然会落后于后来的，这是一条自然规律。唐山瓷正在光明的道路上大踏步向前迈进，其他地方的瓷厂应该丢掉老大哥的包袱，向后起之秀的唐山瓷厂学习。

最后还有一点附加的小意见提供参考，就是中餐具可以设计两人及五人一套的整份用具，内容可包括饭碗、小拨碟、汤匙各二件、中型盛菜碗四件、中型汤碗一件，五人的照此添加。此外还可多烧造一些零星的，如儿童用的小饭碗、拨碟、汤匙等等，以备消费者可以自行斟酌添加或补充损坏之用。

（《美术》1962 年第 6 期）

# 从釉彩方面看我国瓷器的发展

我国瓷器的烧造，历史悠久，成就辉煌，不仅在我国文化史上占着彪炳灿烂的一页，就是对于世界工艺美术方面也起着极重要的作用。关于瓷器的造型、釉彩，以及图画装饰的材料都极丰富，因而有必要从各个方面予以科学的详细的分析。在这里，仅就釉彩部分作一简单的叙述。

首先要谈的是青釉。提到青釉，应该从釉陶说起。1949年以前，在安阳殷墟曾发现过釉陶碎片，但当时并未为人们所重视；1949年后，随着考古工作的蓬勃开展，在河南郑州二里岗、洛阳、陕西西安普渡村、张家坡，及江苏烟墩山等处，都先后发现了釉陶的整器或残片，而安徽屯溪的西周墓中竟发现姜黄绿色和灰青绿色的釉陶器达71件之多。从科学上研究这许多地方发现的釉陶的结果，证实了张家坡西周釉陶碎片的烧成温度达到1200℃左右。因此基本上已烧结，吸水性很弱，矿物组成已接近瓷器。由这些碎片釉的颜色和化学成分中的氧化铁存在的状态及含量来看，多数是在弱还原焰中烧成的，这就说明了我国远在殷周时代的劳动人民即能掌握1200℃左右的高温技术，而氧化铁在还原焰中烧成的青绿色已经获得了初步的成就。

由此发展的所谓早期青釉器，在江苏淮阴以及其他地区的汉墓中都曾先后发现过不少。1937年前后，在浙江绍兴、萧山一带三国孙吴墓葬里也出土了很多青釉器，有永安三年（吴景帝，260年）纪元的青釉罐是最显著的一例；1949年后，在南京赵士岗墓里又发现了有吴赤乌十四年（吴大帝，251年）铭记的青釉虎子。这些器物的釉色都呈淡青色，证明青瓷的烧制在三国时代一段时期里的青瓷，由于十年来出土遗物很多，从釉质色泽上，更能确切认识到南方地区关于烧制青釉瓷器的演进过程。当时北朝方面是怎样的呢？通过1948年河北景县封氏墓群的发掘，除了发现许多青釉的壶、瓶、罐、盘、碗、杯以外，最重要的是仰覆莲花六系大尊。从这件大尊来说，不仅反映出北方青瓷的独特风格，而在青釉的烧制上，竟与南方地区获得了同样的成功。后来在唐代凤头龙柄壶的器身上，也可以看出北方青釉瓷品质技术水平。唐代青瓷烧得最成功的是越器，它的色釉虽仍青中闪黄，但是晶莹润泽，已有陆羽《茶经》里所谓类玉类冰，以及陆龟蒙诗中的"千峰翠色"之誉。有一件越窑青瓷壶，1936年出土于绍兴古城唐户部侍郎北海王府君（叔文）夫人的墓中，有元和五年（唐宪宗，810年）墓砖，可证为唐代中期以后的作品。此时宫廷中亦应用越瓷，称为秘色瓷。及至五代钱氏偏安江左，为要取媚于当时雄踞中原的几个统治者，先后把越瓷作为贡献之物，故宫所藏的一把光素的壶，就是这个时期的作品。同时在陕西耀州黄堡镇（今铜川县黄堡镇）也仿制越瓷，就是所谓耀瓷。它的青釉，继承着北方青釉器的传统，色调呈橄榄色，有的带点绿而呈艾色，也有微微闪着黄色的。经过五代以后，南方越瓷渐渐衰落，龙泉青瓷继之而起。在北方则河南汝州（今临汝县）青瓷见重于当时，因而河南的邓、唐各地都仿效它，青瓷的烧造可谓盛极一时。

就在此时，统治阶级攫取劳动人民的果实，除了部分耀瓷进贡外，还命汝州工人专为宫廷烧制瓷器。制瓷工人们以其丰富的经验和聪明才智，就烧制出所谓汝窑的瓷器，釉色已由带绿或是微闪黄色的转成粉青。不久在河南开封继续设窑烧制青瓷，就是所谓北宋官窑青瓷。靖康以后，南宋成了偏安局面，南宋修内司及郊台下官窑虽曾一度烧制，终究生产有限，遂至停烧。当时浙江龙泉有章姓兄弟二人，各别烧制瓷器，所谓哥、弟二窑者是。龙泉方面，因得地理之便，土釉原料，均极优越，所烧青瓷，达到梅子青的色泽。迨宋亡元起，龙泉各地，更盛烧青瓷，以应海外需要。我国青瓷就被誉为世界上釉色最美丽、最富于魅力的一种器物。明初永乐时代，景德镇窑仿烧龙泉釉色，醇净无疵，几乎超越龙泉。此后青瓷虽亦不断烧制，未能有所独创。直到清代雍正，制瓷工人们对于青釉色料的配合，火焰的掌握，都能充分利用，因此仿汝、仿官、仿龙泉的各种青釉瓷器，都能妙造自然，恰到好处。这是数千年来烧制青瓷的科学成就的结晶。同时，由带青绿色的釉陶以至烧制成为雍正时代标准青釉，也是一个历史发展的必然成果。

其次就要说白釉。白釉的起源，虽是一个尚待研究的问题，但它是与劳动人民对于釉质从技术上提高加工的过程分不开的。至于烧制成白釉器物，从文献记载以至现今所发现的遗物来看，应当说是开始于南北朝及隋代之间。到了唐代，邢窑白瓷通行全国。晚唐五代，曲阳定瓷继之则起，至宋，更大量烧造。当时山西、陕西、河南以至江苏、浙江、江西各处窑场都普遍仿烧定瓷。另在江西景德镇的仿制中另有一种介于青与白之间的瓷器出现，即后来俗称之影青。它的色泽有时显得像湖水般的颜色，有时又稍微深一点。此种独具风格的作品，从那时代起一直延绵继续下来，成为白釉瓷器的一个支流。到了明代永乐时期，白釉瓷器放出了光芒四射的异彩，就是在极薄的胚胎上，涂上一层与之相适应的薄薄的釉，烧成后，器胎薄而轻，有着光洁细致的瓷面，这所谓永乐半脱胎甜白瓷器。白釉烧制至此，已远远地超越了以往的邢瓷及定瓷。与景德镇窑白釉瓷器相辉映的，有福建德化窑的建白。德化瓷器上的白釉，微带牙白色，有温润如玉之感。此外，白釉对于施彩瓷器的发展，也起着一定的作用。因为釉下彩的瓷器，需要有一层白釉覆盖在色彩之上，而釉上彩的瓷器，同样地需要先有此种薄层的白釉，以便施彩。此种白釉，如其不能达到一定的白度及透明度，那就不能显出釉上彩色及釉下彩色的功能，也就是说不能达到瓷器上装饰美观的结果。因此白釉之对于瓷器彩绘的影响，有着如此重要的关系。

从元代青花釉里红的釉下彩、明代成化的釉上彩起，到了清代康熙、雍正、乾隆各个时代的彩瓷，都是由于白釉的继续不断的进步，才能使得彩绘瓷器有了今天辉煌的成就。试以雍正的粉彩盘为例，近据专家研究的结果，它的白度和透光度都增加了，烧成温度达到1310℃，白度是77.50%，因而雍正的彩瓷获得了极高度的评价。此种白釉与彩瓷间的相互关系，是值得人们注意的一件重要事情。

再其次就要谈到红釉。红的呈色是由于氧化铜，此种由于铜红的呈色反映到瓷器上面，在五代时期的一件短流有把的白釉壶上有着红色中微显绿色的挂釉，但是否由于人为的关系，还不能作出肯定的结论（原件现存故宫博物院）。而苏东坡诗中所赞美的"定州花瓷琢红玉"那样的红定，到今天还不能确切证明为铜呈色作用，所以红釉究竟初期烧制的确实时期，一时还无法断定。及至到了均窑所烧成的所谓钧红，其间一部分铜红的呈色获得了显著的成就。有的是紫红色彩，显着玫瑰般的娇艳，有的像晚霞一片，更有的是斑斑点点，青蓝与紫红相间，显出错综复杂的色彩。由于釉料配方中所含氧化铜成分的多少，火焰的不易掌握，加上铜红呈色非常不稳定的种种原因，所以铜红呈色的烧制成功，是一件极不容易的事情。当时钧红的烧成是在北方，南方的景德镇窑也经过了相当时间的摸索，从釉里红的烧制方面，积累了不少的经验，进而为铜红单色釉的尝试。初期所烧制的，呈色是一种较为深暗的酱红色，时期大约在元代末期及明初之间。到了永乐时代，铜红的单色釉完全烧成功了。红的光色，明亮剔透，鲜艳夺目，因而有鲜红之称。宣德一代追踪步武，红釉的呈色虽较深沉，但是釉汁莹厚，宝光四溢，所以文献上称为宝石红。此后烧制红釉的技巧，未能继承下来，转烧釉上彩的矾红器来替代釉下的红色彩绘。单色红釉的瓷器，就停烧了一个长久的岁月，一直到了清代康熙时期，重行恢复起来，人们称它为郎窑红或牛血红。它的红釉在大型的器物上，垂流地方的红釉厚而色深，口部边缘由于挂釉较薄，最后经过氧化，铜分已少，颜色遂浅，肉眼看显呈出白色，这就是俗称的灯草边。此种色釉具有一种强烈的玻璃光泽，极尽绚丽灿烂之致。同时还烧成一种桃花红的色彩，也就是俗称的美人霁，或称豇豆红，在浅红色里隐现着深红色的斑点，或者由深红色的色泽逐渐转为淡红，有时还散布着细小的绿点，所谓"满身苔点泛于桃花春浪间"的微妙变化，正是铜在氧化及还原火中复杂的作用所致。此种红釉的烧成，比之以往各个时代所烧制的，又推进了一步。到了雍正时代，别有一种红釉出现，红的光彩如火焰一般，间有紫青色，因而人们称它为火焰红或火焰青，一般又称之为窑变。总之，清代的铜红呈色烧制的成就方面是超过前代的。

最后必须提及的是瓷器上的加彩。本来瓷器之成为工艺美术品，有三个要素：一是质料，二是造型，三是装饰。装饰部分除了单色釉的青釉、红釉、白釉器上的划花、刻花、印花以及堆贴等等加工以外，在白釉的釉下及釉上施以彩色的花纹，是装饰方面到最后成为最发展的一种手法。它的起源，应该远溯到新石器时代的彩陶，战国以至两汉时期的陶器上，也都加上彩色的描绘，东晋及南朝的青瓷上有着极为整齐的褐色斑点，唐代的三彩人俑及马俑上面往往敷以金箔，施以朱彩的也是数见不鲜的。同时在壶、缶之类的黑或灰蓝釉的瓷器上，往往可见大块的彩斑，布满金器，极为美观，或者以褐绿色片叶形的彩斑，配在天蓝色的釉地上，构成一幅极美妙的图案。此种色彩谐和的加彩，是唐代加彩方面最为突出的作品。另外，在最近发现的长沙铜官窑所烧制的作品上，如壶、枕之类，往往于釉下加褐彩或绿彩，显得清新明亮。宋代的制瓷工人们继承着以往在瓷器上加彩的传统，对于釉下加彩方面，如河北的磁州窑、河南的修武当阳峪窑、安阳的观台窑、汤阴的鹤壁集窑以及禹县的扒村窑各处，很多在白釉或绿釉下用赭色或黑色作装饰图画的。在釉上加彩的如山西长治八义窑、山东德州窑、河南汤阴鹤壁集窑多用红绿两种彩色，所谓宋瓷加彩，在当时也很盛行。以上所说的是元代以前各地瓷窑在瓷器上的加彩情况。

元代景德镇窑烧制的釉下彩，就是釉下青（青花）及釉下红（釉里红）的两个品种，获得了显著的成就。在早期作品上，青的色泽呈灰青色，有时极暗淡，元代中期以后，有着明显的进步，青色已较透亮，可以适应描绘较为繁复的花纹。当时大量青花瓷器就成为我国对外贸易方面一种重要商品。同时釉下红瓷器方面，也从红的呈色极不一致，或是局部的呈现红色的情况下，逐渐由灰暗的色泽变为比较鲜红，以至转到大部分的红色达到适当的程度。

以上两种釉下彩，在青花方面到了明代永乐、宣德之际，由于利用外来的苏麻离青色料的关系，青花瓷器的色泽胜过元代，直到今天，所谓宣德青花，还是人们所啧啧称道不置的。嘉靖时期的青料，改用从云南来的所谓回青，因而瓷器上青的色调，跟宣青有明显的不同。清代康熙时期，青花又因采用云南所产珠明料的缘故，烧出的青色作深蓝色而透亮明朗，远胜前代。同时，画面上的青色，深浅浓淡，可以随心所欲，不受拘束，又是以往所不及的。关于釉下红的烧制，因为铜红的呈色，不能像钴青那样稳定，所以正德以后，就停顿下来，一直到清代康熙时期，铜红呈色恢复了，釉下红也就同时复生起来。

元明清三个时代里的釉下彩情形已如上述，现在要谈谈那个时期里釉上彩的进展概况。元代的釉上彩，尚无足够的资料，所以现在只能从明代谈起。明初瓷器在宣德青花瓷器上已有矾红的加彩，并且在文献记载里说有五彩。到了成化时代，瓷器上的加彩有着飞跃的进步，文献里有五彩或是青花间装五彩的记载，斗彩是后来人的说法，其实成化的加彩方法是多样的。分析起来可以区别为点彩（极少的彩附加在青花的画面上，含有小小的点缀之意）、覆彩（在青花上覆盖一层色彩）、染彩（另在青花边外加以彩色的渲染）、填彩（在青花轮廓线内填充彩色）、加彩（在青花花纹上，附加一种彩色）等种种；也有并无青花而在白釉上施以各种色彩的，此种复杂的用多种色彩的加彩方法，在我国陶瓷史上是一个重要的新创作。嘉靖时期，在大型的青花盖罐上，加上多种色彩，也就是所谓青花间装五彩之意。矾红的应用极为普遍，它的色泽如秋柿，红中透黄，娇艳可爱。万历继之，矾红的色泽又如樱桃，绿色的也像石榴那样葱绿，一般加彩都比较浓重深厚，称为万历五彩。清代康熙时期，一方面继承了明代的各种加彩传统，熟悉了从成化以至万历各个时期的加彩方法；另一方面又有了新的创造，例如以蓝彩来代替青花，黑彩的普遍使用等。及至加用金彩以后，彩色主面更显得堂皇典丽，仪态万方。此外，如程度深浅不同的绿色，葡萄般的紫色，所谓蛋黄、鹅黄、柠檬黄、蜜蜡黄、鸡油黄等种种的黄色，都清亮透澈，怡人心目。还有在彩绘的瓷器上面，又用彩色地来衬托装饰画面，这又是康熙所应用最广而为以后所效法的一种技法。

其次所要说的是釉上另外一种施彩，就是粉彩。粉彩的应用，可以随着绘画艺人们的心意来渲染，因而有不同层次的色调，显得非常柔润，所以此种彩称为软彩，以别于康熙时代所用的透明彩色的所谓硬彩。粉彩开始于康熙，大抵施用于盘碗，绘画以花卉飞蝶为多，结构颇简洁，可以看出萌芽时期的作风。雍正时代粉彩最为盛行，如团蝶碗，渲染色调，丰富多彩，可以看出雍正粉彩的风格，这是瓷器加彩方面的一个高度的成就。自此以后，粉彩就成为我国瓷器加彩上一个重要的品种。

最后还要谈一谈釉上珐琅彩。此种彩料，首先在铜胎上应用，所以称为铜胎画珐琅；后来运用于瓷，因而有瓷胎画珐琅的名称。康熙时代开始，多用黄、蓝、紫等颜色为色地，绘以各色花卉，大都为图案形式。雍正时期，不复拘泥于此种装饰方式，进一步以粉彩方法施之于珐琅彩瓷。当时瓷器的胎质及白釉最为细腻洁净，器形亦极规整严格，益以珐琅彩所画的纹饰，淡雅沉静，远在其他瓷器之上，因此说珐琅彩瓷器在中国瓷器发展史上开一新纪元的话，并非继誉。后来乾隆过之，萧规曹随，不失雍正典型。

此外清代瓷器对于彩色的贡献，如胭脂红、玫瑰红、蔷薇红、珊瑚红；各种深浅不同的墨彩；以及仿制各种工艺品的色彩如漆器、古铜、古玉，以至像生花果甲虫等种种，都能达到惟妙惟肖的境地。

综上所述，中国瓷器在釉彩上的发展面貌，可以得到一个比较清晰的轮廓，就是：

1. 魏晋以前是一个萌芽孕育时期，成长发育于隋唐，宋元是发展时期，到了明清是一个成熟的阶段。这就说明釉彩的进展是继续不断地向前推动的。

2. 青釉的发现最早，唐宋时代各处瓷厂盛烧青瓷，所以宋代以前，青瓷在中国瓷器史上是占据重要地位的。白釉瓷器在初期时代里，与青瓷并为当时人们所推重，后来由于釉下彩及釉上彩的发展，愈显得瓷器本身上所蒙覆着的一层白釉的重要性。它与胎质的提高是分不开的，胎与釉都要达到一定高的水平，于是彩绘装饰才有所附丽，因此白釉就成了烧制精良瓷器的一个基本重要条件。红釉瓷器，发现较迟，中间又经过几次衰退及中止时期，可是由于这个红釉的烧成，毕竟是一个极重要的发明，所以红釉就成为非常名贵的一个品种。加彩方面，如青花的淡雅幽静，五彩的缤纷多丽，粉彩的温润柔和，都是为人们所喜爱的，因而加彩瓷器就成为中国瓷器的一个主流。

总之，釉彩的发展，经历了漫长的岁月，后浪推前浪似的，一步一步地创造、改进、发展，呈现出一幅灿烂光辉的画面，这是悠久历史里中国烧制瓷器工人们辛勤劳动的结晶。

（原载《历史教学》1962 年第 8 期）

# 中国瓷器史上存在着的问题

从 1949 年以来由于古代窑址的陆续发现，出土了不少宝贵的遗物，因而说明了许多瓷器史上向来含糊不甚明了的问题。可是尽管取得了如此巨大的成绩，还遗留下来一些问题有待于此后的发掘结果。究竟还有哪些问题呢？我想把它列举出来如下：

1. 北方青瓷问题：自从在河北贾壁地方发现了古代窑址，似乎关于北方烧造青瓷有些端倪，不过就贾壁所出土的碎片看来，青瓷的烧成不够成熟，因而还不能解决河北景县封氏墓中所出土的若干青瓷的烧造地点。尽管有人怀疑封氏墓中仰覆莲花尊这样一件青瓷，是否为北方所烧造，是值得商榷的。但是另一方面也有人怀疑这样一件不同南方所谓晋瓷的一类青瓷，因此以为北方自有它烧造青瓷的地方。究竟此种青瓷是南方所产，抑或北方早期的青瓷？大成问题！同时假定为北方所烧造的，那末它的窑址又在哪里呢？这是一个北方早期青瓷所尚未解决的一个重要问题。

其次谈到北方青瓷的烧造地点，如河南的辉县，曾经发现青瓷碎片，但是窑址在哪里就不明了。

2. 文献记载上谈到东窑，也是说烧青瓷的。有些谈中国瓷器的外国学者，把最近发现的耀州青瓷，说成东窑，系属臆测之词。根本上究竟东窑的产品是什么？它的烧造地点在陈留哪里？没有一个肯定的答复！哪里能够断定为东窑呢？不过东窑之在古代记载里是确实有此窑名的，可是东窑的实物，有否保留到今天，能否发现该窑窑址，都是今后值得研究的问题。

3. 东窑之外在北宋末年所说的北宋官窑也就是大观官窑，以及赵成章仿自北宋官窑的色釉，而在临安（杭州）所烧的南宋官窑，都没有发现它们的窑址，因此历代传世的官窑器，统称官窑而不能区别出谁是北宋官，谁是南宋官？北宋官之烧造地点说在汴京开封，南宋官是在杭州万松林一带，到今天还没有发现它们窑址所在。

4. 近来尽管先后发现了临安窑以及耀州窑两处地方都烧有面目相同的印花青瓷，究竟谁影响了谁？还有最近在天水（甘肃）方面有人发现了碎片堆积的地方，可能就是记载上所称的秦州窑。此种印花青瓷的碎片，跟耀州窑的作品几乎分别不出来。究竟二者的区别在哪里？因而天水窑之必须急于调查清楚，以及二者碎片的比较研究，是很迫切重要的。另外豫西宜阳方面也有类似耀州窑印花青瓷的碎片，也有调查的必要。最后对于临汝窑、耀州窑以及尚须调查的天水窑、宜阳窑作一次比较研究，在鉴定上是很有必要的。

5. 唐代的邢窑烧造白瓷与南方所烧的越州青瓷当时是并重的。不过邢窑究在何处？就记载说是在内丘。究在内丘何处？没有人去实地调查过。1958 年故宫博物院曾派人去察勘，那一次据说在京汉路线上的冯村车站下车，向西约 18 里，地方叫磁窑沟，有明代碑碣两块，说明此处是烧瓷器的地方，但是没有提到邢窑。此处介于临城、内丘、邢台三县之间，地面碎片堆没有看到白瓷，却很可能是邢窑的所在，或者与邢窑相邻近处。本来从地面搜集碎片来解决窑址所在，是不够的，应该钻一下探沟以测验地下深部的情况，所以试图解决邢窑问题，瓷窑沟这个地方早应该重视的。发现邢窑是解决邢瓷的唯一办法。我希望河北省的田野考古单位能够注意这件事。

6. 唐代瓷窑除邢窑尚未解决外，还有所谓洪州窑。有人主张是在南昌，也有人以为就在景德镇，两说都不可靠。究竟在哪里？也需要实际调查的。

7. 寿州窑的窑址，根据报道虽已发现，但无详细报告。是否经过发掘，已能作出系统的说明，还是疑问。这个唐代的寿州窑，既有踪迹可寻，不难弄得明白些。

8. 五代的所谓柴窑，是在中国瓷器史上一个纠缠不清的重要问题之一。谈瓷者对于柴窑的看法，以为青如天，明如镜，薄如纸，声似磬的作品，就现在所见到的唐代以至五代所烧造的实物来看，很难看出当时烧造瓷器的技术，已能达到如此的水平，所以以往的记载的说法是不可尽信的。亦有人以为实物虽没有，在明代却有片瓦值千金的说法可证。更有器物上有"显德年制"四字，并有"枢府"二字的年款，以为柴窑实际存在的理由。那是缺乏根据的。不但在当年无有年款这种制法，而且加上"枢府"二字尤为不伦。也还有少数人认为烧造得最细薄的隐青，可能就是柴窑。这种说法，在以往北京的古董商对于巨鹿出土的所谓北方隐青也就说成是柴窑的。可是这些说法，都不足以有力的说明柴窑。因此所谓"雨过天青云破处"的柴窑，成了一个长久未能解决的谜。究竟在世界上有没有呢？它的烧造地是在哪里呢？能否发现它的窑址呢？这一系列的问题，都需要予以调查研究而解决的。

9. 磁州窑都说成在磁县，不过几年前除了发现一处观台窑、一处冶子窑外，其他就没有发现；况且此两处都在漳河两岸与安阳相接，是否就是当年的磁州窑呢？也很难断定！假定说磁州窑还另有所在，那末它的窑址又在哪里？

10. 在河北省的邯郸以西武安、涉县一带，宋元间烧造一种画得非常粗犷有力的鸟兽人物油坛一种，窑址何在，尚未发现。还有河南北部汤阴县鹤壁集镇以西有许多地方，宋元时都有窑址，产量非常丰富，也是一个尚未挖掘过的宝藏。此外如河南的鲁山、宝丰二县所有的古代窑址虽经发现，但未经过详细调查或发掘，其中不少是宋代的古代窑址，发掘以后，定有许多资料，可以证明好些尚未肯定其窑址所在的传世古瓷，并且可为古代中原地区瓷器发展史上，增添许多宝贵的材料。

11. 近来谈到青花瓷器，由于肯定了元代前后期的青花瓷出品的情况以后，更迫切地需要认识一下宋代初期的青花瓷器是怎样的？可是宋青花瓷器始终是一个谜！因此对于此后宋墓的出土物尚有密切注意的必要。这个问题不解决，对于青花瓷的发展，就无从谈起了。同时对于所谓十四世纪的青花瓷器，也很含糊不清。因此十四世纪是从元成宗的五年即大德四年庚子（1300 年）开始，到明惠帝二年即建文二年（1400 年）止，其间跨过一个重要的历史阶段，就是明初的朱元璋整整洪武三十一年的一个时期。所以世称十四世纪的中国青花瓷器，实在包含着这个朝代兴替的重要时期。本来洪武一代的瓷器在瓷器历史上是一个空白点，究竟包含在十四世纪时期内洪武一朝的青花瓷器是怎样的呢？是必须要解决的。因此对于这个时期墓葬的清理，显得非常重要。此外明初的青花瓷器，宣德时期较为明了，永乐的已有些恐怕可能有洪武所烧制的计算在内了，宣德以后的正统、景泰、天顺三个时代，就是从公元的1436—1464年计有28年，将近四分之一的世纪是不清楚的，因而对于这个时期的墓葬的发掘也要注意，否则宣德青花瓷如何递变到成化时代的情况，就无从说明了。以上都是青花瓷器发展上重要关键所在。

12. 明代的山西三彩（俗称法华）说是烧造在霍州、泽州、潞安州等处（即现在的霍县、晋城、长治等地），究竟三处所烧造的有何区别？能否发现它的窑址以及此种三彩器与山西琉璃有何前后因果关系？

13. 从明代万历以后到清康熙年间我国外销瓷器的对外影响，向来没有足够的重视。究竟这一段的时间里我国外销瓷的发展情况如何？对于世界的瓷器发展上起着如何的作用？需要予以足够的估计及说明。

14. 清代几个在景德镇的督陶官如年希尧、唐英辈的影响于瓷器的发展如何？尚未得到应有的评价。

15. 我国历代瓷器造型及其纹饰的演变如何？是一个大的课题！极需要与以分析研究，以期达到古为今用及推陈出新的目的。

以上所列举出来的十五点，都是我国瓷器史上比较大的问题，需要有较长的时间调查研究工作，才能逐步得到解决。

（原载《文物》1963 年第 1 期 ）

# 宋末—清初中国对外贸易中的瓷器

## 一　宋、元、明有关瓷器出口的文献资料

中国唐代广州对外贸易，一时称盛，嗣后赵宋时期，设置了多处市舶司，对外贸易有了进一步的发展，《宋史》卷一百八十六·食货志有明白记载，"凡大食、古逻、阇婆、占城、勃泥、麻逸、三佛齐诸蕃并通货易，以金、银、缗钱、铅、锡、杂色帛、瓷器，市香、药、犀、象、珊瑚、琥珀、珠琲、镔铁、鳖鼍皮、玳瑁、玛瑙、车渠、水精、蕃布、乌樠、苏木等物"。交易物品中就有瓷器一项。而《诸蕃志》所记载海国之事尤详，钩稽书中所涉及货用瓷器的地方很多。《诸蕃志》系提举福建路市舶时赵汝适所著，汝适于福州、泉州见当时市易之盛，就所闻见，纂述是书，于外国名物，疏释颇详，书成于宋理宗宝庆元年（1225 年），距宋亡仅五十四年。兹就书中所记外商兴贩瓷器博易诸条，以瓷器类别归纳如下：

青白瓷器　一处（阇婆）。青瓷器　一处（渤泥）。白瓷器　一处（西龙宫群岛）。

统称瓷器　十一处（占城、三佛齐、单马令、凌牙斯加、佛啰安、兰三里、南毗，层拔、麻逸、三屿、蒲哩噜）。

其次是元汪大渊的《岛夷志略》。汪大渊南昌人，于元顺帝至正间（1341 年）常附海舶浮海越数十国，回来记所闻见成书三本。从书中所举外国交易货用瓷器诸条，以瓷器类别归纳如下：

青白花碗　七处（三岛、丹马令、戎、东冲占剌、爪哇、嗬哑哩、加里那）。

青白花器　六处（苏洛鬲、朋加剌、天堂、天竺、甘埋里、乌爹）。

青白瓷器　一处（班达里）。

青白碗　一处（罗卫）。

青碗　一处（尖山）。

青白花瓷器　三处（丁家庐、龙牙、犀角、小唄南）。

青瓷花碗　一处（占城）。

处州瓷　四处（琉球、无枝拔、龙牙门、麻里噜）。

处瓷　一处（旧港）。

处器　一处（苏禄）。

青处器　一处（花面）。

青瓷器　四处（蒲奔、文老古、日丽、文诞）。

青器　六处（遐来物、罗斛、淡邈、八节那间、勾栏山、曼陀郎）。

青花盘碗　一处（吉兰丹）。

瓷器　四处（麻里噜、彭坑、啸喷、班卒）。

此外还有水埕大瓮、大小埕瓮、瓦瓶、粗碗，等等。书中明白告诉我们有青白花碗以及青白花器、青白瓷器等，可以归入青白花瓷器之内；青瓷方面如处州瓷、处瓷、青处器、青瓷器、青盘等，可以合并为青釉器一类。

元代文献中提及瓷器的如周达观的《真腊风土记》。周达观浙江永嘉人，系 1295 年元帝遣使真腊，达观随行出国，就其闻见，撰《风土记》一书，次年返国（系大德元年）。书中有一记载极堪寻味，即于欲得唐货条下有如下的记载：

……以唐人金银为第一，五色轻缣帛次之，其次如真州之锡镴，温州之漆盘，泉州之青瓷器。

记载中最值得注意的，瓷器是指泉州的青瓷而非处瓷。是在当时的福建泉州，已烧制青瓷出国，实为中国出口瓷方面的一种重要史料。

元代以后，到了明代的郑和七次下西洋，作为博易外货的瓷器，有着很详明的记载，就当时随同郑和出使的几个人所著的如《星槎胜览》、《瀛涯胜览》以及《西洋蕃国志》三本书。就书中所记载的关于交易用的瓷器，分别摘述如下：

《星槎胜览》所记的交易用的瓷器独多，综合之有：

青碗　一处（交栏山）。

青白花瓷器　六处（暹罗、柯枝、忽鲁谟斯、榜葛剌、大呗喃、阿丹）。

青白瓷器　四处（旧港、满剌加，苏门答剌、龙牙犀角）。

大小瓷器　一处（旧港）。

瓷器　十处（花面、刺撒、三岛、苏禄、佐法儿、竹步、木骨都束、溜洋、卜剌哇、阿鲁）。

瓷碗　三处（淡洋、古里地闷、琉球）。

青花白瓷器　三处（锡兰山、古里、天方）。

其中青花瓷器竟有九处之多，专指青瓷碗一处，而普通瓷碗、瓷器达二十处。可见当时青花瓷器作为对外贸易之用已极盛行。又如《瀛涯胜览》中爪哇条有"国人最喜中国青花瓷器"！而特别指出交易使用的青瓷盘碗、瓷器等物的有占城、锡兰、祖法儿三条。

《西洋番国志》中记载，喜爱中国青花瓷器、青瓷盘碗者，有占城、爪哇、锡兰三条。

总结以上情形，大致有以下几点极为重要：

一、当时的对外路线，自海南岛南至现在的印度支那半岛，以迄马来半岛东岸，自北往南是印度尼西亚，由印度尼西亚东北到菲律宾，西北到马来半岛西岸、孟加拉，以至锡兰岛；经印度洋到印度大陆的卡利卡特，到达现属伊朗的忽鲁谟斯，更由此经阿拉伯半岛南行，所走东非之木骨都束，即现在索马里首都的摩加迪沙。此外如卜剌哇、竹步等都在北非东北部沿海对着印度洋的一些地方。中国瓷器那时候竟随着郑和的下西洋而远航到达了东非的索马里。

二、那时候对外交易用的瓷器，大别之为青花瓷器以及青瓷两类。当时中国的青花瓷器已极受欢迎。

三、青瓷的产地有处州及泉州两处，处州固为龙泉所在的地区，而泉州之烧青瓷，向不为一般谈瓷者所重视，因此泉州古代窑址的发现，就显得非常重要了。

四、除了瓷器外，还有日用的大小水埕瓮罐之属的粗器，也远涉重洋送到东南亚各地去，以满足当地人民日用上的需要，这与改进当地人民的生活方面，有着极重要的作用。

## 二　十七世纪荷兰东印度公司输出中国瓷器的情况

1954 年荷兰出版了一本《瓷器与荷兰东印度公司》（T. 佛尔克著）。这是一本根据荷兰东印度公司在巴达维亚的日记簿，在日本的平户和出岛的记录以及其他一些同时代的第一手材料，详细叙述了东印度公司在十七世纪里（1602—1682 年）把中国、日本、东京和波斯的陶瓷运销荷兰本国、波斯、阿拉伯、印度、缅甸、马来亚、印度尼西亚等地的情况。这是一本研究中国外销瓷器的极重要的书，因为它不仅报道了我国瓷器在十七世纪对外输出，而且还了解到日本瓷器之所以兴起等等情况。

我国瓷器早在八世纪就"由我国船舶或经阿拉伯商人之手传到印度、波斯，并由波斯到达埃及，以至阿非利加的东部与北部，甚至有些记载说，通过地中海，还远到西班牙"。[1]之后，随着瓷器烧制的进步，商品生产的发展，瓷器便成为我国重要的对外输出的物资。不仅在和外国使节往还时，要用瓷器，而且也经由我国人民和其他各国人民之手输出，供应各国人民的日常生活需用。我国文献虽然也有不少关于这方面的记载，但是，却没有从数字上系统地记载我国瓷器在某一个时期的外销

---

[1]　拙著《中国青瓷史略》，1956 年版，第 51 页。

情况。这本《瓷器与荷兰东印度公司》为我们提供了在十七世纪里，也就是明末清初的一个时期里，有关我国瓷器经荷兰东印度公司之手，输往国外的有力证据。著者所根据的材料是从1602年至1682年，在这短短的八十年里，我国瓷器的输出量竟达一千六百万件以上。在当时，经营瓷器运销业务的当然不仅是荷兰东印度公司，我国人民也有不少经营这种生意。此外还有阿拉伯人、日本人、缅甸人、马来亚人、印度人以及英人、葡萄牙人等。因此，我国瓷器的输出一定要比一千六百万件还要多得多。二百年以前，我国每年要有数十万件的瓷器出口，这一方面说明我国的瓷器深受各国人民的喜爱。另一方面说明当时我国的手工业已经有了相当高的水平。当时"工场手工业有了很显著的扩展。工场手工业的特点在于生产过程的细密分工，并使用雇佣劳动。分工已达到那样大的规模，以至例如一个瓷瓶在其制造过程中要通过五十个工人的手。为市场生产的私人工场手工业都实行了各种技术上的改良"。[2]

荷兰东印度公司运销瓷器的地区很广。除了荷兰本国之外，还运销亚洲各地。"多数荷兰人，也可以说多数其他欧洲人第一次听到瓷器是在1596年。"[3] 他们非常惊奇这种瓷器竟会比水晶还要优美。"在西欧见识到中国瓷器以后，中国瓷就受到热烈欢迎。因为这是一种不是本地陶器所能比拟的器皿。中国瓷器所特备的优点，它那种不渗透性、洁白、具有实用的美以及比较

---

[2] [苏]雷斯涅尔、鲁布佐夫主编：《东方各国近代史》，三联书店1957年版，第247—248页。

[3] 原书第21页。

低廉的价格，都使它很快成为当地人民深深喜爱的物品。"[4] 事实上，荷兰人民最早看到相当数量的中国瓷器是在 1602 年，荷兰把掳获的一只葡萄牙武装商船"圣亚哥"船上一批瓷器在米德伯哥（middelburg）当众拍卖。在这以前，只有极少数瓷器经葡萄牙、西班牙到达荷兰。两年以后又在阿姆斯特丹拍卖另外一只掳获商船上的瓷器。据说瓷器数量有六十吨。购者来自西欧各个地区。法皇亨利第四也买了一套质量很好的餐具。由于欧人欢迎我国瓷器，荷兰东印度公司认为有厚利可图，就积极载运瓷器回荷。1610 年 7 月有一条船载运九千二百二十七件瓷器到荷兰。1612 年运荷瓷器就有三万八千六百四十一件，1614 年更上升到六万九千零五十七件。迨至 1636 年，根据巴达维亚 1 月 4 日给荷兰公司的信件知道有六条船回荷载去了二十五万九千三百八十件瓷器。1637 年有二十一万件，1639 年有三十六万六千件。荷兰东印度公司这个垄断商业机构是建立于 1602 年，在它早期，还没有建立它在印度尼西亚的侵略中心巴达维亚，还在 1624 年侵占我国台湾之前，主要是在万丹（Bantam）、北大年（Patani）和我国沿海各地采购瓷器的。从 1624 年起，瓷器的采购启运中心便移至巴达维亚和台湾的赤嵌（Zeelandia）。1638 年台湾的库存瓷器竟达八十九万件。荷兰东印度公司自 1602 年至 1657 年郑成功禁止船只去台湾与荷兰人交易为止，前后达半个世纪，运荷瓷器总数在三百万件以上。这个数字仅是根据装船单、发货单得出的，当然没有包括全部运欧的瓷器数量，因此著者认为这个数字还是一个保守的数字。

---

[4] 原书第 225 页。

荷兰东印度公司除了把中国瓷器运荷兰销售外，还极力插手亚洲各国的贸易。从 1605 年至 1661 年郑成功把荷兰侵略者从台湾赶出去为止，公司大约载运了五百万件我国瓷器至安南、暹罗、缅甸、锡兰、印度、波斯和阿拉伯等地（印度尼西亚和马来亚各岛屿的运销不在内）。1636 年 10 月 5 日台湾范登伯格（Van der Burgh）给巴达维亚信里有下列一段话："按照运来桶装的样品为苏拉特、波斯和考罗满达配备的二万考其[1]（四十万件）……以及根据您的指示为波斯定制一万考其的瓷器，都已经前任签订了合同，中国商人答应在 1637 年的二、三月里交货。"[2] 从这段话我们可以知道在 1636 年向我国就订购了六十万件的瓷器准备运销波斯、印度各地。1643 年 3 月 16 日从苏拉特开往阿拉伯摩查（Mocha）的"尤特该司特"（Uytgust）船就装有十万八千六百九十三件细瓷，值五千九百六十二弗罗林。1644 年 7 月 22 日公司的驻波斯代表写信给巴达维亚需要各种瓷器二十万件。同年 11 月 30 日"弗利特"（Vrede）从台湾开往苏拉特，载去十五万九千七百十三件。1645 年"在另外一件给苏拉特公司的主任的说明里（日期为 10 月 20 日），我们知道今年已有二十四条船到达摩查，其中包括装有其他物资的三条英船在内，计有各式各样的粗、细瓷器一万五千考其（三十万件）"。

至于印度尼西亚各岛屿的贸易，那是完全由荷兰东印度公司垄断的。从十七世纪之初至 1682 年，最保守的估计，每年以十五万件计算，八十年间就达一千二百万件。其中三分之二是

---

[1] 考其（Corgge）一般是二十件瓷器。

[2] 原书第 74 页。

我国瓷器，日瓷约占一百九十万件（1653—1682 年），东京瓷约一百四十五万件（1663—1682 年）。在 1636 年的记载里，每月都有瓷器从巴达维亚运往爪哇的万丹、齐里彭、亚拉伯、弟加尔、贝加龙干和柔丹，巴厘岛，安汶岛，苏门答腊的詹卑、英德拉哥里、西里巴、旧港、苏门答腊西海岸和亚齐，婆罗洲的苏加丹那、马塔甫拉和文那马神。全年运往上述地区的总数达三十七万九千六百七十件，没有注明的货物还不在内。

从荷兰东印度公司运销瓷器的记载里，可以看到一种情况，那就是，大概在十七世纪六十年代以前，我国的瓷器有大量的输出，而在七十和八十年代里，荷兰公司不得不改销日瓷、东京瓷，甚至波斯的陶瓷，尽管这种瓷器在质量上都不及我国的瓷器。这是因为当时长江流域和华南地区爆发了一个广泛的反清斗争，郑成功在东南沿海不断给清朝以沉重的打击。这个斗争一直延续到 1683 年（康熙二十二年），郑成功孙郑克塽降清，才算基本上被清朝压了下去。在这场激烈的民族斗争里，由于沿海地区的海禁关系，瓷器的运销，受到了严重影响。

与此同时，日本本来是从中国瓷的大输入国一变而为自己能够生产而又能比较大量输出的国家。在这个问题上，著者在这本书里提供了许多事实。1609 年荷兰在平户（Hirado）建立商业据点。1608 年致送德川将军的礼物中有六件大瓷碗。这种瓷器自然是中国瓷。"在那时候，中国瓷是一种重要的外来货，根据当时记载，在日本所需要各种外货里，中国瓷列入第三位。"[3] 1635 年 8 月 13 日至 31 日由"Amsterdan"、

---

[3]　原书第 117 页。

"Wassenaer"、"Groll"和"Venhunysen"四条船从台湾载运十三万五千零五件中国瓷去日本，在这十三万多件瓷器里，有三万八千八百六十五件青花碗、五百四十件红绿彩盘、二千零五十件青花盘和九万四千三百五十件饭盅和茶盅。1637年中国人运去七十五万件粗、细瓷器。迄至1646年还有七万件中国瓷运日。十七世纪下半纪，这种情况就完全改变。1653年荷兰东印度公司为巴达维亚药铺在日本购运了二千二百个瓷药罐。这说明日本已经烧制出口瓷器，但是数量还不大。从书里了解到，日瓷真正达到大量出口的年度是1658年。"11月5日至8日，有七条中国帆船从长崎去厦门，装运了各种很粗的日瓷。11月18日又有两条中国船装粗铜条和瓷器返国。11月28日更有六条船，主要装的是粗瓷和狐皮、獾皮。"[4] 1660年11月有四条船从出岛运五万七千一百七十三件瓷器去麻六甲和印度各地。同年有一万一千五百卅件日瓷运荷。自此到1682年，在二十三年里约有十九万件日瓷由荷兰东印度公司运荷，有五十七万件运销亚洲各地。如果把这两个数字和头五六十年里所运销的我国瓷器的数字相比，当然并不算高。著者认为这主要是由于日瓷的质量在当时还赶不上我国瓷器。另外一个原因是价格高，荷兰东印度公司获利不大。

从这本书里我们获得一个和日瓷烧造有关的资料，即在最初十几年里瓷用色料是由我国运去的。从1650年至1688年，输日色料计有三万三千一百卅八斤又二十八担。日本造瓷是从我国学习的，早在南宋就有人来我国学习造瓷技法。"十七世

---

[4] 原书第119页。

中叶（清初）日本界田柿右卫门及丰岛左卫门又来到中国学习中国的造瓷技术。"[5] 由此可见，日本不仅从中国学得造瓷技术，而且在十七世纪中叶还从中国运进大量色料。

著者在这本书里还提及我国外销瓷器的式样问题。在这个问题上竹园《陶说》提到，"海通之初，西商之来中国，先至澳门，后则径趋广州。清代中叶，海舶云集，商务繁盛，欧土重华瓷，我商人投其所好，乃于景德镇烧造白器，运至粤垣，另雇工匠，仿照西洋画法，加以彩绘。于珠江南岸之河南，开炉烘染，制成彩器，然后售之西商。"这仅是在彩绘上仿西式。事实上，远在十六世纪，我国就已改变瓷器的式样以适应欧人的需要。从这本书里我们知道，在 1635 年，在台湾总督给阿姆斯达丹公司的报告中提到，他曾交给中国商人木制的大盘、大碗、瓶、冷饮器、大罐、餐具、大杯、盐盒、小杯、芥末瓶、水瓶、宽边扁盘、带水罐脸盆的样品。这种样品都是镟成的，并画上各样中国字。[6] 我国商人认为可以完全照制，这说明我国各地烧瓷窑厂都具备接受各式各样的定货的能力。

总之，T. 佛尔克所著的《瓷器与荷兰东印度公司》为我国瓷器在十七世纪上半纪对外输出提供了极为宝贵的史料，是值得我们注意。

（原载《文物》1963 年第 1 期）

---

[5]《景德镇陶瓷史稿》第 224 页。

[6] 原书第 37 页。

# 中国历代烧制瓷器的成就与特点

按：本文系 1962 年文物出版社（北京）所出版的《故宫博物院藏瓷选集》解说，由于该书印刷数量较少，翻检不便，根据部分读者要求，特为转载。文中图号，系原图录编号。本书辑录时略选数幅，并加括号于新编图号以资识别。

## 一　魏晋南北朝

新中国成立以来，在河南、陕西、江苏、安徽等地区的殷周墓葬里，曾先后发现许多釉陶整器及残片，它们的烧成温度很高（例如，张家坡西周釉陶碎片的烧成温度，已达 1200℃左右 [1] )，釉色多为姜黄绿色或灰青绿色。就其在烧制过程中对弱还原焰的控制及釉质的化学成分中氧化铁的含量而论，可以说是最早的青釉器物。殷周以下，各时期的青釉器，均有不少新的发现。如汉墓中发现的青釉器，其形制多为壶及双系坛，器身除一般划刻几何图案花纹外，还有划刻狩猎纹的。三国孙吴

---

[1]　周仁、李家治、郑永圃：《张家坡西周居住遗址陶瓷碎片的研究》，《考古》1960 年第 9 期。

时期的青釉器，装饰更加丰富，不仅利用划刻，并有堆贴纹样。西晋初期的器物，造型比孙吴器又远为复杂。东晋以至南朝宋、齐墓中出土的器物，则又有不同的作风，最显著的是在器物上施加斑点或划刻荷花瓣等装饰。凡此种种青釉器物，一般都称为"青瓷"。

根据现有材料，"青瓷"多出土于浙江省，烧制"青瓷"的古代窑址，亦以在浙江发现的为多，如浙江绍兴的九岩窑、萧山的上董窑等。此外，在江苏、江西、湖北、湖南、四川各处的两晋南北朝墓葬里亦多发现"青瓷"。1959年在江苏宜兴均山山麓间，发现一个新窑址，从堆积的碎片观察，可能是早期的"青瓷"窑址。这是一个重要的发现。[2]

在这一时期里，浙江的德清窑除烧制"青瓷"外，还烧制了黑釉器。1956年及1959年浙江省文物管理委员会曾两次前往调查，窑址在德清县东苕溪沿岸的焦山、戴家山、陈山、丁山、城山等处[3]，根据发现的资料，证明该窑同时烧制黑釉器与青釉器。

自魏晋以至宋代，"青瓷"的烧制始终居于主流地位，因此它在中国陶瓷发展史中占着极其重要的位置。

三国孙吴时代的墓葬里常发现一种青釉坛，坛身堆贴楼阁、人物、百戏。据《金泥石屑》载称，绍兴曾出土一坛，坛侧列小

[2] 江苏省文物管理委员会：《宜兴发现六朝青瓷窑址》，《文物》1959年第7期。刘汝醴：《宜兴均山青瓷古窑发现记》，《文物》1960年第2期。蒋玄佁：《访均山青瓷古窑》，《文物》1960年第2期。

[3] 浙江省文物管理委员会：《德清窑调查散记》，《文物》1957年第10期。《德清窑瓷器》，《文物》1959年第12期。

碑，有"会稽出始宁用此丧葬宜子孙作吏高迁众无极"等文字，因与吴"大泉当千"钱同时出土，故定为吴器。吴永安三年青釉坛亦系绍兴墓葬里出土的明器，堆贴纹饰有楼阁、人物、鱼、龙、鸟、兽等，人物大都执有不同的乐器作吹奏状。坛身正面有一小碑，上刻"永安三年时，富且洋（祥），宜公卿，多子孙，寿命长，千意（亿）万岁未见英（央）"等二十四字，字刻在泥胎上，外以釉填平，不可摹拓。永安系吴主孙休年号，三年是公元260年。这是"青瓷"中有绝对年代可证的一件重要器物。

西晋青釉骑兽器，形象不同寻常。器下为一兽，类似当代墓中出土的辟邪，通体有印花圆珠纹，兽背骑一人，头戴一顶圆筒式高帽，帽中空，似可插物，实为晋瓷中少见的作品。

东晋"青瓷"的花纹装饰，较之西晋显著不同，甚至有通体光素无纹饰的。但另一方面，又创烧了以褐色斑点来装饰器皿的技法，一般多在器物的口缘上排列着有规则的斑点，而东晋青釉羊头壶的斑点却巧妙地点于羊头的两眼。另外，以羊头作流，又是东晋出现的一种新作风，较西晋的鸡头、虎头尤为别致，此器出土于浙江绍兴。

根据目前资料，最早烧成黑釉器的是浙江德清窑。它烧制出的黑釉器与浙江其他各窑所烧制的"青瓷"器，造型基本相似，但又有着不同的风格。东晋德清窑黑釉鸡头壶的形制，腹部显著膨大，器身较一般"青瓷"壶低矮，显得十分稳重，柄上弯。高过壶的口部而转入壶口内缘，隋唐时期的双龙壶，可能就是沿袭这种作风。鸡头的颈部较长，盘口较高，双系作长方形，这都是德清黑釉壶的独特风格。

南朝的"青瓷"以江苏、浙江一带出土为多，福建、广东、湖南、湖北，江西及四川等地也都有发现。但烧制地点，除浙江的上董窑外，其他地区尚未发现。南朝青釉刻花壶系传世品，出土地点不明。釉色玻璃光很强，极润泽，腹部上下有凸雕仰覆莲花瓣纹饰，在两层莲瓣之间，有相连卷草花纹，这是缠枝花纹应用在瓷器上的最早实例。此壶与西晋"青瓷"壶之稍作椭圆形、东晋黑釉壶之腹部低而略扁的造型，显然有所不同，壶柄外翻，便于把握，与鸡头、羊头壶的弯曲长柄截然有异，短流略弯。双系孔较大，颈宽、口大，显得很丰满，为这一时期"青瓷"中的代表作品。

河北景县东街约 7.5 公里处有俗称为十八乱冢的古墓群。1948 年从其中的四座墓及另一墓道中出土了五方墓志及一方墓志盖，证明为北魏、北齐间封氏家庭的墓群[4]。同时出土有铜器、青釉、黄釉、酱褐釉瓷器，以及陶器、陶俑、玻璃器、玛瑙器、铜印等，共计三百余件。瓷器中体形最大的为北朝青釉仰覆莲花尊，共出四件，两件出土于封子绘墓，墓志年代是北齐河清四年（565 年），两件出土于祖氏墓，此墓仅获墓志盖一方，上书"魏故郡君祖氏墓志铭"，年代不详。四器均有盖（有两个盖已破碎不能复原），造型花纹亦相同，仅颈部的花纹略有不同。莲瓣有六层的、有七层的，雕贴并用，遒劲有力。在第二层覆莲瓣下方，垂有叶状花纹，开创了在瓷器上施加丰富装饰的手法。这件青釉大尊就是祖氏墓出土的。器形雄伟，是出土"青瓷"中最瑰丽的作品。

---

[4] 见《河北景县封氏墓群调查记》，《考古通讯》1957 年第 3 期。

目前烧制此种青釉器的窑址尚未发现。中国科学院硅酸盐化学与工学研究所曾将景县出土的青釉碎片加以化验分析，认为"景县青釉器，从胎中所含 $Al_2O_2$，和 $TiO_2$ 都高，可以看出是属于北窑系统的，它的化学成分和临汝与汝窑最为接近，但它们的加热胀缩曲线的形状差别很大，因此烧造确实地区尚难肯定"。[5] 近年来，在湖北古墓中亦有同样形制的大尊出土，先后共五件。其中一件是在南齐永明三年（485 年）墓中出土的，比封氏墓北齐大尊早八十年。不过南齐大尊的烧制地点究竟在何处，也还同样未能明确，尚待以后的发现。总之，在相去不远的时代里，南北两方墓葬中都发现此种器物，是值得重视的一个问题。

## 二　隋唐五代

隋唐五代是我国瓷器的成长时期，它继承了魏晋南北朝的成就，在烧制技法上有了很大的发展。加以漆器、金银器及铜器的使用随着时代而逐渐走向衰落，于是瓷器的应用面就日趋广阔，各类器物的造型，也因适应不同的需要而式样繁多起来。在这一时期里，青、白两种色釉的瓷器，是生产上的两大主流。

青釉器物在隋代尚无显著的进步，到了唐代则名窑见于唐陆羽《茶经》的已不止越地一隅，而且秘色瓷器已成为进贡之物。唐代文人歌咏越瓷的诗章很多，可见越器烧造之精。五代

---

[5]　周仁、李家治：《中国历代名窑陶瓷工艺的初步科学总结》，《考古学报》1960 年第 1 期。

时期固短，但由于吴越钱氏的盛烧贡器，使越瓷的装饰制作，丰富多彩，超越前代。

白釉器物在南北朝时已酝酿萌芽，隋代的白瓷，显然已烧制得比较成熟。到了唐代，邢窑器物大为流行，有"天下无贵贱通用之"[6]的记载，著名的宋代定窑，其创烧时代实亦始于唐及五代。

唐代除烧制青、白二色釉外，黑釉瓷器也比晋代德清窑所烧制的更进了一步，并缀以大块斑点装饰。釉下彩的开始创烧，更是制瓷工艺上的一个重大进展。

1949年以来，曾先后调查发现了不少唐、五代的窑址，如：湖南长沙的铜官窑、岳州窑，河南的巩县窑、密县窑、登封窑，安徽的寿州窑，江西景德镇的石虎湾窑，以及广州西村古窑等，其中湖南长沙的铜官窑，河南的巩县窑、密县窑，广州西村古窑等，都是未见记载的新发现。在古墓葬、基本建设工地，以至三门峡水库工程里，也曾发现了许多宝贵的遗物。通过已获得的这些珍贵资料，使我们对这一时期所烧制的瓷器，有了更多的认识。

1936年浙江绍兴古城发现唐墓一座，墓中有唐元和五年（唐宪宗，810年）的砖墓志。同时出土了六件瓷器，计壶、盘各两件，圆盒、小水池各一件，另有铜器若干件。此墓系唐户部侍郎王叔文夫人之墓。王叔文是山阴人，见于《资治通鉴》及《新唐书》。

两件壶的造型完全相同。有六方形短流，曲柄，口部略向外翻，腹部丰硕，是唐壶的一种标准式样。通体釉而光洁无疵，

---

[6] 见李肇：《国史补》。

色泽青中闪黄，亦可看出唐代青釉的烧制水平。

唐时，我国与中亚一带商业交通频繁，遂将波斯一种有盖鸟首壶的式样，经由西域传到长安。影响所及，在当时白瓷及青瓷的制作上也出现了凤头壶，在绿釉及三彩陶器方面，也有装饰狩猎纹的鸟头扁形壶。此种有鸟头的器物，当时习称为"胡瓶"，是唐代早期盛行的形制，以往出土颇多，凤头顶上往往饰有鸡冠状花瓣的唐青釉凤头龙柄壶，即有此种装饰。一般凤头壶只有一个弯曲的柄，此壶从盖的一端直到底部，蟠结成一条细长的龙柄，是较独特的创作。壶身布满雕刻及堆贴花纹，中部堆贴成六组力士舞蹈像，周围环绕一圈串珠纹，下部宝相花纹与上方六组舞蹈像相对，构成壶身的主要装饰。壶颈及壶胫，则饰以莲花瓣、卷草纹、圆珠纹等等。

青釉凤头龙柄壶是凤头壶中最精美的一件，釉色淡青微黄。出土地点传在河南汲县附近，是北方所烧制的青釉瓷器。

近年，在广州西村皇帝岗古窑址里，也发现许多此种凤头壶的残片。另在广州瑞南路也出土了一件整器，现藏广东省文物管理委员会。

黑釉、黄釉或天蓝釉瓷器上施加灰蓝色或褐绿色的彩斑装饰，是唐代的一种独特作风。彩斑的形状，有的布满全器如唐黑釉斑点拍鼓；有的作大块形，多饰于壶身近流部分如唐黑釉斑点壶；有的作片叶状，两片相连构成一幅极美丽的图案，画有此种装饰的器物，以大型的壶、罐之类居多，如唐灰蓝釉斑点罐。釉与彩的结合非常和谐，而斑点的大小配置更增加了整体的美丽。

此种瓷器出土于河南西部的墓葬里。新中国成立后，在河南泌阳板桥附近曾出过一件，器形与灰蓝釉斑点罐虽有不同，但彩斑的作风却极相似，寥寥数笔，遒劲朴素，别具一种深沉浑厚的感觉。

唐长沙铜官窑枕是湖南长沙铜官窑的产品。铜官窑并不见于任何文献。1956 年湖南省文物管理委员会进行普查工作时，在距长沙 25 公里的铜官镇瓦渣坪地方，发现了许多带彩的瓷器碎片，1958 年 9 月省文管会曾派人进行初步调查[7]。1957 年及 1959 年，故宫博物院也曾两次派员到铜官调查[8]，证实了此类器物就是这个古窑所烧制的。

此种带彩的瓷器以往在长沙附近墓葬里出土过不少，由于不能明确烧制地点，因而曾误认是湖南岳州窑的产品，其实，岳州窑与铜官窑的产品迥乎不同。岳州窑产品，多是青釉及红棕色、牙白色等单色釉器[9]；而铜官窑则于烧制青釉素器外，还生产丰富多彩的釉下彩器，如釉下施加褐色、褐绿色或绿色的以斑点组成的各种装饰花纹，也有施以褐绿色彩绘花鸟的。此外，还有贴花或施加褐斑的。器物以壶、盘、碗、盒为多，枕亦常见。本集里所选印的这件，是在白釉下用绿色圆点组成菱形花纹，并且四块菱形花纹构成枕面的中心图案。枕的四角衬

---

[7]　参见湖南省博物馆：《长沙瓦渣坪唐代窑址调查记》，《文物》1960 年第 3 期。

[8]　参见陈万里、冯先铭：《故宫博物院十年来对古窑址的调查》，《故宫博物院院刊》1960 年总 2 期。冯先铭：《从两次调查长沙铜官窑所得到的几点收获》，《文物》1960 年第 3 期。

[9]　参见湖南省文物管理委员会：《岳州窑遗址调查报告》，《文物参考资料》1953 年第 9 期。

以半圆形的纹样，色彩非常雅洁，加以白釉的柔和色调，更显出一种静穆的气氛。

唐代越窑壶的造型多短流，弯柄亦较短，壶身略呈扁圆，显得稳重大方。到了五代，壶的形制就有了显著的改变，有长而弯曲的流，柄及壶颈均较唐代的长，器身以椭圆形为多，给人以轻盈之感。

此壶是传世品，光素无纹饰，仅在颈的接连处似有弦纹一线，两侧小巧玲珑的双系，是五代至北宋早期瓷壶的一种风格。

五代青釉盖罐是1955年于广东番禺石马村五代墓葬中出土的。罐盖两侧各伸出一横栓，栓端各有穿孔；罐肩部有二系，与二系成直角方向又各有一对立颊，也有穿孔。器盖横栓盖合于立颊内，可于一端孔中穿上横轴，使器盖能以自由开闭；也可于两端都穿上横轴，令器盖固合，则提携移动时，器盖绝不致滑落。如此精巧的设计，可谓别具匠心。此种罐的造型沿袭了晋代所通行的系罐形式，但晋代的罐仅有四系而无盖。此罐既有盖，又增加了横栓，在实用上是很大的改进。同时出土的罐还有几种不同的式样。罐的釉色极光润，而青色较淡，这是不同于越瓷的地方。


# 三 宋


宋代的烧瓷技术有着巨大的发展，最显著的有两个方面：第一是青瓷的烧制。青瓷经过唐及五代，在烧制技术上已有相当深厚的基础，宋代则又进一步提高。著名的青瓷窑，北方有耀州窑、临汝窑以及专为王室烧制瓷器的汝窑及官窑；南方则除一度仿照北官而继续烧制的南方官窑外，还有突出的龙泉窑。其他仿制青瓷的地区，文献上也都有详明的记载。宋代青瓷所以远远超越前代，其主要原因，在于青釉中含铁量的适当以及还原焰控制的适度，这种技术上的显著进步，是烧制青瓷达到卓越成就的最重要条件。青釉的色泽，由微带黄色而呈橄榄绿色，更进而成为苍翠欲滴的色调，明澈湿润，是我国青瓷达到高度水平的标志。

第二是宋代瓷器在装饰花纹上的突出发展。早期的定瓷及耀瓷，仅能在一色釉的器物上施加划花、刻花及印花等传统手法。河南修武县当阳峪窑所烧制的瓷器，已于划刻之外，创造了剔地及填地两种新的方法。直到磁州窑系的许多瓷窑所烧制的器物，才又开创了在胎上用毛笔来作画的新方法。此种在白釉或绿釉下用黑色或赭色绘画的装饰，较之定窑等瓷器上所附加的花纹远为自由活泼，就是比之唐代长沙铜官窑的釉下彩也迈进了一大步，因为铜官窑瓷器上的花纹大都是规整的图案，只有把绘画的方法应用到瓷器上来，才可以从笔触中充分发挥民间艺人们的智慧。此种瓷器的烧成，为以后的彩绘瓷器奠定了初步基础。

此外，黑釉瓷器的广泛应用，影青及釉上施加红绿彩，以至青花、釉里红的开始萌芽，都可以显示出制瓷工艺的孳乳繁盛。所以说宋代是我国瓷器的一个蓬勃发展时期。

定窑，向来文献上记载的都说在定州，经过故宫博物院两次调查，证实了这个古窑遗址在定州邻县的曲阳县北乡灵山镇的洞磁村以及东、西燕山村（曲阳县宋属定州，燕山村一称燕川村）。现在地面上还堆积着无数标准定瓷碎片与烧窑工具，形成了几个小丘[10]。

定窑的开始烧造时期，一般都说是北宋，但据《曲阳县志》王子山禅院长老和尚舍利塔的碑文记载，曲阳龙泉镇在后周显德四年（957年）已确有瓷器，而且当时还设置了瓷窑商税务使，在镇监收税银。由此可证，在后周显德年间定瓷已大量生产了，不过这一点向来没有被研究瓷器的人们所注意。在遗址里还发现了许多唐代式样的碎片，因而定窑烧造年代的上限要早到唐，而盛于五代及北宋。另从宋宣和二年"中山府贩瓷器客赵仙重修马羹碑记"中也可获得佐证[11]。

由于定器是覆烧的，器口多毛边，至北宋末期，宫廷用瓷就改用了汝器。不久又发生了靖康之变，定窑的生产就衰落了。

定瓷的胎骨一般较薄，白釉微显牙黄，柔和洁净。花纹有划花、刻花、印花等种种。

印花图案的布局，谨严整齐。大盘中心，多系莲花及鲤鱼，四围辅以牡丹、萱草及飞凤，配置成一幅极为繁缛的图案，通体格调，统一而和谐。如图一六的宋定窑印花盘，盘心花纹系缠枝莲花五朵，以中央一朵为主体；盘周环绕缠枝菊花纹，就图案设计的整体看来，疏密得体。

刻划花纹与印花的处理迥乎不同，布局方面也是主题分明，

---

[10] 陈万里、冯先铭：《故宫博物院十年来对古窑址的调查》，《故宫博物院院刊》1960年总2期。

[11] 见光绪三十年重修《曲阳县志》卷十一、十二。

简洁有力，花纹有缠枝花或折枝花。以篾状工具划刻出有斜度凹线，组成各种非常生动的画面，如花叶的翻侧俯仰，水纹的旋转波折，以至游鱼的浮沉跳动，处处都表现出当时制瓷工匠们的卓越技巧。造型以盘、碗为多。大型的碗，外面刻划莲花瓣，里面划以一件简单的花卉，气韵浑厚。大型的宋定窑刻花瓶，腹部主体图案是两朵莲花，疏落有致，底部划蕉叶纹。此种蕉叶纹为此后瓷器上所沿用的一种装饰。

定瓷除了瓶、碗、盘、碟之外，也烧瓷枕，故宫博物院藏品中有一件孩儿枕的宋定窑枕，造型作儿童侧卧姿势，左手垫头，右手执丝绦状物，体型优美。边纹饰凸雕图案，亦极简洁拙朴，是定瓷中极少见的。

汝州（今河南临汝县）何时开始烧青瓷以及受何处的影响，文献里尚无明确记载。近年来经故宫博物院调查，确知在临汝的南乡岩和店及东乡大峪店都散布着很多古代烧制青瓷的窑址，所见碎片的青色，已达到相当高的水平[12]。由于汝瓷有这样高的成就，所以北宋后期，朝廷便命汝州工人烧制青瓷用来代替定瓷。此种为王室所烧制的青瓷，必先经过宫廷挑选，不合选的才许出卖，因而流传下来的不很多，所以在不足一百年后的南宋绍熙（光宗）年间，就有汝瓷"近尤难得"之说[13]，足见传世汝瓷的稀少。

汝瓷的釉色比之早期汝州青瓷略淡，有较细的纹片，制作

---

[12] 陈万里、冯先铭：《故宫博物院十年来对古窑址的调查》，《故宫博物院院刊》1960 年总 2 期。

[13] 见周辉：《清波杂志》，书成于南宋绍熙二年（1191 年）。

极规整。里外满釉，大都用细小的支钉支烧，所以底部有支烧痕。器物以盘、洗为多，宋汝窑碗较少，仿汉代铜洗及铜奁式样的更少。胎骨较薄的器物，隐隐可见露胎部分呈浅赭色，在带有弦纹的器身上尤为明显。

官窑为宋代四大名窑之一，窑有南北之分。北宋宣、政年间，朝廷继汝窑之后，在汴京自置瓷窑，专为宫廷烧制瓷器，称为官窑。南渡后，邵成章提举后苑，袭故京遗制，在杭州置窑于修内司，烧制青瓷，名"内窑"，亦称"修内司窑"。内窑制品，"澄泥为范，极其精致，釉色莹澈，为世所珍"[14]。嗣后，在乌龟山郊坛下别立新窑，名"郊坛下窑"，比之旧窑，则远不如矣。"修内司窑"（内窑）及"郊坛下窑"，后代统称为南宋官窑。

汴梁的北宋官窑及杭州的修内司窑，由于窑址尚未发现，无从探讨其真实情况。而杭州郊坛下窑，经过多次调查，已为人们所了解。因而，除郊坛下烧制的青瓷外，要想正确地区别北宋官窑与南宋修内司官窑的制品，还有待于今后的进一步研究。

官窑青瓷之传世品大概以洗、碗为多，釉色厚润莹亮。器口边缘部分，由于釉汁下垂，釉层较薄，透出黑胎骨，略泛紫色；底足露胎部分，则呈黑色，因有"紫口铁足"之说。器身有纵横交错的纹片，亦有如冰纹重叠状的，这是与汝瓷、哥瓷所呈纹片的不同处。

据文献记载，宋代龙泉县有章姓兄弟二人，兄章生一，所烧瓷器，名为哥窑。流传下来的哥瓷，虽为一般人所熟知，但在龙泉已发现的古代大窑遗址中，尚未发现过哥瓷碎片，因而

---

[14] 引自叶寘：《坦斋笔衡》。

哥窑遗址究在何处，还是一个尚未解决的问题。目前所谓哥瓷，仅是根据文献记载或流传下来的器物如宋哥窑弦纹瓶、宋哥窑贯耳瓶、宋哥窑鱼耳炉来判断的。哥瓷的特点是通身布满纹片，并且大小纹片相同，俗称大小片或文武片。大纹多呈黑色，小纹往往呈酱褐色，所以又有"金丝铁线"之称，这是和汝瓷、官瓷不同的地方。釉色有米黄、粉青等种种，器形以炉、瓶居多，有弦纹、贯耳等仿铜器制作，一般都属小型器物。

龙泉窑在今江苏省龙泉县。多年来考古家曾进行过多次调查，1959 年江苏省轻工业厅及浙江省文物管理委员会又联合进行了一次发掘，对龙泉窑才有了进一步的了解。龙泉窑址范围极广，一般都以大窑所烧的作为代表。釉色以翠青、粉青、梅子青最佳。器形似盘、碗等实用器皿为多，产量极大，近几年来在陕西、湖南、四川各地也出土不少。龙泉瓷器不仅销行国内，同时还远输国外，在日本、埃及等国家的沿海滩地以及古城废址里，都曾发现龙泉瓷器的碎片。

龙泉窑传世品中，碗及洗器外多饰凸雕莲瓣花纹。洗心有隆起双鱼的，称双鱼洗，单鱼的极少。宋龙泉窑贯耳瓶的造型，凤耳、鱼耳的常见，贯耳瓶传世较少，体积大的更不多见。

宋代钧窑的烧制地点，一般都说在河南禹州的神垕镇。但是经过调查，证实宋钧碎片的所在，是在离神垕镇约 5 公里的野猪沟。此处距离宋代烧制汝瓷的东乡大峪店，只 35 公里，因此钧瓷与汝瓷应有密切的关系[15]。

---

[15] 陈万里、冯先铭：《故宫博物院十年来对古窑址的调查》，《故宫博物院院刊》1960 年总 2 期。

钧瓷的色釉，有绿中微显蓝色光彩的，也有呈紫红色彩的。蓝呈月白，或是蔚蓝一色；紫呈玫瑰般紫红，或像晚霞一片；更有的是斑斑点点，青蓝与紫红相间，此种错综复杂的色彩，极尽绚丽灿烂之致。烧成的器胎呈灰褐色，器身有蟠曲蜿蜒的小条纹——所谓"蚯蚓走泥纹"，此种条纹，虽是瓷器烧制上的一种缺陷，但已成为一般鉴定钧窑所重视的一种依据。造型以盘、碗、瓶、尊之类为多。洗的口部作板沿式，随洗身分作六瓣如宋钧窑洗；尊的式样有仿铜器形制的，宋钧窑出戟尊是最显著的一例。钧窑产品，一时曾成为风尚，黄河南北产瓷的窑厂都摹仿因袭，直到元代还在继续烧制。不过青蓝地上所呈现的红色作块状，显得呆板，色调也灰暗滞浊。钧瓷一般为民间所用，所以传世颇多。近年在黄河南北各地发现的古代窑址中，发现元钧的碎片很多。

耀州窑，在宋人笔记、《宋史·地理志》以及方志里都曾提到，但过去研究瓷器的人，因为未发现窑址的所在，无所依据，因而误将北方所出土的一种青瓷（其实是耀瓷），说成是宋代东窑作品；或混淆青瓷，或说成是北龙泉、北鹿水、秦窑，甚至还有说成汝窑等等的。

新中国成立后，故宫博物院在陕西铜川市（旧称铜官，属耀州）北15公里的黄堡镇（旧称黄浦镇）调查，发现了许多青瓷碎片、窑具以及一块宋元丰七年（1084年）耀州窑神庙的"德应侯碑"，碑文中有关黄堡镇烧制瓷器的记载颇多。这就确切证明了宋代耀瓷窑遗址的所在，从而耀瓷的真面目也就肯定下来，廓清了以往许多错误的说法。这是近年来在陶瓷研究方面的重要收获之一[16]。1959 年陕西省社会科学院考古研究所在黄堡镇、立地坡、上店村及陈炉镇等地进行了调查发掘，对耀瓷的研究更提供了重要的系统的资料[17]。

耀瓷的胎质，灰而带褐。釉色青如橄榄，但有的稍绿，有的微微闪黄，同一色调之间，又具有程度不同的差别。器物多盘、碗等日用品，瓶、罐之类甚少，像宋耀州窑刻花瓶那样造型浑厚庄重的尤为少见。器物上的纹饰，以内外布满模印或雕刻花纹的居多，光素的比较少。器形有作花瓣式的，有六折的，有多折的。花纹的图案有莲花、菰草、缠枝花卉、波浪纹、鱼鸟纹等。构图齐整，线条流利。这也是一般宋代民窑作品的主要特征。

宋耀州窑塑像是庙里的一件塑像。以树叶蔽体，左手托宝瓶，右手执草叶。传说黄堡镇旧有药王庙，庙中所供药王是唐代名医孙思邈。孙是耀州孙家塬人，他不但医理精湛，而且深通药物，对于药物的栽培与采集，都有很大的贡献，因而后人称他为"药王"。这一塑像或与"药王"有关。像通体青釉，略闪黄色，是耀瓷的本色。

影青是宋元时期一种釉色介于青、白瓷之间的瓷器，主要烧造地区为江西景德镇的湖田乡。其特点是胎薄、釉润，青色淡雅，器形规整。器身上的印花、刻花装饰，亦极简洁朴素。影青瓷器除景德镇外，江西吉安烧制较多，但胎质松粗，釉色灰黄。此外，福建德化、晋江及安徽繁昌等地，也都烧制，但

---

[16] 陈万里、冯先铭：《故宫博物院十年来对古窑址的调查》，《故宫博物院刊》1960 年总 2 期。

[17] 陕西考古所泾水队：《陕西铜川宋代窑址》，《考古》1959 年第 12 期。王家广：《耀州瓷、窑分析研究》，《考古》1962 年第 2 期。

终难胜过湖田。器形以盘、碗最多，壶、瓶等物极少，瓷枕更不多见。如宋影青蟠龙枕是近年在湖北汉阳宋墓里出土的，比之一般伏虎枕还为精美。

宋登封窑刻双虎纹瓶，瓶形略似橄榄，腹部丰满，圈足。器身花纹主题是双虎扑斗于草莽中，线条简练有力。画面的空白处，填以细小圆圈，一般称为珍珠地纹。通体赭彩，覆以白釉，是一种釉下赭彩的作法。近经调查，在河南登封及密县古窑址中发现不少，因而确定这件瓶的烧造地点在河南省登封县。

宋扒村窑在河南禹县西北约20公里的扒村，是1949年后故宫博物院所发现的重要古窑址之一[18]。由于扒村窑所烧造的瓷器种类极繁，有白釉划花、白釉画黑花或赭花、绿地黑花以及素三彩雕花或划花等，解决了不少鉴别宋瓷方面的问题。即如这类绿釉黑花器，向来未能肯定其烧制所在，通过窑址的发现，现在可以得出明确有论断。扒村窑所烧制的器物，以大型、白釉画黑花的为多。器物上的纹饰，一般都是鱼藻花鸟之类，泼辣有力。如宋绿釉黑花瓶的纹饰即鱼藻图，鱼的画法，不求形似，仅寥寥数笔而神气飞动，这是扒村窑器物的特点。

黑釉刻花罐，宋时在河北、河南及山西等地区，可能曾盛烧一时，1949年后在河北邯郸所发现的观台窑[19]、河北磁县漳

---

[18] 陈万里、冯先铭：《故宫博物院十年来对古窑址的调查》，《故宫博物院院刊》1960年总2期。

[19] 河北省文化局文物工作队：《观台窑址发掘报告》，《文物》1959年第6期。

河北岸的冶子窑[20]，以及山西雁北地区宋墓中都曾发现此种黑釉刻花的碎片。器形一般较大，所刻花纹粗细不一，以缠枝纹居多，并以回文或卷草纹作为辅助装饰。

## 四　元

元代瓷器从前不为一般鉴赏家所重视，因而文献上的记载大都说元瓷粗率，毫无可取之处，这是很错误的。

过去，对釉下彩的青花及铜红制品，都认为始于宋而盛于明；其实，宋烧之说，迄今并未能从实物上得到确证。而明永乐时期烧制这种用钴、铜呈色的作品所以能获得较高的成就，也绝不是偶然的，其间必定有一段发展、成熟的过程，这就不能说是与元代毫无关系。根据近来研究，证实了元代对这两种釉下彩的烧制，有极其重要的贡献。它在陶瓷发展史上，起了承先启后的作用。

元代瓷器，一般都是相当大型的，有巨大的坛、罐、壶、瓶以至盘、炉之类。因为器形大，胎骨厚重，显出元瓷雄壮浑厚的气魄。画面装饰，从宋代的一般尚素，及刻花、划花、印花，并一部分绘画方法，更进而发展到突出地完全用绘画的手法。单就画面而论，除了用卷草、蕉叶、莲瓣、缠枝莲菊、波浪纹作为圈纹或底部装饰外，主要的装饰是缠枝牡丹、芭蕉、瓜果、鱼藻、云龙、莲池鸳鸯、残荷飞禽、松竹梅、凤双飞、

---

[20]　陈万里、冯先铭：《故宫博物院十年来对古窑址的调查》，《故宫博物院院刊》1960 年总 2 期。

人物故事等等，题材非常丰富。这为明代瓷器上的绘画，开辟了一条广阔的道路。

元代瓷器，除了景德镇窑所烧的这两种釉下彩作品足以代表这一时代制瓷业的发展水平外，盛行于黄河南北的钧瓷，畅销海外的龙泉瓷等，在元瓷的发展中，也都有重要的作用。

元青花鸳鸯莲花纹盘，作菱花边，折沿，沿面画锦纹，盘里画缠枝莲花六朵，盘心画莲池鸳鸯。结构紧凑，风格清新，标志着瓷器上的绘画装饰已进入了新的阶段。

此种大盘为当时输出国外的主要品种之一，现在留存在伊朗、土耳其以及印度尼西亚的为数颇多。据近人韩槐准氏《南洋遗留的中国古外销陶瓷》一书中称：当时马来土人习惯，凡遇宴会，例用可供四人至八人共食之大盘。明代马欢所著《瀛涯胜览》一书中于爪哇条下亦有"国人……用盘满盛其饭，浇酥油汤汁，以手撮入口中而食"的记载。因而此种大盘可能是专为外销烧制的。

元瓷中，青花炉比较少见。青花松竹梅纹炉造型，冲耳，兽面三足，腹部作长方形，显得非常凝重。器口边沿围以一圈锦地纹，器身画松竹梅岁寒三友图，是宋代以来流行的一种绘画题材。

元代釉里红瓷器所呈现的红色，差别很大，多数由于未能烧透，以致显出灰黑色、淡灰色以及隐约显现的淡红色。元釉里红松竹梅纹瓶的红色比较透亮，是元代釉里红的优秀作品。花纹除颈部蕉叶、叠浪、卷草以及底部莲瓣座卷草纹外，主要部分是松竹梅，衬以芭蕉与坡石，画意极为淡远雅洁。

造型继承宋代制作，而有一些改进，颈部已略短，腹部亦较丰满，座台极矮，接近平底，显得非常稳重。

元釉里赭花卉纹神座，座足作鱼形，座身花纹有折枝花卉及其他图案，花纹极为繁复，釉下色泽呈褐赭色，此种彩色，在元瓷中尚属少见。

元代烧制影青瓷器的窑，经故宫博物院调查，证明是在景德镇南山一带。色釉、胎骨都较宋代湖田窑为逊色。元影青刻云龙纹瓶，器形依然是宋代式样，云龙以及莲瓣座、蕉草等纹饰，都是在元代青花、釉里红瓷器上经常见到的。

龙泉瓷器到了元代，胎骨显得厚重，青釉色调以暗黄绿色居多，亦有葱绿色的。底部往往有莲瓣形装饰，为元代刻划花纹的新风格。如龙泉窑刻松竹梅纹盖瓶有盖，瓶肩部有如意形花纹，腹部刻松竹梅，元代钧窑瓶以至明宣德时代的青花瓶，都是这种形式。

元代龙泉瓷器盛销国外，汪大渊《岛夷志略》有"处州瓷器"、"处瓷"、"处器"及"青处器"等名称。

## 五　明

我国瓷器在北宋时期，已盛极一时。及至金兵南下，河北、河南两地，首当其冲，窑户或逃亡，或被掳，窑场亦因之荒废。赵宋南渡后，政治中心移至南方，一时北方的地主官僚、富商大贾以及技术工人，骈集临安（现杭州），从此，江南生产迅速发展，成为我国经济繁荣地区。只就手工业中的瓷器制造而论，自南宋以迄明清，著名的瓷窑，大都集中于南方。特别是江西景德镇，因为附近产有优良的瓷土及釉料，更因地理之便，利用鄱阳湖及长江水道，可以将产品运往各地，所以从元代起，宫廷用器就取给于此。明初奠都南京后，御器厂仍设于景德镇。这时，景德镇的制瓷技术已日臻精美，烧造的青花及釉里红器，已由初期的萌芽状态逐步成长以至成熟，而郑和等七次下西洋带回了苏麻离青的青料[21]，使得青花的烧制有了极大的进步；同时他携带出去的青花瓷器为数极夥，无形中为瓷器外销开拓了道路，瓷器的需要量，因而倍蓰。于是景德镇窑便成为全国瓷业的中心。明代（成祖）迁都北京后，官窑依然设在景德镇，这完全由于物质条件迥非其他地方所可比拟之故。

明代近三百年间，以宣德、嘉靖、万历三朝烧瓷的数量最多。又因当时外销关系，民窑瓷器供应国外市场的为数也很不少。

概括明瓷的主要成就，第一是白釉烧制的成功。文献上记载的永乐、成化以至嘉靖、万历的白釉，有所谓"甜白"（永乐）；"汁水莹厚如堆脂，光莹如美玉"（宣德）；"纯净无瑕"（嘉靖）；"透亮明快"（万历）等等美称。而这种细腻莹润的白釉，又进一步促成了釉下彩及釉上彩的卓越成就。第二是青花器的独步一时。从明代早期直到崇祯年代，其间青色的用料虽有种种差别，但青花的烧制，始终赓续不衰。从而青花瓷器便成为我国制瓷工业的基本产品之一，迄今仍为人们所喜爱。第三是铜红呈色的单色釉以及釉里红的烧制成功。第四是加彩方法的丰富多样，如成化的斗彩，嘉靖、万历两朝的五彩、杂彩等，不但名著一时，并为清代的彩瓷奠定了深厚的基础。此外，

---

[21] 见明·黄一正：《事物绀珠》卷二十二。

在造型纹饰方面，也不断有新的发展，这些都为后来清代烧瓷所继承、发扬光大的源泉。

永乐时期带款识的青花瓷器极为稀少，见于文献记录的，仅明谷应泰在《博物要览》中说："永乐年造压手杯，坦口折腰，沙足滑底，中心画有双狮滚球，球内篆书'大明永乐年制'六字或四字，细若粒米，此为上品。鸳鸯心者次之，花心者又其次也。杯外青花深翠，式样精妙，传世已久，价亦甚高。"此杯俗即称压手杯，杯心画双狮滚球，中有"永乐年制"四字篆款，正是书中提到的上品。所谓压手杯，就是将杯覆合手中，杯口大小恰合掌心之意；坦口是指杯口外方反开；杯的腰部微折，就名折腰；圈足部分烧造时匣内填沙，以防釉溶后的粘着，因而留有沙痕，遂叫沙足；足的内部挂釉，比之外部较滑，又称滑底。这都是永乐压手杯的特点。据文献记载，压手杯在万历时传世已绝少，其名贵可知。杯口外侧有一圈梅花点纹，内侧有两道圈线。杯身绘缠枝莲纹，明永乐青花缠枝莲纹杯，杯足外侧为卷草纹，青花的颜色，球心者略深，花心者稍淡，胎骨较厚，拿在手中，有凝重之感。

红釉瓷器的烧制，在元代是实验试制阶段，到明永乐时已完全烧制成功。由于釉色鲜艳，所以称作"鲜红"。文献上以为永（乐）窑鲜红比之宣（德）红尤为贵重。明永乐红釉高足碗的里面印有云龙纹饰，碗心有"永乐年制"四字篆款。

盖罐的肩部有三个环耳小系，保留着元代的遗风。釉色仿宋龙泉窑器，青翠可爱，是永乐时期景德镇窑仿烧宋龙泉釉达到高度成就的标准作品。

碗是仿宋"影青"的釉色烧成。胎骨极薄，雕刻缠枝莲六朵，雕刻的花纹透过薄胎映入碗内，清晰可见，碗口外撇，口以下折而下敛，底部较小，是永乐时期碗的典型式样。

景德镇窑在宣德一朝达到极盛时期，文献上有所谓选料、制样、画器、题款无一不精的记载，所以品评明代青花每以宣德所制为首。青花瓷器的造型、纹饰都极丰富。青料的应用技法，已达到圆转成熟阶段，在细线轮廓之外，再施以渲染，因而浓淡阴阳，把握自如，画面显得更加生动活泼。纹饰题材多种多样，鸟兽、鱼虫、花卉、草木，以至云龙、海水、人物等等，无不就器作画，配合得当。

明宣德青花海龙纹扁瓶，波涛汹涌，行龙出没于惊涛之间，鳞爪生动，有矫矫攫挐之势。枇杷绶带盘，盘心画枇杷一枝，绶带鸟作回头啄果状，简洁生动，宛如一幅宋人图画。盘的造型是元末明初的流行式样，器形虽大，但极规整。

成化一代所烧的瓷器，胎骨薄而坚洁，釉汁莹润平滑。这些优点，正说明这一时期用料选择之精以及制坯技术的熟练与精巧。

成化瓷器的装饰彩绘，用色较多，明代的文献，如隆庆间的《清秘藏》、崇祯间的《长物志》、《博物要览》及《敝帚轩剩语》等书中，都说成是五彩，或青花间装五色。所谓"五彩"、"五色"就是多种彩色之意。到清代康熙、雍正年间的《南窑笔记》中，才有斗彩、五彩及填彩三种说法。所谓斗彩，是"用青料画花鸟半体，覆入彩料，凑其全体"，与后来所谓以青花为轮廓，彩加在轮廓内，含有争妍斗绝之意的斗彩完全不同。填彩是以"青料双钩花鸟人物之类于胚胎，成后，覆入彩炉，填入五色"。而五彩是素瓷纯用彩料画填出的。其实，成化瓷器上的施彩方法既不是斗彩这一个名词所能概括，也不限于上述斗彩、五彩及填彩三种施彩方法。细加区别，可以划分为：（一）全部是青花，偶尔加上几点彩色作为点缀——点彩；（二）彩色覆盖在青花花草之上——覆彩；（三）在青花花纹的边外，渲染浓淡深浅如晕状的色彩——染彩；（四）在青花的某一部分上增加一种彩色，与青花显出两种色调的对比——加彩；（五）在轮廓线内施彩——填彩。此种变化多端的施彩方法，可以说是成化时期的新创造。在这一时期瓷器上所施的彩色，大都鲜明透亮，只有姹紫一色比较浓暗。

此外，瓷器上的绘画，也极生动，有轻盈美妙之感。

由于成化瓷器有以上许多优点，因而文献上给予明瓷的评价是："首成化，次宣德，次永乐，次嘉靖"。这个说法是很有见地的，但也有"青花贵宣德，彩瓷贵成化"的说法。

斗彩菊蝶纹杯身的彩绘，除了以菊花为主，还有丛草、蝴蝶及蜜蜂等。彩的使用有加点及覆盖两种。彩色方面所用的娇黄同姹紫都是成化彩的特点。画意极为淡远。

斗彩人物杯身绘有人物、松柳、坡石、丛竹等。柳条松枝都先用青料绘制，再盖以水绿色彩，石边小竹也是用覆彩方法。人物均填彩，全杯彩色用矾红翠绿，鲜艳动人。

成化瓷器的传世品中，多为小型杯碗，瓶极少见。斗彩蔓草纹瓶身上所画的蔓草，简洁明快，富有装饰图案的趣味。青料轮廓中仅填淡绿一色，异常静穆幽雅，是成化彩瓷中别具风格的作品。

斗彩缠枝莲纹盖罐上的莲花，俱用青料渲染，缠枝则用青料双钩后再加绿彩，仅器盖上的花朵是红色的。此种不同寻常的青花加彩方法，也是成化彩瓷一种新的创造。

成化盖罐的造型，除腹部扁圆的一种外，斗彩海龙纹盖罐这种形制，为以后清代康熙、雍正时期所盛行仿造。这件盖罐绘海水云龙，波涛翻腾，蛟龙飞舞，空隙部分，衬以朵朵行云作为点缀，龙身加黄彩，云同海水是绿彩，浪不施彩，更显出白浪滔天的气势。花边是一圈矾红，绚烂夺目，可说是成化彩瓷的一件标准作品。

据文献记载，成化时期由于外来青料俱已用罄，改用国内所产的平等青，因此青的色调较永乐、宣德为淡，成为一种淡描的青花，但比之宣德还为清亮。一般青花器皿的造型与彩瓷相同，但多属小型。

青花麒麟纹盘已不多见，盘较浅，盘边有款，这是宣德年间开创的风格，后来的弘治、正德盘也都沿袭仿制。此盘中画麒麟较为别致。青花花卉纹碗所画花卉草虫，清新俊雅，是成化的独特风格。

孔雀绿是正德时期独创的一种釉色，它突破了宋代所烧制的那种深暗的青绿，而烧成与孔雀羽毛相似的翠绿色调的孔雀绿鱼藻纹盘，是釉下青花与绿釉相重叠，鱼藻纹变成黑色，更属别具风格。

青花瓷器到了正德时期色调已变为晦暗，微微带黑，亦有近乎淡抹的一种，青花人物盒就接近成化的色调。盒分三层，周身画庭园仕女通景，盒的造型以及装饰画的题材，在正德时代的瓷器里是极少见的青花红绿彩云龙纹碗，在青花瓷器上加红绿两种彩色，比之成化瓷器上的加彩别创一种新的格调。正德时烧制的碗，可能在当时声誉最著，因而到了今天，景德镇犹有"正德碗"的名称。

"素三彩"是指用黄、绿、紫等素色所烧器皿的通称，并不局限于三种彩色。此种素三彩是正德瓷器里极为优秀的品种。明正德素三彩海蟾纹洗的外部划刻海蟾，以黄彩为蟾，绿彩为水，白彩为浪花，紫彩为足，口沿有四字边款"正德年制"。款饰黄彩，在传世正德三彩瓷器中比较少见。

嘉靖时期的瓷器，无论釉下彩或釉上彩都有极大的变化，青料因用几经淘炼的回青，并加以江西所产的石子青，所以青的色调极浓艳，有的呈菫青色，也有带紫红色的，与宣（德）、成（化）时期的青花迥乎不同。嘉靖的瓷器在明代瓷器中评列为第四位。釉上彩盛烧矾红器，此种矾红的加彩方法又与明代早期的大有区别。嘉靖以前的矾红，只是一种作为点缀用的附加彩饰。嘉靖时期，所谓杂色瓷器上的加矾红彩是先施黄釉，然后在釉上加彩成为红地黄花的葫芦瓶。嘉靖瓷器除此种矾红作地的以外，还有青地、紫金地、黄地等等。文献上所谓的制锦，乃是嘉靖瓷器中独具的风格。其次如青花矾红鱼藻纹盖罐，通体以青料画鱼藻莲花，藻萍间绘不同姿态的游鱼十二尾，称为鲭鲌鲤鳜水藻鱼罐。鱼身均施矾红彩，彩下以黄彩为地，鱼鳞及鱼身轮廓均用褐彩勾勒，这又是矾红加彩的另一作风。

葫芦瓶及鱼藻罐的器形是嘉靖时代所常见的。葫芦瓶的器身，有的作长圆形，有的上下两节圆形都较丰满，还有上节圆而下节方。矾红缠枝莲纹瓶，是属于长圆一类的形制。罐的式样有宝珠顶盖，大型的为多。总之，嘉靖瓷器的造型、施彩以及纹样，都以繁复胜于前代。

隆庆一朝历时仅六年，传世瓷器较少，所见仅青花及五彩两类。青花除盘、碗外，尚有银锭、长方委角及方胜等各式盖盒，是隆庆时创造的新形制。明隆庆青花团龙纹提梁壶的制作不用传统的壶柄，而制成为提梁式样，壶上青花与嘉靖时期的色调约略相同。

万历时代，彩瓷已发展到一个灿烂绚丽时期，它继承了成化、嘉靖的施彩方法，更进而成功地创造了万历五彩。此种彩瓷大抵可分三类：一类是釉里青花，釉上并用绿、黄及矾红三彩，虽仅四种彩色，但运用上交替错综，可收变成多彩的效果。一类是青花上加绿、黄、茄紫、矾红各种色彩，并用褐黑或褐赤色作为图案的线描。还有一类是不用青花，仅在釉上加彩绘，其中用红、绿及黄三种颜色的居多。

当时瓷器的造型多种多样，如棋盘、棋罐以至屏风、笔管等非日常必用之物，也都大量烧制。纹饰方面，构图新奇，加上广泛应用彩色，就形成了万历彩瓷的时代风格。大型的器皿如罐、瓶、炉之属，小型的如杯、碟、盒、匣等类。品目繁多，其中用镂空的手法烧制的如五彩镂空云凤纹瓶，则是万历时代瓷器烧制技巧上的一个新成就。

万历除了五彩以外，还有所谓杂彩明万历黄绿彩云龙纹盖罐。此种用彩方法，嘉靖时已有烧制矾红缠枝莲纹瓶。万历时应用黄、蓝、青及红色等作为彩地的更较普遍。

文献中记述天启时代的瓷器，多谓青花色调黑，胎厚，而纹饰粗犷，仿佛一无可取。其实天启瓷器并不如此，只是传世较少而已。明天启青花花卉纹方瓶造型优美，青花色调淡雅，花纹亦极细致工整，可以代表天启一代的造诣。瓶的外口有"天启年米石隐制"七字，米石隐名万钟，善书画，以收藏奇石著名，这是他定烧的瓷器。

明代地方窑中，福建德化窑与浙江龙泉窑齐名，传说德化窑在宋代已经烧制白釉器物，经故宫博物院调查，在德化屈斗宫的古窑遗址里发现许多宋代白釉碎片，从而证明所说属实[22]。到了明代，白釉的色调已烧成象牙白，釉层与胎质几乎不能分清，胎骨虽略厚，但有温润如玉之感。所烧器物以盘、碟为多。何朝宗为当时塑像名手。他塑的达摩像，双目炯炯，极见传神，衣纹亦有随风飘动之势，像背后印有"何朝宗"，阴文葫芦形款识。玉兰尊，器身刻倒垂玉兰一枝，布局简练，是德化窑瓷器中最少见的，应是当时名艺人的精辟之作。

明代缸瓦胎三采瓶缶，俗称"法花"，大抵是山西南部泽州（现晋城）、潞安（现长治）、平阳（现临汾）一带所烧制的。此种以蓝、紫、青三色为主，并部分地配以绿、黄、白等色的作风，颇与唐代三彩及宋元时代的琉璃相近似。三彩的色釉极华丽，蓝的如深色宝石，紫的宛如紫芍药，绿的翠绿，黄的像蜜蜡一般，施彩亦交错应用。纹饰用线雕、透雕以及堆花、贴花等多种手法。菊花耳瓶就是使用这种堆贴方法烧制的。其烧制

[22] 陈万里、冯先铭：《故宫博物院十年来对古窑址的调查》，《故宫博物院院刊》1960 年总 2 期。

时代，大概在明代早期。花纹多以莲花、莲池水禽为主题。清代的仿作，则以改用瓷胎。

# 六　清

　　清代瓷器，在宋、元、明所取得卓越成就的基础上，继续有所发展与提高。在单色釉器方面，康、雍时期烧制的青釉瓷器，不仅充分掌握了准确的配料，更重要的是掌握了火候的变化。如康熙时烧成的天蓝、苹果青釉；雍正时烧制的仿汝、仿官、仿龙泉、仿钧等色，都能烧得恰到好处，超过了宋代青釉的水平。而明代中叶即已失传的红釉器，至康熙时又得恢复。青花、釉里红器的烧制，较之元、明两代，也有了更高的成就。胎骨白釉也比永乐的半脱胎有了更进一步的发展。雍正瓷器的透明度及白度都超过了前代的水平[23]。彩瓷方面，也多创造性的发明，康熙五彩、雍正粉彩、珐琅彩，至今仍著称于世。康熙五彩虽然是在万历彩的基础上发展起来的，但与万历彩的深厚有别。万历彩大都尚凝重，康熙彩则变为剔透明澈。雍正早期的五彩承袭康熙的用彩方法，以后又以粉彩、珐琅彩独步一时。粉彩的长处，与国画中的没骨画法相似，色调层次都较五彩柔润，因而康熙五彩又称为硬彩，雍正粉彩则以软彩称之。此种粉彩、珐琅彩器，必须衬以较白的胎地，方能显出其优点。尤其是用珐琅彩绘的画面，白釉更需要洁白无疵，才更能衬托出

---

[23]　参阅中国科学院冶金陶瓷研究所专刊《景德镇瓷器的研究》，科学出版社，1958 年。

彩色的柔和薄腻。雍正白釉之进一步的提高，正合于釉上施加软彩的要求，因而收到相互为用、相得益彰的效果。

仿制，是清代制瓷技术取得高度成就的具体反映。除上述仿汝、仿官、仿龙泉、仿钧而外，康、雍时期仿成化的彩瓷，尤能乱真。乾隆时又进而仿烧铜器、漆器等各种工艺品及干鲜果品。此类仿制器物，不仅色泽与原物无别，而且还精确地表达出原物的质感。仅凭肉眼观察，有时竟难辨识。这就证明了制瓷工艺已经高度准确地掌握了配合釉料和烧变火候，因此才能得心应手，无往不宜。此外，乾隆时还别出心裁，烧成雕镂精细的转心瓶及转颈瓶，可见此时制造瓷器的成形技术也取得了新的、更高的成就。

如上所述，清代瓷器在我国瓷器发展史上，实占着光辉的一页。尤其是雍正瓷器，无论在哪一方面，都已攀登了制瓷工艺的新高峰。所以说此一时期是我国瓷器的黄金时代，并非过誉。

清代主要官窑，也设置在景德镇，并由朝廷简放专员负责，大抵由督榷两淮或九江关者兼督景德镇窑务。如康熙年间的臧应选、雍正年间的年希尧，以及乾隆年间的唐英，都是如此。这些督窑官中，唐英是一个颇肯钻研技术，因而也是一个有所贡献的人。他曾自记："胼胝尽职于景镇窑厂者九阅寒暑"[24]，在《窑务事宜示谕稿序》文中，又有过这样一段记载：

陶固细事，但为有生所未经见，而物料火候与五行丹汞同其功，兼之摹古酌今，侈弇崇庳之式，茫然不晓，日唯诺于工

---

[24]　见唐英：《陶人心语》卷六"自题渔滨课子图小照"。

匠之意旨，惴惴焉惟辱命误公之是惧。用杜门谢交游，聚精会神，苦心竭力，与工匠同其食息者三年，抵九年辛亥。于物料、火候、生克变化之理，虽不敢谓全知，颇有得于抽添变通之道。向之唯诺于工匠意旨者，今可出其意旨，以唯诺夫工匠矣。[25]

可见他对于窑务，切实下过一番研究苦功。乾隆八年，唐英曾"奉旨"由内廷交出陶冶图二十张，次第编为图说进呈。这二十条图说，实为当时烧制瓷器的具体操作程序，留下了一份记录。

清代帝王对于烧制瓷器刻意求精，御用器物，往往由内廷发样照制，乾隆更常好自题诗咏，脱烧于瓷上。至清代末期，更有用纸作模型及展视图的。由于官窑拥有雄厚的物质条件，所用彩料，质纯、品全，又能罗致名匠高手。对于每一项新的创造都有充分的物资与人力进行试验，因而官窑的制作，虽是为了满足帝王的苛求，客观上也就促使制瓷技术达到了所烧俱皆"精莹纯全"的境地。

更重要的是由于工人的相互传授，官窑制瓷技术的改进与发展，势必影响及于众多的民窑，于是在制瓷业上无形中起了推动作用，使整个清代制瓷业都能推陈出新，取得辉煌灿烂的成果。

五彩瓷器到了康熙时代，有了很大的发展。彩瓷中的青色有时不用釉下青料，却代以釉上的蓝彩，烧成的色调，浓艳处有时胜过青花。其次是创造了一种黑彩，光亮如黑漆，衬托在五彩瓷器上，更能显出绘画的效果。还有用金彩的，五彩花鸟

---

[25] 见唐英：《陶人心语》卷六，第27页。

纹尊，碧叶红莲，衬以金花数朵，色彩富丽姣艳，为康熙彩瓷中最突出的作品。此外，更有在器地上加彩的，黄地、绿地、黑地等，比较常见，而米色地五彩花鸟纹瓶这种用米色地的，在五彩器中则属少见。

五彩瓷器以大型的瓶、盘居多，瓶、尊之类的造型，有康熙时代的独特风格，其他如鱼缸、花盆等器物传世的也很多。器物上的纹饰，一变明代嘉靖、万历时期的放纵豪迈为清新俊逸，尤其是花鸟画，雅洁淡远，令人见之心旷神怡。所施色彩，红绿相映，却毫无浓俗之感。同时，色彩的处理，浓淡适宜，而画面布局的疏密繁简，上下俯仰，都能处处呼应；尤其是穿花的蝴蝶、翱翔的飞鸟，转侧顾盼，各尽其能。五彩花鸟纹笔筒及五彩竹雀纹壶的黑彩纹饰，如晚秋的残荷，摇曳的竹枝，诗情画意，清雅宜人。背面有西园题字。瓷器上的装饰绘画，到此地步可谓尽态极妍的了。

彩瓷中的塑像，三彩为多，五彩的较少，五彩钟馗像更属罕见，山石一面有"康熙年制"四字刻款。

珐琅彩瓷器始于康熙时期，是仿照当时铜胎画珐琅器皿的色彩与纹饰烧制的，多以黄、蓝、红、豆绿、绛紫等色作地，纹饰以四朵莲花或菊花相连为主，其他细小花纹为辅。珐琅彩花卉纹瓶以绛紫为地，莲花作黄色，地调深沉，富有图案趣味，是康熙珐琅彩瓷的特点。一般款字用胭脂红或天蓝等色堆料，外有双方栏"康熙御制"四字。此瓶刻四字阴文款，极为少见。

明代中期，红釉瓷器的烧制方法即已失传，改烧矾红器。清代康熙时期，经过制瓷艺人们的刻苦钻研，终于恢复了生产，产品的质量已接近明宣德时期的水平。此种红釉瓷器，俗称"郎窑红"，特点是釉汁莹厚，色调浓红有不规则的牛毛纹，口部及底部周围有轮状白线，名灯草边。底部流釉下垂，红色更浓。器底呈炒米黄色的，称为米汤底；呈浅绿色的，称为苹果青底。红釉尊的色泽，鲜艳夺目，是红釉器中之标准件。当时烧制此种红釉瓷器，以体积大的居多，小型的较少。

康熙时所烧制的一道釉瓷器，除了红釉及天蓝色釉外，仿龙泉称为"苹果青"的，也是著名的成功作品之一。青釉器在明代永乐时，尚可与宋龙泉窑媲美，宣德时所作已逊前朝，此后就绝少仿制。直至清代康熙时期，才远溯宋代，追踪永、宣，烧成了这种苹果青的传统品种。青釉菊瓣纹瓶的造型，与豇豆红釉所谓莱菔尊的同一式样，下部亦凸雕菊瓣纹，底有"大清康熙年制"六字款。

康熙时期的青花瓷器，由于使用范围的扩大及需要量的增加，已成为瓷器生产方面的一个主流，器形的大小不一，式样亦极繁多。官窑器上的青色，应用云南所产珠明料，色调深蓝，有浓重明爽之感。民用青花器与官窑相较就有程度不等的差别。青花器物的纹饰，山水、人物、花鸟无一不备。笔触清新劲秀，与明代风格截然不同。

青花松竹梅纹壶以松树为柄，竹节为流，梅干为钮，设计非常巧妙。壶的形制，玲珑别致，是一件既实用又美观的标准官窑瓷器。

明代景德镇窑已烧制素三彩，方法是在白瓷胎上先用线描，再刻成浅浮雕，然后加彩。康熙时代的烧制方法则更进一步，有在素烧的白瓷胎上加彩的；有在白釉瓷器上涂以素地施以纹饰的，因此风格迥异。彩料多为黄、蓝、紫、绿等色。

素三彩薰通体以锦纹为饰，四面镂空透雕，制作精致，色调温雅。

清代粉彩瓷器，康熙时已开始烧制。到了雍正时期，无论在造型、胎釉及彩绘各方面，都达到了空前的发展。

珊瑚地粉彩花鸟纹瓶的特点在于衬地的珊瑚色泽，加以器身上花鸟画面的构图雅洁，施彩鲜明，更突出了雍正粉彩的光辉成就，底有青花"大清雍正年制"款。

清雍正粉彩团花蝴蝶纹碗身共有团花五组，每组由不同姿态的飞蝶两只，及各种花卉组成。画工精细，蝶翼的阴阳面及翼纹的层次都清晰可辨。用彩方面，仅就红色而论，淡的如蔷薇，深的如胭脂，柔和典雅，且浓淡之间，层次分明，更显出色调的丰富多彩。

五彩瓷器始于明而盛于康熙时期。雍正时期，则转向粉彩方面发展。清雍正五彩仕女罐仍用五彩的着彩方法，是雍正初年的作品。罐身绘仕女及婴儿各四人，或坐或立，姿态不一，并衬有桂树、山石及鱼缸等。画工精细，加黑描金，彩色鲜明。题材设色均保留着康熙时代的风格。

雍正时期的珐琅彩与康熙时代不同。胎骨颇像永乐的脱胎器，釉汁洁白，更超过以往的任何作品。彩绘精致，达到了空前水平。此种珐琅彩瓷器，俗称为"古月轩"器，在乾隆时称为瓷胎画珐琅，以别于料胎、金胎珐琅器。关于珐琅彩瓷的说法，一般谈瓷书籍，曾就"古月轩"一词，旁征博引，但仍各执一说，未有定论。其实这是厂肆估客故弄玄虚，以抬高售价。或谓"古月轩"瓷器是先在景德镇烧制器胎，再运到北京由宫廷如意馆供奉画家彩绘，最后由造办处用彩炉烧成。这也是臆测之词，没有确切证明。按"古月轩"器成于唐英督造时期，就器上题诗的一脉相承来看，可能是当时唐英携有名画师到景德镇描绘的。此种瓷器，由于瓷胎过薄、画工精致，已成为一种专供欣赏的艺术品。就其工艺上的成就而论，可谓前无古人，尤以雍正一代所制为最，就是到了乾隆时也还略有逊色。

此种瓷器大都题有五言或七言诗，并有印章。珐琅彩松竹梅纹瓶，题句是"上林苑里春长在"，引首章是"胭脂翔彩"（阳文），题句下有"寿古"（阴文）、"香清"（阳文）两个印章，底有青花"大清雍正年制"六字楷书款。底为蓝料"雍正年制"四字楷书款。珐琅彩山水碗，较之寻常的珐琅彩瓷器更为别致，通体用蓝料画山水，宛然是一件青花瓷器。诗句是"翠绕南山同一色，绿围沧海绿无边"。引首章是"寿如"（阳文），诗句下印章是"山高"（阴文）、"水长"（阳文），底为蓝料"雍正年制"四字楷书款。

斗彩瓷器开始于明成化时期，但大抵是小型器物如盏、盘、杯、碗之类。到雍正时期，又增加了各种大型器物。斗彩花卉纹尊通体作花瓣形，继承了康熙时代百折色釉罐的作风，而器型较百折罐为大。如此一件规整的大器，自制胎成形，以至烧成，需要大量人力才能完成的。纹饰方面，利用器身花瓣凸棱以连枝花草组成直条花纹，构图非常新颖别致。至于造型的端重，彩色的瑰丽，在雍正彩瓷中可推独步。

元明时代的青釉瓷器，虽能制作大型的瓶、罐、炉、盘，但式样比较简单。以盘为例，大都体形平扁；瓶的形制，又是所谓一统尊的形式，变化亦极有限。一般胎骨厚重，体形尚难合乎规整的标准。而龙泉器的色泽，亦较宋代还为逊色。到了明代后期，青釉竟成油灰色。

直到清代康、雍时期，尤其是雍正一代在总结前代传统技法的基础上，一道釉的青瓷得到复生，并且又获得了新的成就。

青釉鱼篓尊的造型，仿鱼篓式，是景德镇艺人们别出心裁的作品。

清雍正青釉凸花瓶形略仿汉代的温壶式样，莲瓣口，颈细，有凸雕弦纹一道，肩部两侧各有凸雕兽衔环暗耳，底有青花"大清雍正年制"六字篆书款。

清雍正窑变弦纹瓶仿汉代铜壶形式烧制，釉色是在仿宋代钧窑的基础上而有所发展，制瓷艺人们利用不同金属的变化以及火焰的性能，烧成了宛似火焰般的色彩。较红的称为"火焰红"，较青的又称为"火焰青"，极为美观。

乾隆时期，制瓷艺人们仿制的铜、木、漆、石及竹编各类器皿与果品，无不惟妙惟肖。这只有掌握了熟练的制作技巧与窑火变化等关键才能做到如此逼真。仿古铜牺耳尊系仿战国错金银铜尊烧制。艺人们能将古代铜器的色泽、锈斑以及金银嵌花纹饰毫厘不爽地表达出来，充分显示了他们惊人的技巧与才能。这件仿铜尊见于唐英的陶成图画卷，应是唐英督陶时精心独到之作。

明代已开始创烧镂空套瓶，清乾隆时，制作方面又有新的发展。粉彩镂空转心瓶是在镂空的瓶内，套装一个可以转动的内瓶，内瓶上绘婴戏图。转动内瓶时，通过外瓶的空隙，可以看见不同画面。这是乾隆时期艺人们的精心设计，这样的技巧是空前的。

转颈瓶也是乾隆时期创烧的品种之一，在烧制技巧及构图设计上也都是很费巧思的。粉彩山水转颈瓶，瓶四面开光，绘春夏秋冬四季风景，可按季节陈设，不因两耳固定而受到影响。每一开光画面，题有诗句，用隶、楷、行、篆四种书法写成。隶书诗为"春到人间饶富丽，柳烟花雨总宜人"。楷书诗为"风绉縠纹回远濑，霞堆峰势映明川"。行书诗为"澹月梧桐影，轻风薜萝香"。篆书诗为"梅帐春融雪，松窗月舞龙"。诗句下有"乾隆宸翰"（阳文）及"惟一精进"（阴文）小方章。底为青花篆书"大清乾隆年制"六字款。

清乾隆珐琅彩团花纹瓶的纹饰布局，采取西方图案方法，而在造型和设色上，仍保留传统的民族风格。此种作品在唐英时代是所谓仿照洋瓷的新品种。

清乾隆珐琅彩花卉纹瓶的造型，是乾隆时期瓷瓶的典型式样之一。瓶上画月季、天竹、蜡梅和兰花；另一面题五言诗"夕吹撩寒馥，晨曦透暖光"两句，及"佳丽""金成""旭映"三胭脂彩图章款，底有蓝料方栏"乾隆年制"四字楷书款。

清乾隆珐琅彩婴戏瓶身三面开光，里面各画两个戏婴，姿态都很可爱。彩绘是用珐琅彩与粉彩两种彩料绘制的，因而兼有两种瓷器的效果。这种用料法也是乾隆时的创举。

（原载《文物》1963 年第 6 期）

# 再谈明清两代我国瓷器的输出

    笔者曾经根据荷兰 T. 佛尔克编著的《瓷器与荷兰东印度公司》一书，于《文物》1963 年第 1 期上报道了该公司于 1602—1682 年之间运销我国瓷器的情况。从那篇报道里，主要是从数量说明，在明末清初短短的八十年里，仅仅经该公司之手，就有一千六百万件以上的瓷器输往国外。这是一个十分惊人的数字，它充分地说明了，我国的瓷器在当时是深受各国人民喜爱的。早在 1610 年《葡萄牙王国记述》一书里就十分赞美我国的瓷器。"用下列一句话来称赞它：'这种瓷瓶是人们所发明的最美丽的东西，看起来要比所有金、银或水晶都更为可爱。'"[26]

    从各种记载里我们知道，当时在不少地方都有经售我国瓷器的商店。"在托龙和李甫曼尼（1580 年）（意大利旅行家）时期，仅仅在里斯本的鲁亚·诺瓦就有六家商店。在那里出售'各种式样的极细致的瓷器'。四十年之后，帕德里·尼克拉·德奥利维拉（里斯本的名胜）证实在那个城市里有十七个'瓷器商

---

    [26]　J.A. 劳爱德·海德和里卡多 R. 埃斯皮里图·桑托·席尔瓦著《运销欧洲市场的中国瓷器》（J. A. Lloyd Hyde and Ricardo R. Espirito Santo Silval，*Chinese Porcelain for the European Market*），第 48—49 页。

人'。"[27] 在 1596 年出版的 Jan van Linschoten 航海日记里提到，在果阿（Goa）"有一条街都是这些信异教的印度人，他们出售从中国运来很名贵的瓷器"[28]。甚至于英国伦敦也毫不例外，也有商人或他们称之为"华人"专门出售东方国家的货物。"值得注意的是，在 1774 年《伦敦指南》中至少列有 52 家这样的商号。"[29]

既然我国在当时有数以万计的瓷器运销国外，而且在各国又有不少经售瓷器的商号，现在就有一个问题值得我们注意，那就是，我国输出的瓷器是不是和国内通用的瓷器完全一样？我们可以从下列两点得出相应的结论。

（1）1604 年荷人在海上夺得葡船"Catharina"，船上有大约 60 吨瓷器，后来运至荷兰阿姆斯特丹拍卖，法皇亨利第四买到了一套质量很好的餐具[30]。这种餐具究竟是不是中餐的餐具呢？不是。"从里斯本国立图书馆所藏的上一世纪初期的抄本里获得下列有价值的资料——一套餐具，值 55—56 两，一般有 166件，计有：厨用盘和一半大小的盘子 72 件，汤盘 24 件，餐盘 42 件（浅、深和小形），水果盘 6 件，色拉用碗 2 件，带碟子和盖的汤碗 6 件，船形沙司碟 8 件，盐瓶 6 件。约值 84 旧葡萄牙币（cruzados）。一套有 49 件的茶具，计：24 件茶杯和碟，

---

[27]　同 [1]，第 49 页。

[28]　T. 佛尔克编著《瓷器与荷兰东印度公司》( T.Volker : *Porcelain and the Dutch East India Company* )，1954 年版，第 21 页。

[29]　约翰·哥尔德史密斯·菲利浦斯著《中国外销瓷》( John Goldsmith Phillips: *China Trade Porcelain* )，1956 年版，第 34 页。

[30]　同 [3]，第 22 页。

12 件咖啡杯，3 件糖钵，各附有盖和碟，3 件茶壶，3 件奶罐，2 件水壶和 2 件钵子，值 9 个 cruzados。两件一套的茶具值 5 个 cruzados。101 件一套的值 20 个 cruzados。"[31]

（2）荷兰东印度公司汉·彼得兹·科恩于 1616 年 10 月 10 日给公司的董事们的信中提到："……在这里我要向您报告，这些瓷器都是在中国内地很远的地方制造的。卖给我们各种成套的瓷器都是定制，预先付款。因为这类瓷器在中国是不用的，中国人只有拿它来出口，而且不论损失多少，也是要卖掉的。"[32]

由此我们了解到，当时我国输出的瓷器，虽然不会是百分之百，也至少有相当一部分瓷器是专供出口的，即所谓外销瓷，同国内所使用的瓷器不一样。

为了适应外国人的需要，我国还能根据外来的式样特别制作。1635 年 10 月 23 日荷兰侵台总督给阿姆斯特丹公司的报告里提到："……商人由于他约定给予很高的价格，已经答应在下次季节风时带来成套的上好细瓷。为此目的，他交给了商人大盘、大碗、瓶、冷饮器、大罐、餐具、大杯、盐盒、小杯、芥末瓶、水瓶以及宽边扁盘和带水罐脸盆的样品。所有这些样品都是木制的，多数是镟出来的，并画上各种式样的中国图案。这些他们认为可以仿制，并答应在下次季节风时交货……"[33]1639 年"从台湾各项决定的 8 月 1 日副本里我们知道，'卡斯蒂里更'船已经到达，按照从荷兰董事会收到的木制

---

[31] 同 [1]，第 71—72 页。
[32] 同 [3]，第 27 页。
[33] 同 [3]，第 37 页。

样品，要同中国定制下列 2500 件瓷器，'……我们已经把中国商人朱锡德（译音，Jousit——译注）找来，按照下列数量和他签订了合同，要他全部都必须以细而又洁净、绘画良好的瓷器交货。计有：按照第 1 号样品制 300 件大的深盆，扁边、圆形，有明显的弦纹、薄底，画要美丽漂亮；按照第 2 号样品制 300 件无边茶碟，要稍微扁一点，也要绘画，并且有明显的弦纹；300 件无边的大小果碟，像盆那样也有弦纹，其他则照第 2 号样……按照第 12 号纸上的图样（由此看来，荷兰人定制瓷器时不仅有木制的样品，同时也有些是在纸上画的图样——著者注）制作 200 件小形酒罐，带嘴和弦纹；照第 13 号样品制 1000 件宽边餐盘……'"[34]1645 年 12 月 1 日侵占我国台湾的总督"抱怨莫查（Mocha）、波斯和苏拉特（Surat）的瓷器样品找不到了。他说，别人告诉他，样品已经交给中国制瓷商人，还没送回来。因此，他要求从波斯再送新的样品来"。[35]伦敦专售我国瓷器的商店不仅出售运去的瓷器，而且也承受委托定制。"有理由可以这样假设，这些店主接受特殊加彩成套瓷器的定货，尽管还没有事实直接来证实这样一个假设，或说明这种交易是怎样进行的，然而我们可以假定，在这样一个店里，就像在东印度公司办事处里一样，一位顾客可以决定他所需要的成套类型。在定货时，他一定留下绘制纹章彩饰的特别要求，提供一个准确的图样，注上所要使用的颜色。为了帮助选择和指定瓷器的边框式样，大约在十八世纪后期想出了一个巧妙的方法，把中国制

---

[34] 同 [3]，第 43 页。

[35] 同 [3]，第 99 页。

造的样盘装在所谓'样箱'里运往欧洲。样盘很少见，它是很容易识别出来的，因为边框的彩饰是四等分的，每四分之一都绘出不同的式样。现存维多利亚和阿伯特博物馆的一个样盘上，每个式样都用加釉阿拉伯数字标明。这种号码据说是表明在另外所附的目录中标明的价格的地方。"[36]瑞典哥德堡历史博物馆也藏有这类样盘。从上面所提出的情况可以明了瓷器输出的规模，除了接受定货，而且还烧制出一批样品送向国外，作为采购的参考。这是值得注意的一件事。

我国外销瓷同国内通用的瓷器既然很不相同，可是究竟区别在哪里呢？我认为主要可以从装饰和式样这两个方面来观察。

从装饰方面看，这是外销瓷区别于国内瓷器的一个重要标志，同时，也是最容易加以识别的标志。在这方面可以从下列两点来谈：

（1）纹章装饰："在十八世纪里，贵族和他们的仿效者认为有中国或日本制作的瓷餐具，瓷器上的装饰有纹章或饰章，那是时髦。"[37]一般来说,这种瓷器正如上面所讲的那样是特制的。现在我们可以从了解纹章主人的历史来推算这种瓷器的烧制年代。即使无法推断纹章的主人是谁，我们也能够从纹章本身的形式来加以推论。在《中国外销瓷》中所讲到的中国瓷器里，有一套水罐和盆，上面有第一位 Chandos 公爵 James Brydges 和 Willoughgy 纹章。这位公爵于 1713 年娶 Cassandra Willoughby,

---

[36] 同 [4]，第 34—35 页。

[37] J.F. 布莱克尔著《漫谈东方瓷》( J.F.Blacker, *Chate on Oriental China* )，第 287 页。

于 1744 年逝世，因此，这套瓷器可以肯定是在这个时期里制作的。葡萄牙里斯本国家古代艺术博物馆现藏有一个盘子，饰以印度总督马蒂亚斯·德·阿尔布克基（Matias de Albuquerque）的纹章。[38] 这可以说是在中国制作、现在所发现最早的纹章盘。盘的背面有万历年号，而这位总督是在菲利蒲一世（1580—1598）时任职的，正好是在万历年代（1573—1620）。

在外销瓷上绘上纹章，可以肯定，都是特别定制的，同时也还可以肯定这类瓷器绝对不会占外销瓷器的主要地位。譬如，1753 年有五条贸易船——其中两条是英国船，其他三条是挂法国、荷兰和丹麦旗的，载运欧洲的中国瓷器估计在一百万件。在 1772 年，仅英国东印度公司就为下一年度定购四十万件。而带有纹章的瓷器，根据阿尔格农·图多尔－克拉各爵士（Sir Algernon Tudor Craig）的统计，从 1710 年至 1820 年整整 110 年里也不过 1200 多套。由此看来，这一类的瓷器所占的比重是很小的。

（2）绘画：外销瓷装饰的第二个识别点是在绘画的内容上。所画的人物风景等都是异国的。这种绘画主要是依照欧洲的印画（print）或画的画作为蓝本。因此，我们往往从瓷器绘画的内容来推断这件瓷器的烧制年代。"当一件中国外销瓷上的图画，能够用一个可推定时代的来源（这种来源或许是一件有日期的欧洲印画）来加以鉴别。那么，我们大致可以肯定这件瓷器是在原画作出以后才画上去的。看来，有一些欧洲印画和图

---

[38] 同 [1]，第 19 页。

画曾被广州的画家用作样子。"[39] "属于这类的一个突出的例子，就是有一个盘子的图画是从一张印画《塞泰岛的香客》（Pèlerins de l'Isle de cythère）摹绘下来的，而这张印画则是一位法国血统、在荷兰活动的雕刻师贝纳德·皮卡特（Bernard Picart）于1708年制作的。值得注意的是，印画本身的主题是以十八世纪初期在巴黎很流行的芭蕾舞或歌剧中的一个为根据的。后来华图（Watteau）就是从这样一个来源写出了他的有名作品《在塞泰岛登陆》（L' Embarquement pout Cythère）。而这个主题的中国外销瓷的翻版可能是在1750年画的。有一件很有意思的混合酒钵，它的画的主要内容是'音乐会'。画里有几位欧洲人，看来像是业余音乐家的非正式集会。在钵的另一面也是同样的人物。在两幅画之间有一个小规模的中国乐队。这四个音乐会的景色都是按照雕版的式样，用黑白两色标出来的。情况正是这样，因为这个欧洲主题的雕形是一位英国无名艺术家在十八世纪中期制作的，大都会博物馆现藏有这张画的样本。中国乐队的设计可能是东方的……有一茶具，其中有十件是模仿一个印画在白底上用墨色画的。每件上都有一个圆形肖像，描绘一位'绣花女人（The Embroideress）'……虽然这幅绣花女人作品的原来式样还没有得到证实，不过，从装饰来看很像荷兰的。"[40]

在绘画内容上在此值得一提的是带有宗教色彩的图画："有宗教性装饰的瓷器，一般都是在白底上用墨笔画的，这一点应

---

[39] 同 [4]，第56页。

[40] 同 [4]，第132页。

特加注意。这种瓷器称之为'耶稣会'瓷（'Jesuit'china）。然而，直到现在还没有证据来证明所谓耶稣会瓷同耶稣会人在中国的工作有什么关系。"[41] 在《中国外销瓷》中所讲到的带有宗教装饰的瓷器里，有三件东西：杯、碟和奶油瓶，每件上都装饰耶稣在十字架上被钉死的画。画者无论在配景上还是用的技巧，看来都反映了某些西方的印画，很可能是从《圣经》上选来的画。尽管还没有专门的样本可以用来证实这种宗教瓷的时代，不过从瓷边的装饰上可以知道上述几件瓷器大致是在十八世纪的中期制作的。[42]

从式样来看，我们多半可以把外销瓷和国内用瓷区别开来，因为，外销瓷的式样当然是取决于它的用途的。但是，在决定它的制作年代上，有时候却不是很容易的事情，不得不需要从追溯它的来源入手。如前面所述，荷兰东印度公司曾经同我国商人签订合同，要按照他们所提供的样品或图画的样式制作。显然，这种瓷器就可以用原来的式样的制作年代来推论瓷器的大致制作年代。譬如，"有一件于1758年和1766年之间在斯特哥尔摩（瑞典）附近的马利伯格厂（Marieberg）制作的。欧洲式样几乎肯定是由一只瑞典东印度公司的船带到广州，可能也就是由同一的主办把中国制的花盆运到瑞典市场上的。"[43] 另外一个例子是，一件根据伊格纳兹·赫斯（Ignatz Hess）于1747年和1751年之间在德国赫克斯特厂（Hochst）所制的陶器汤碗

---

[41] 同[4]，第57页。

[42] 同[4]，第131页。

[43] 同[4]，第157页。

制作的汤碗，制作的年代估计是在 1760—1770 年。

　　总之，我国外销瓷是值得注意的一个方面，它不仅帮助了解明清两代瓷器外销的情况，而且也为我们在研究我国瓷器的发展上提供了一些值得重视的事实。

（原载《文物》1964 年第 10 期）

# 九州出版社好书推荐

【历史现场】

《中国近代史》，蒋廷黻 著

《激荡的中国》，蒋梦麟 著

《1911，一个帝国的光荣革命》，叶曙明 著

《1919，一个国家的青春记忆》，叶曙明 著

《山河国运：近代中国的地方博弈》，叶曙明 著

《千古大变局》，曾纪鑫 著

《喋血枭雄：改变历史的民国大案》，张耀杰 著

《沈志华演讲录》，沈志华 著

《周恩来在巴黎》，[日] 小仓和夫 著，王冬 译

《生命的奋进》，梁漱溟 熊十力 唐君毅 徐复观 牟宗三 著

《高秉涵回忆录》，高秉涵 口述，张慧敏 孔立文 撰写

《人间世：我们时代的精神状况》，余世存 著

《危机与转机：清末民初的道德、政治与知识人》，段炼 著

【历史与考古】

《中国史通论》，[日] 内藤湖南 著，夏应元 钱婉约 等译

《历史的瞬间》，陶晋生 著

《玄奘西游记》，朱偰 著

《瓷器与浙江》，陈万里 著

《中国瓷器谈》，陈万里 著

【钱家档案】

《楼廊闲话》，钱胡美琦 著

《钱穆家庭档案》，钱行 钱辉 编

《温情与敬意》，钱行 著

《两代弦歌三春晖》，钱辉 著

【饮食文化】

《中国食谱》，杨步伟 著，柳建树 秦甦 译

《故乡之食》，刘震慰 著

《南北风味》，王稼句 选编

《南北风味二集》，王稼句 选编

【怀旧时光】

《北平风物》，陈鸿年 著

《北平往事》，王稼句 选编

《人间花木》，周瘦鹃 著，王稼句 编

《把每一个朴素的日子都过成良辰》，晏屏 著

《读史早知今日事》，段炼 著

《念楼书简》，锺叔河 著，夏春锦 禾塘 周音莹 编

【书话书影】

《书世界·第一集》，Bookman 主编

《鲁迅书衣录》，刘运峰 编著

《中国访书记》，〔日〕内藤湖南 等著

《蒐书记》，辛德勇 著

《学人书影初集》（经部），辛德勇 编著

《学人书影二集》（史部），辛德勇 编著

《学人书影三集》（子部），辛德勇 编著

《学人书影四集》（集部），辛德勇 编著

【JNB 笔记书】

《红楼群芳》，〔清〕改琦 绘

《北京记忆》，〔美〕赫伯特·怀特 摄影

《鲁迅写诗》，鲁迅 著

《胡适写字》，胡适 著

【长河文丛】

《旅食与文化》，汪曾祺 著

《往事和近事》，葛剑雄 著

《大师课徒》，魏邦良 著

《书山寻路》，魏英杰 著

《旧梦重温时》，李辉 著

《四时读书乐》，王稼句 著

《汉代的星空》，孟祥才 著

《从陈桥到厓山》，虞云国 著

《寂寞和温暖》，汪曾祺 著

《城南客话》，汪曾祺 著

《天人之际》，葛剑雄 著

《古今之变》，葛剑雄 著

【大观丛书】

《活在古代不容易》，史杰鹏 著

《快刀文章可下酒》，邝海炎 著

《时光的盛宴：经典电影新发现》，谢宗玉 著

《你不知道的日本》，万景路 著

《私家地理课》，赵柏田 著

《壮丽余光中》，李元洛 黄维樑 著

《一心惟尔》，傅月庵 著

《悦读者》，祝新宇 著

《民国学风》，刘克敌 著

《大师风雅》，黄维樑 著